ReLIFE

1

YayoiSo

TOKYOPOP®

I N H A L T

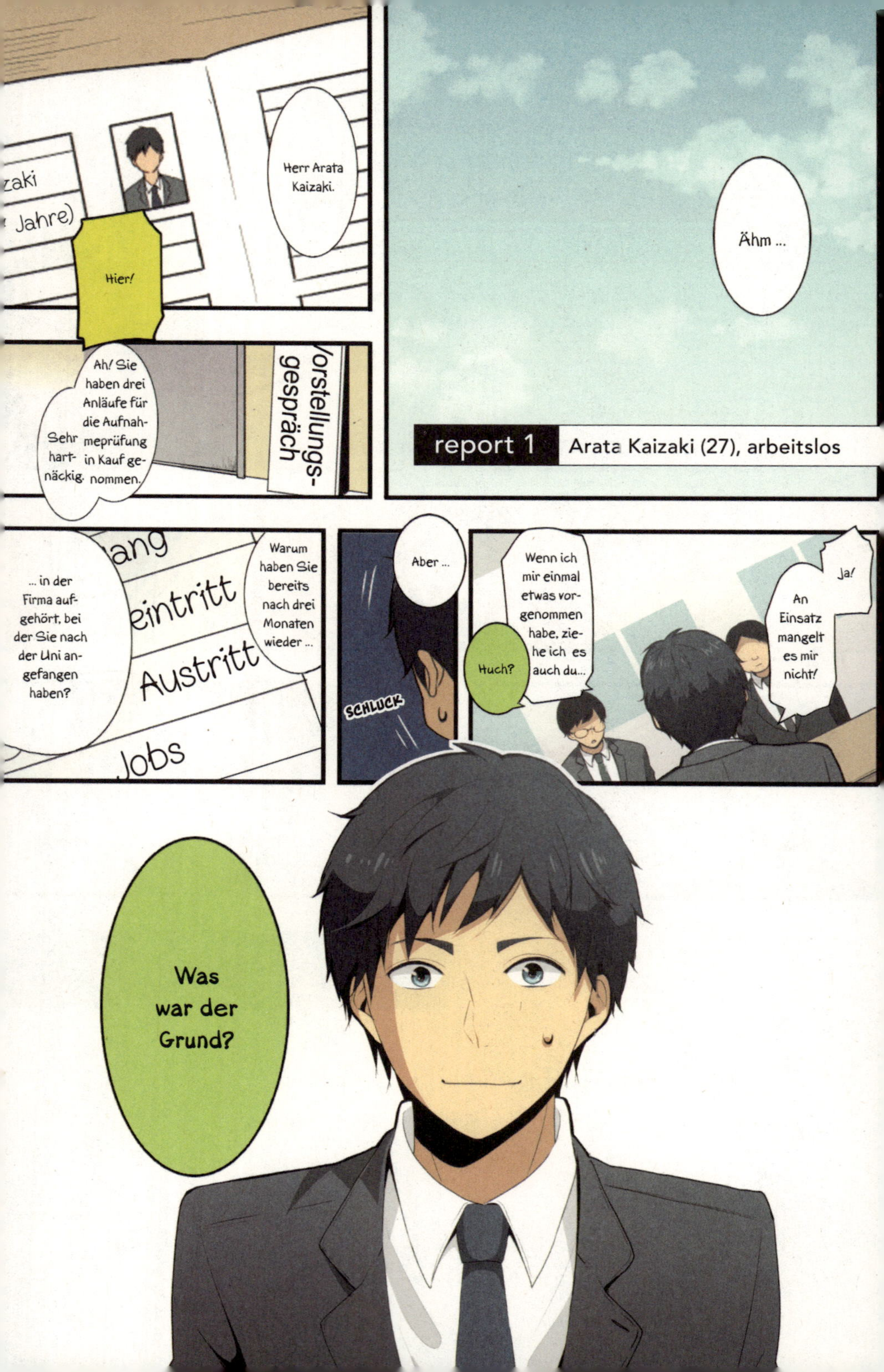
Ähm ...
report 1 Arata Kaizaki (27), arbeitslos
Herr Arata Kaizaki.
Hier!
Vorstellungsgespräch
Ah! Sie haben drei Anläufe für die Aufnahmeprüfung in Kauf genommen.
Sehr hartnäckig.
Ja!
An Einsatz mangelt es mir nicht!
Wenn ich mir einmal etwas vorgenommen habe, ziehe ich es auch du...
Huch?
Aber ...
SCHLUCK
Warum haben Sie bereits nach drei Monaten wieder ...
Eintritt
Austritt
Jobs
... in der Firma aufgehört, bei der Sie nach der Uni angefangen haben?
Was war der Grund?

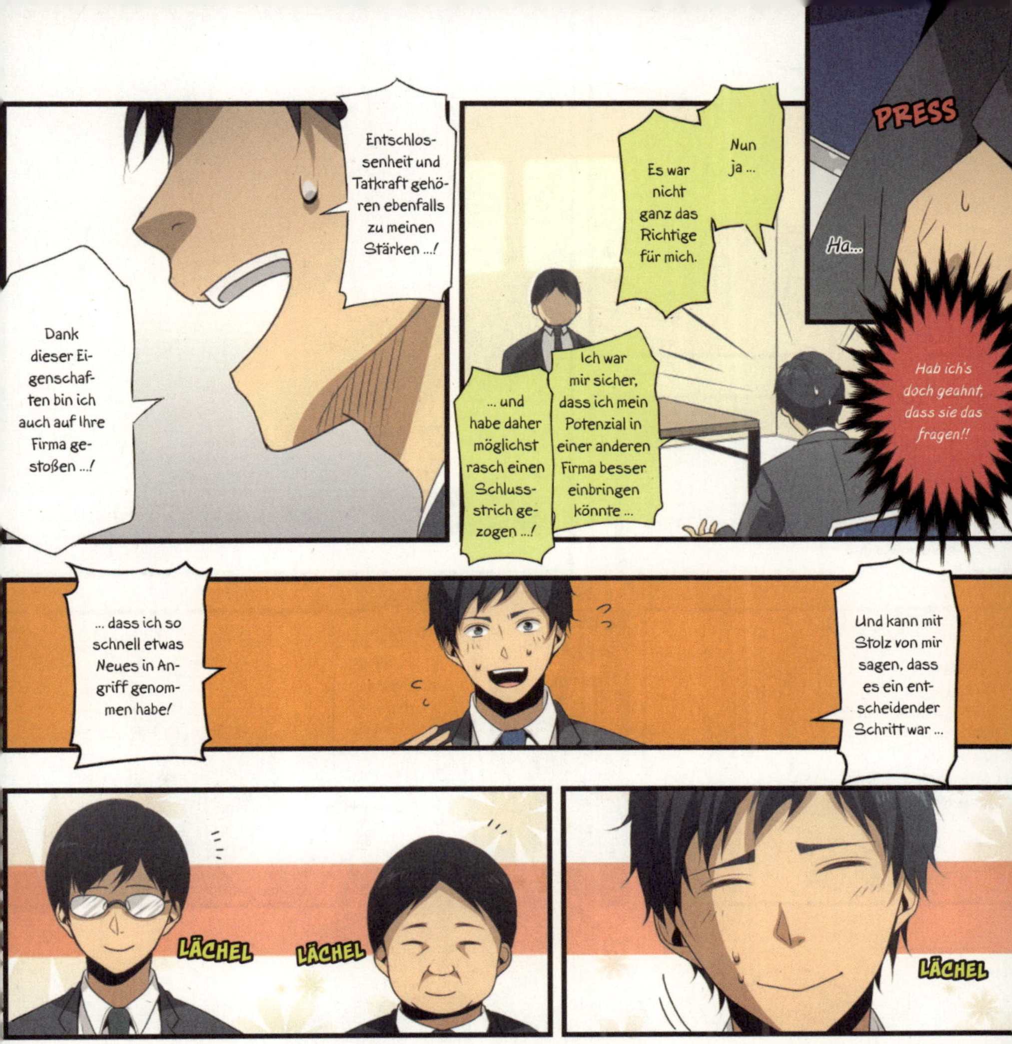

ReLIFE-Experiment – Bericht

Betreuer: Ryo Yoake

1. März

Geplante Kontaktaufnahme mit Arata Kaizaki, Testperson Nr. 002.

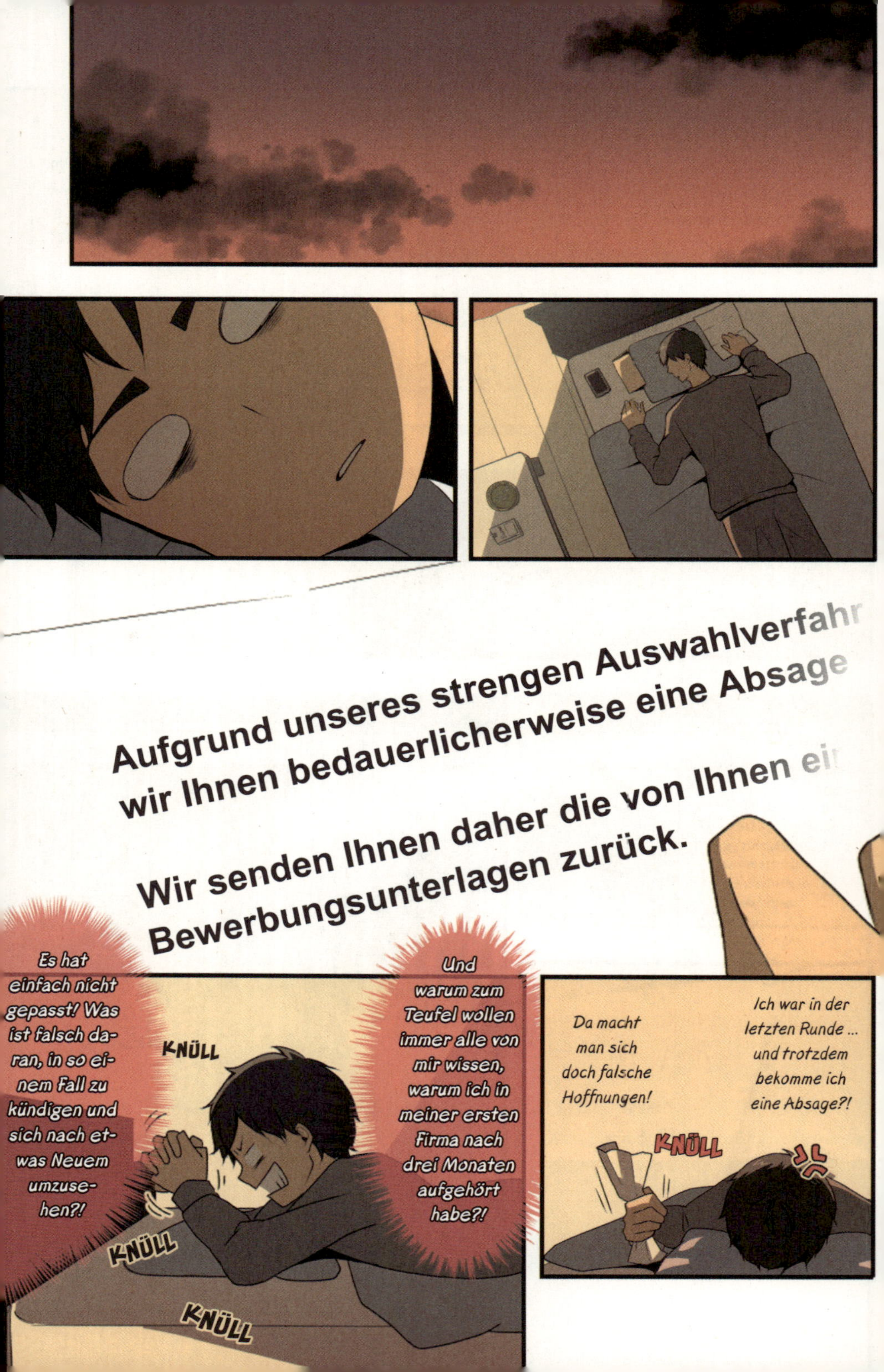
Aufgrund unseres strengen Auswahlverfahr
wir Ihnen bedauerlicherweise eine Absage
Wir senden Ihnen daher die von Ihnen ei
Bewerbungsunterlagen zurück.
Ich war in der letzten Runde ... und trotzdem bekomme ich eine Absage?!
Da macht man sich doch falsche Hoffnungen!
KNÜLL
Und warum zum Teufel wollen immer alle von mir wissen, warum ich in meiner ersten Firma nach drei Monaten aufgehört habe?!
KNÜLL
Es hat einfach nicht gepasst! Was ist falsch daran, in so einem Fall zu kündigen und sich nach etwas Neuem umzusehen?!
KNÜLL
KNÜLL

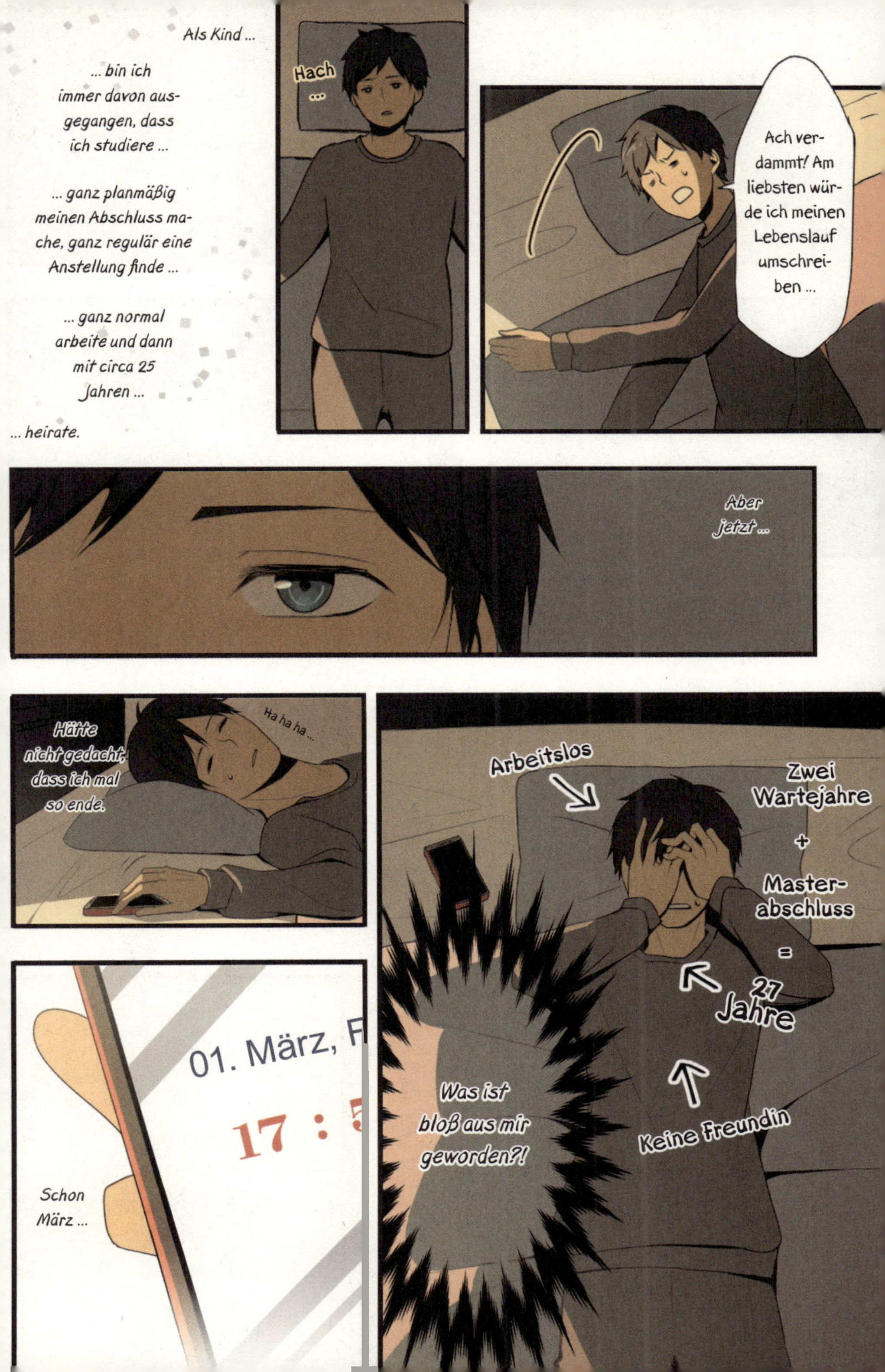
Als Kind ...
... bin ich immer davon ausgegangen, dass ich studiere ...
... ganz planmäßig meinen Abschluss mache, ganz regulär eine Anstellung finde ...
... ganz normal arbeite und dann mit circa 25 Jahren ...
... heirate.
Hach ...
Ach verdammt! Am liebsten würde ich meinen Lebenslauf umschreiben ...
Aber jetzt ...
Hätte nicht gedacht, dass ich mal so ende.
Ha ha ha ...
Arbeitslos
Zwei Wartejahre
+
Masterabschluss
=
27 Jahre
Keine Freundin
Was ist bloß aus mir geworden?!
01. März, F
17 : 5
Schon März ...

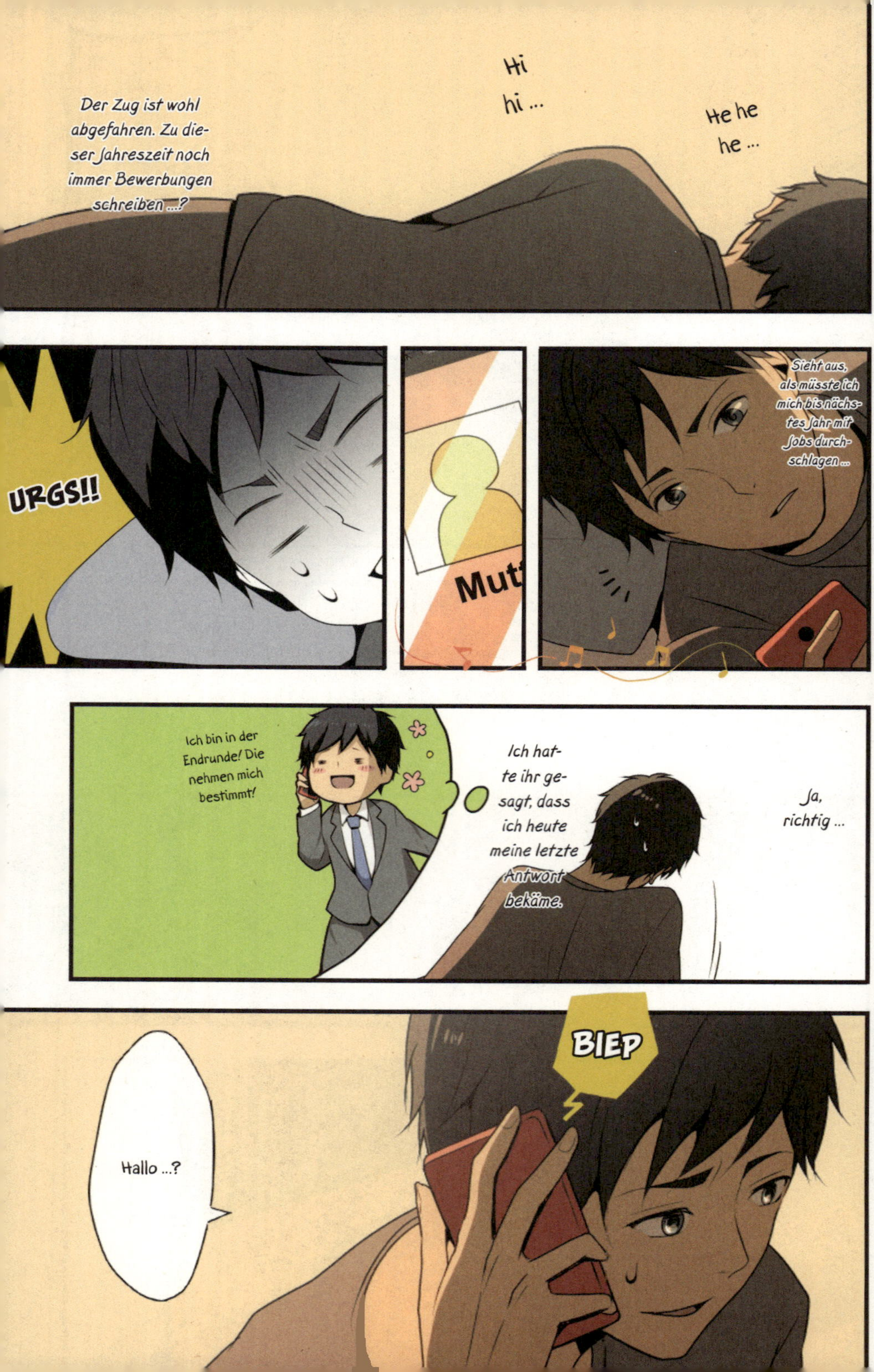
He he he ...
Hi hi ...
Der Zug ist wohl abgefahren. Zu dieser Jahreszeit noch immer Bewerbungen schreiben ...?
Sieht aus, als müsste ich mich bis nächstes Jahr mit Jobs durchschlagen ...
Mutt
URGS!!
Ja, richtig ...
Ich hatte ihr gesagt, dass ich heute meine letzte Antwort bekäme.
Ich bin in der Endrunde! Die nehmen mich bestimmt!
BIEP
Hallo ...?

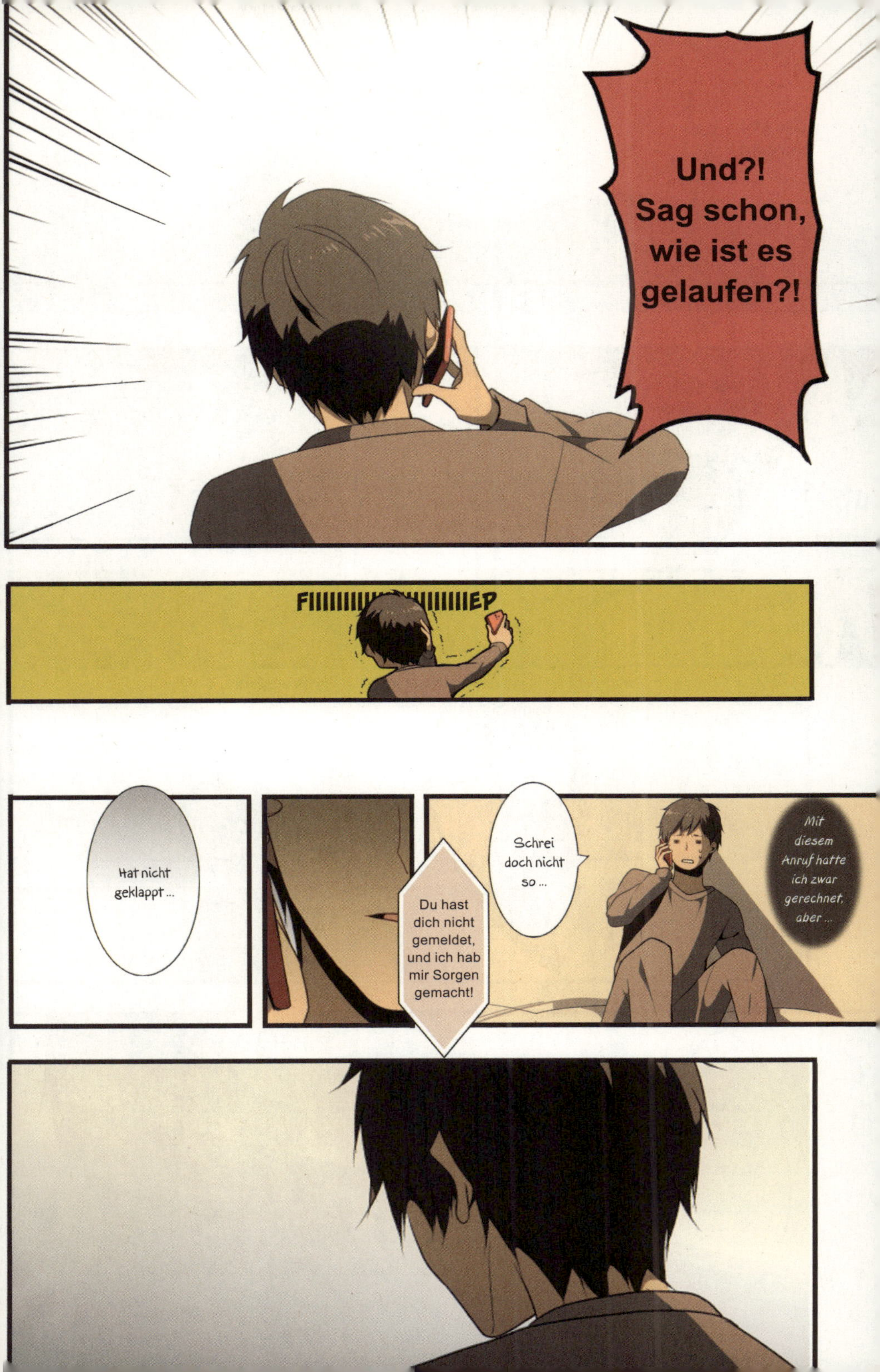

Und?! Sag schon, wie ist es gelaufen?!
FIIIIIIIIIIIIIIIIIIIEP
Mit diesem Anruf hatte ich zwar gerechnet, aber ...
Schrei doch nicht so ...
Du hast dich nicht gemeldet, und ich hab mir Sorgen gemacht!
Hat nicht geklappt ...

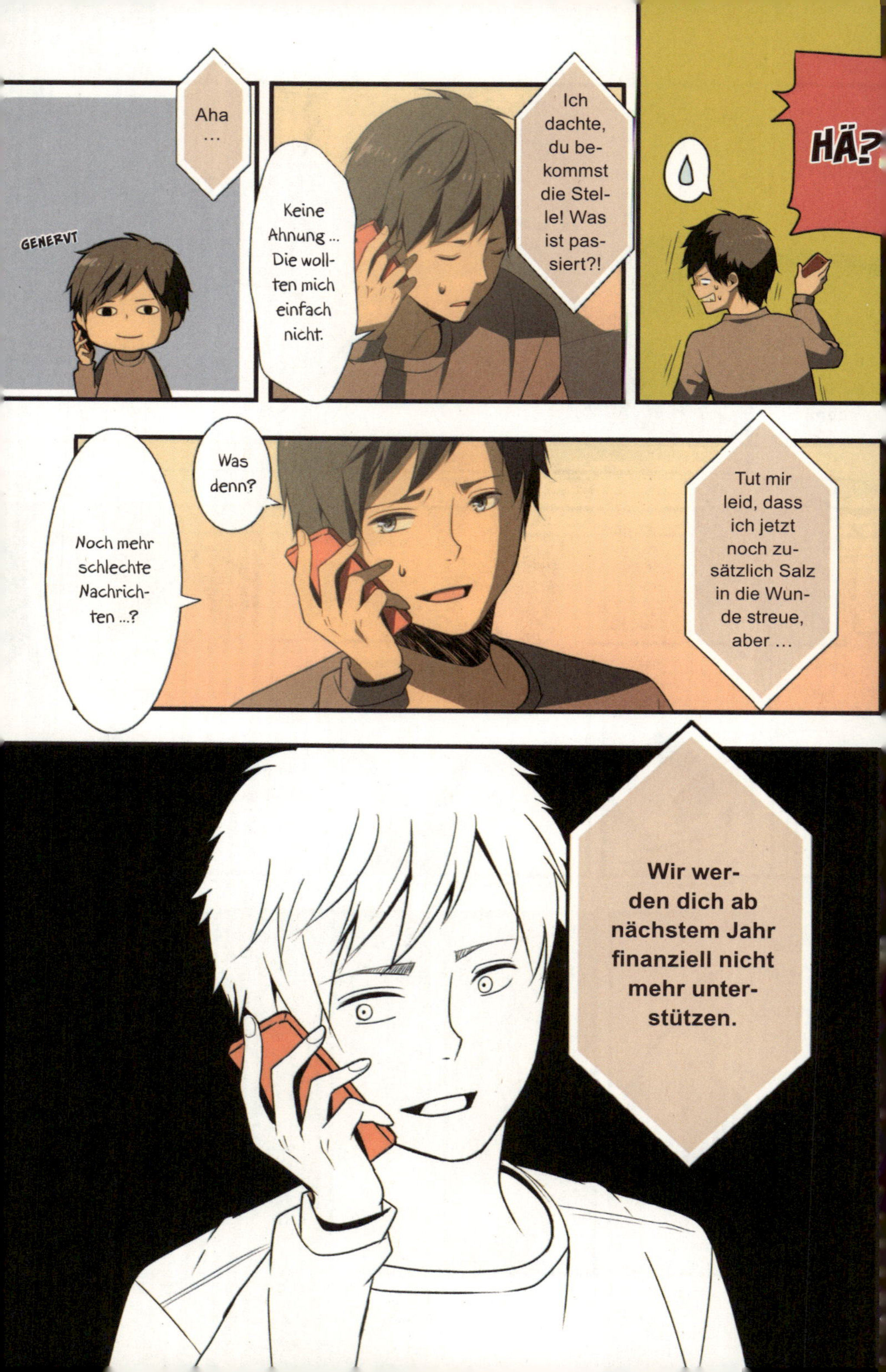

HÄ?
Ich dachte, du bekommst die Stelle! Was ist passiert?!
Keine Ahnung ... Die wollten mich einfach nicht.
Aha …
GENERVT
Tut mir leid, dass ich jetzt noch zusätzlich Salz in die Wunde streue, aber …
Was denn?
Noch mehr schlechte Nachrichten ...?
Wir werden dich ab nächstem Jahr finanziell nicht mehr unterstützen.

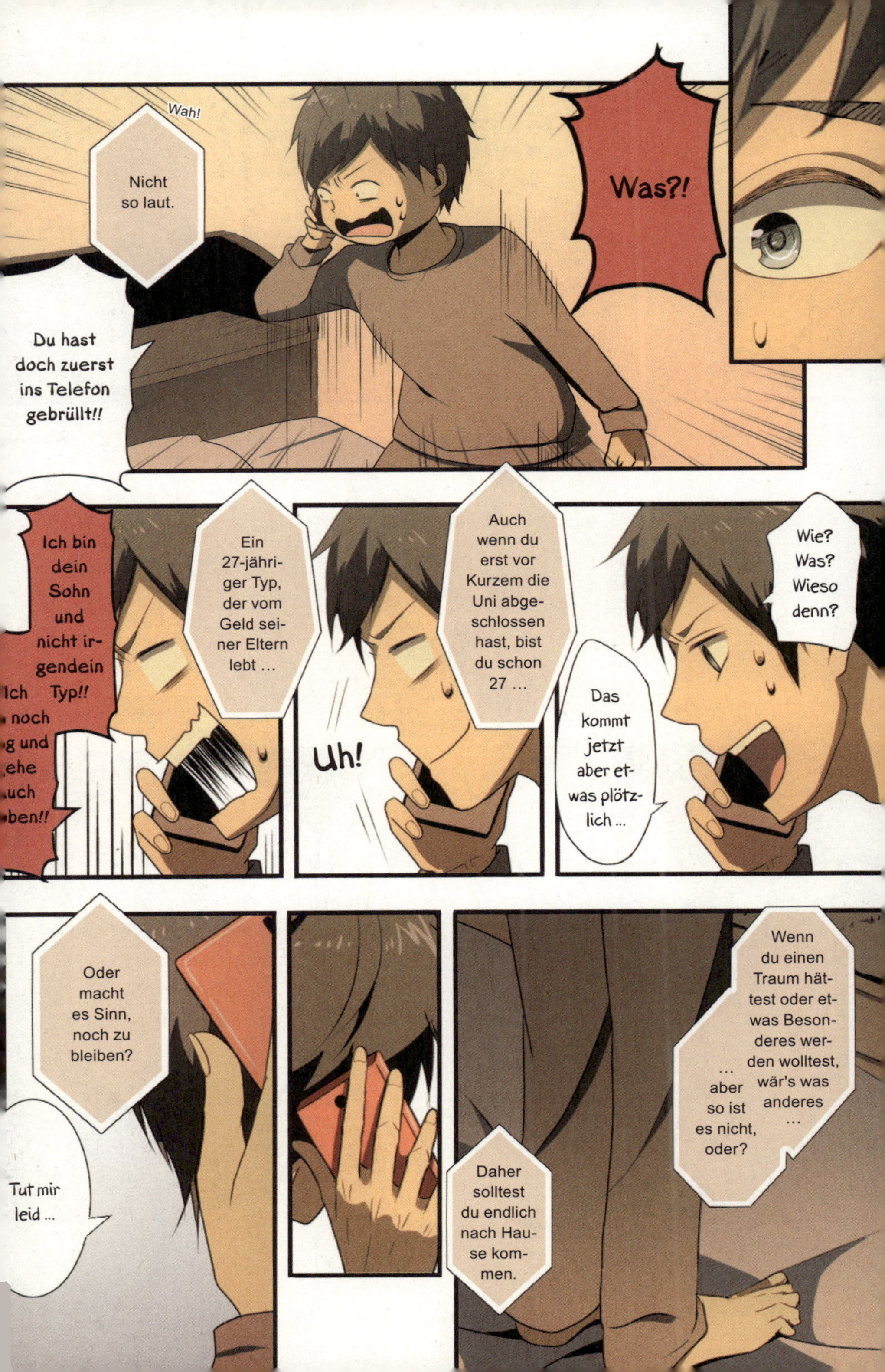
Was?!
Wah!
Nicht so laut.
Du hast doch zuerst ins Telefon gebrüllt!!
Wie? Was? Wieso denn?
Das kommt jetzt aber etwas plötzlich ...
Auch wenn du erst vor Kurzem die Uni abgeschlossen hast, bist du schon 27 ...
Uh!
Ein 27-jähriger Typ, der vom Geld seiner Eltern lebt ...
Ich bin dein Sohn und nicht irgendein Typ!!
Wenn du einen Traum hättest oder etwas Besonderes werden wolltest, wär's was anderes ...
... aber so ist es nicht, oder?
Daher solltest du endlich nach Hause kommen.
Oder macht es Sinn, noch zu bleiben?
Tut mir leid ...

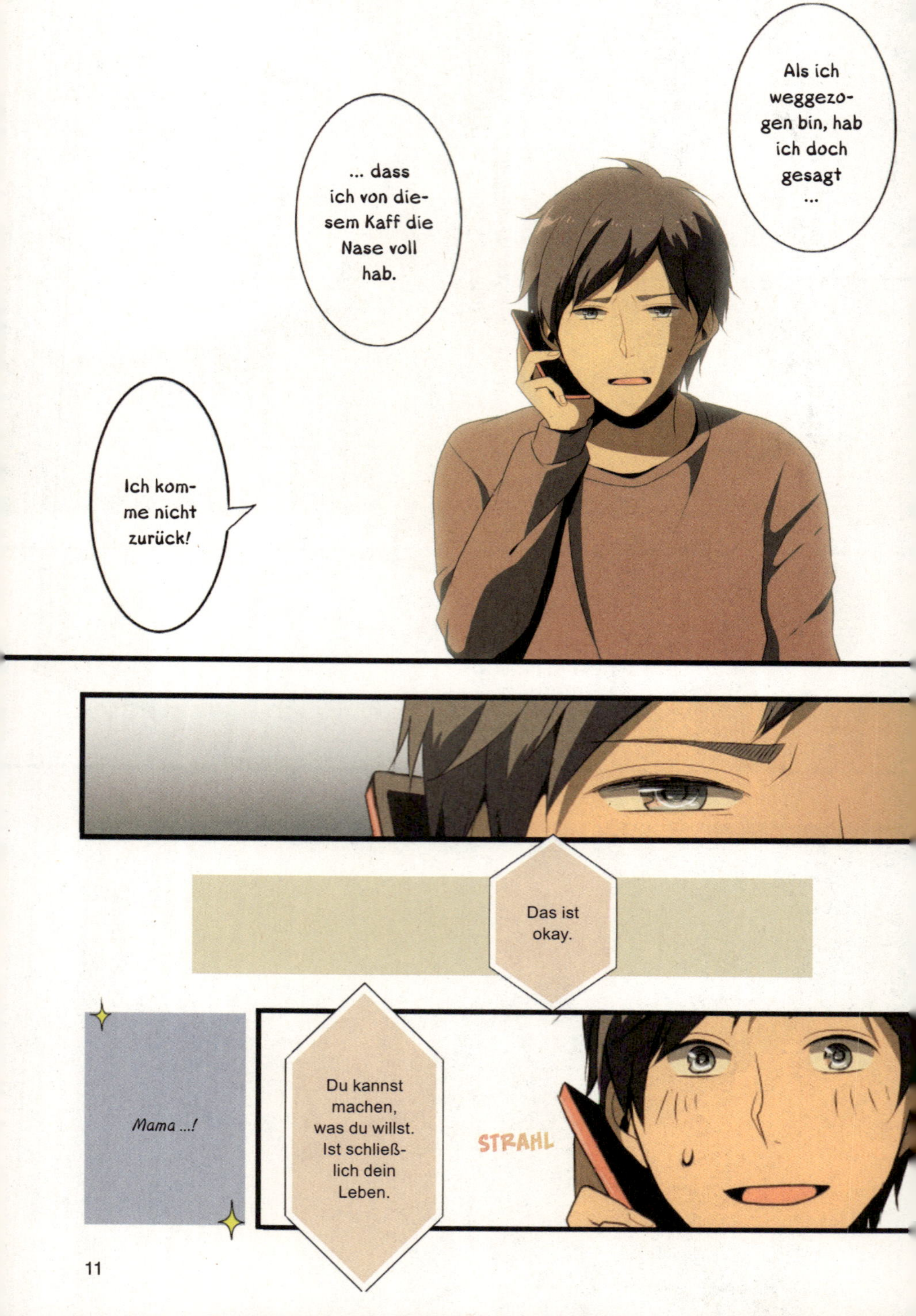
Als ich weggezogen bin, hab ich doch gesagt ...
... dass ich von diesem Kaff die Nase voll hab.
Ich komme nicht zurück!
Das ist okay.
Du kannst machen, was du willst. Ist schließlich dein Leben.
STRAHL
Mama ...!

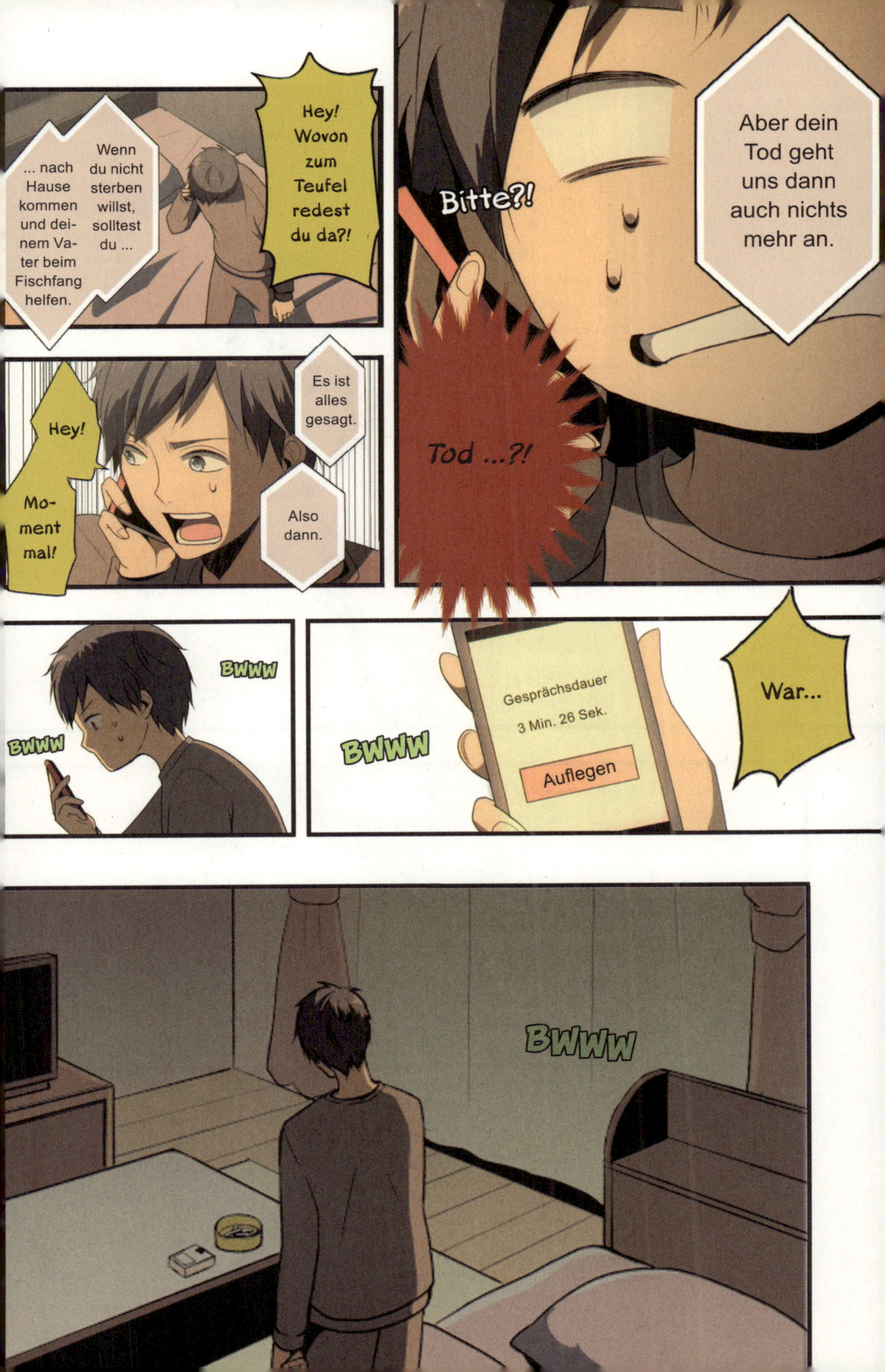
Aber dein Tod geht uns dann auch nichts mehr an.
Bitte?!
Tod ...?!
Hey! Wovon zum Teufel redest du da?!
Wenn du nicht sterben willst, solltest du ...
... nach Hause kommen und deinem Vater beim Fischfang helfen.
Es ist alles gesagt.
Also dann.
Hey!
Moment mal!
War...
Gesprächsdauer
3 Min. 26 Sek.
Auflegen
BWWW
BWWW
BWWW
BWWW

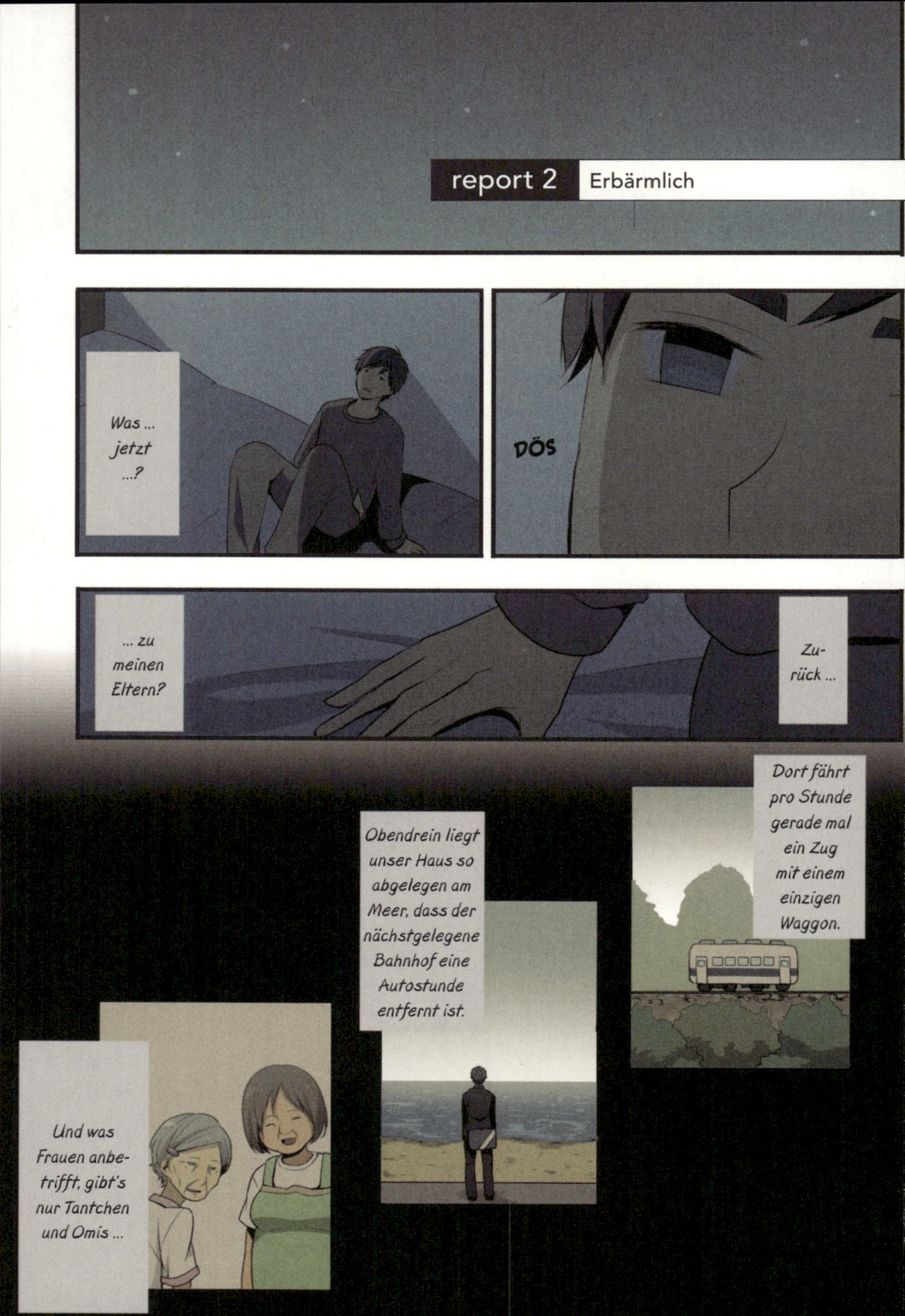
report 2 Erbärmlich
DÖS
Was ... jetzt ...?
Zurück ...
... zu meinen Eltern?
Dort fährt pro Stunde gerade mal ein Zug mit einem einzigen Waggon.
Obendrein liegt unser Haus so abgelegen am Meer, dass der nächstgelegene Bahnhof eine Autostunde entfernt ist.
Und was Frauen anbetrifft, gibt's nur Tantchen und Omis ...

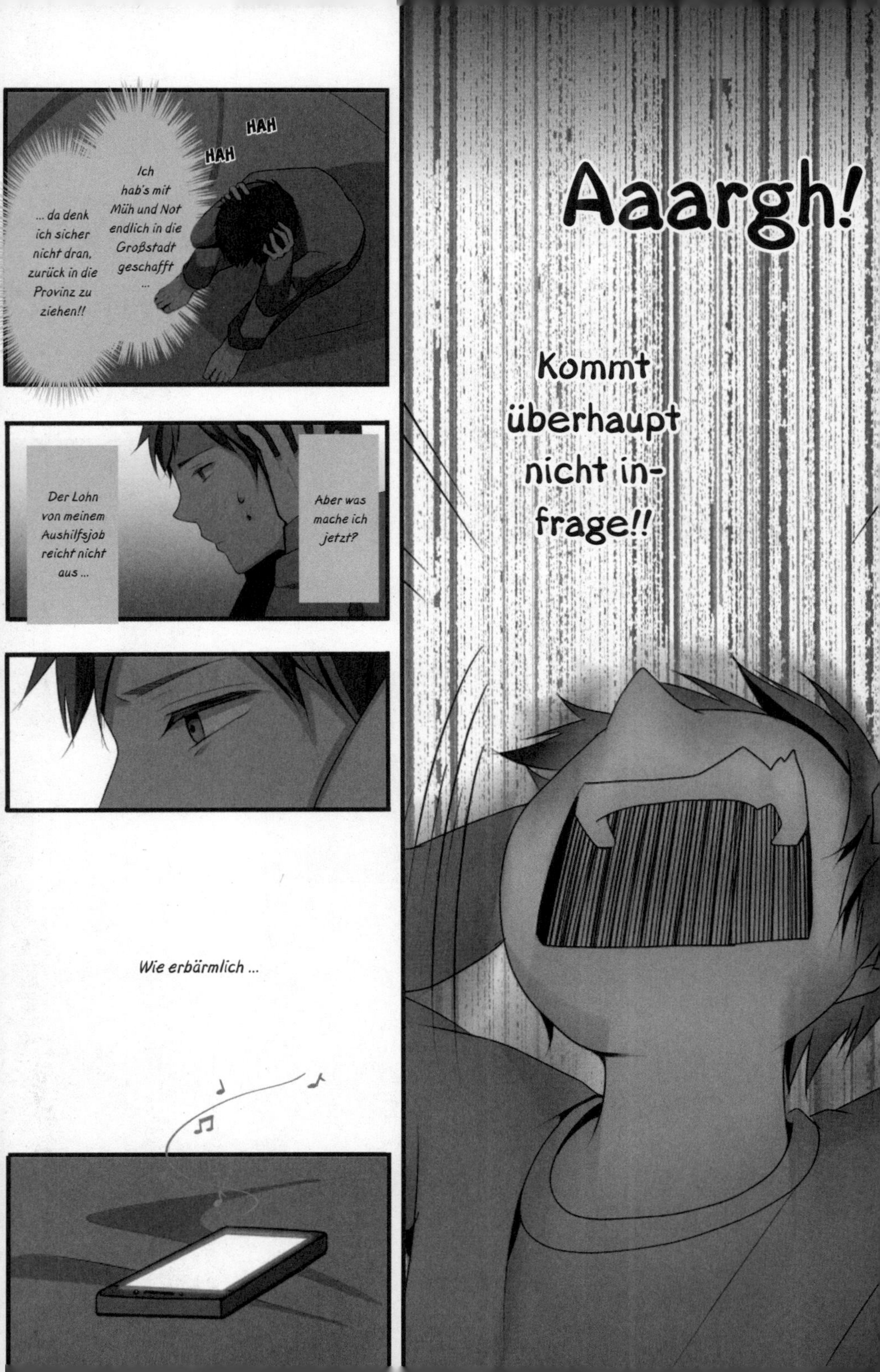
Aaargh!
Kommt überhaupt nicht in-frage!!
HAH
HAH
Ich hab's mit Müh und Not endlich in die Großstadt geschafft ...
... da denk ich sicher nicht dran, zurück in die Provinz zu ziehen!!
Aber was mache ich jetzt?
Der Lohn von meinem Aushilfsjob reicht nicht aus ...
Wie erbärmlich ...

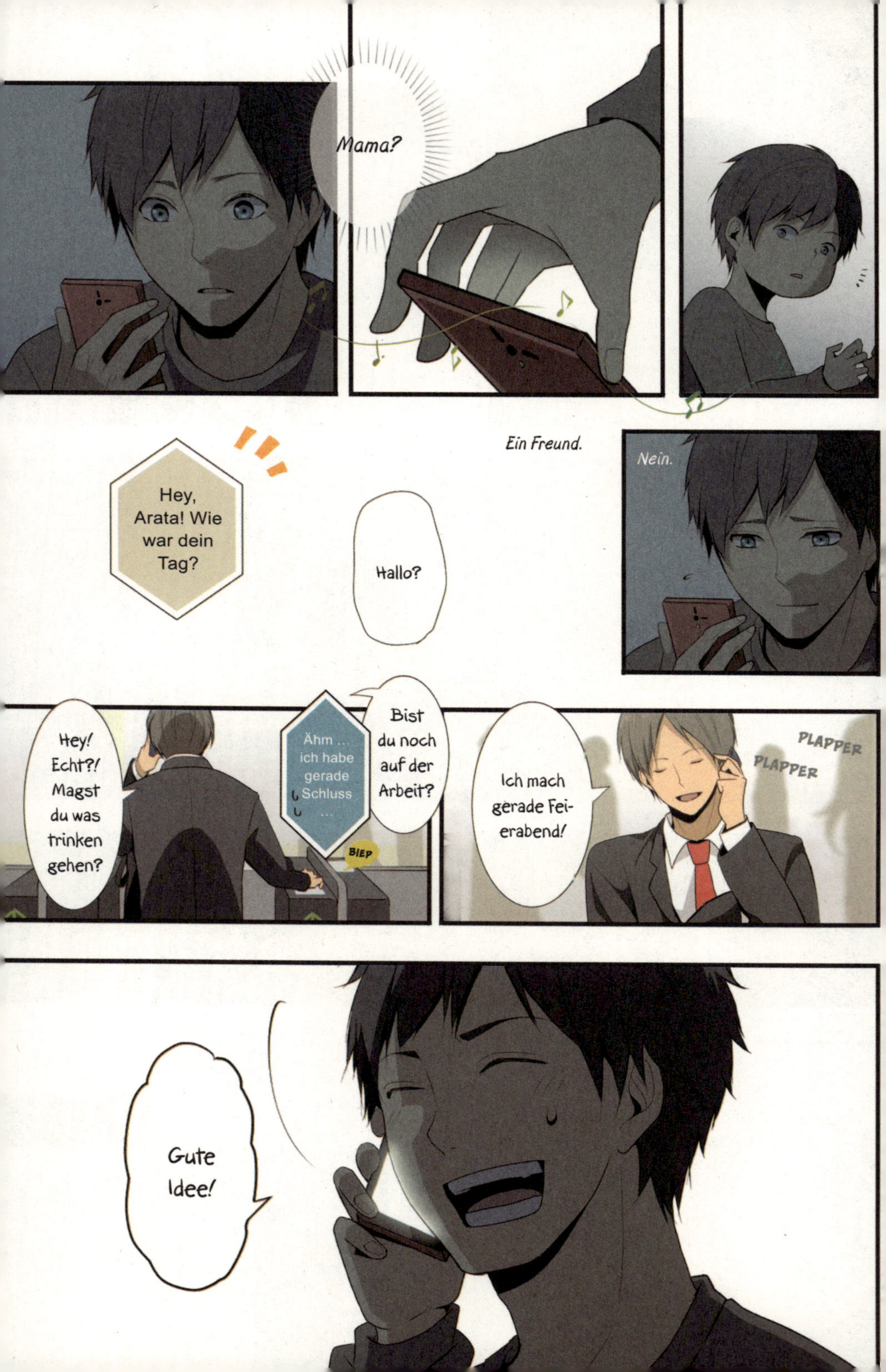
Mama?
Nein.
Ein Freund.
Hallo?
Hey, Arata! Wie war dein Tag?
PLAPPER
PLAPPER
Ich mach gerade Feierabend!
Bist du noch auf der Arbeit?
Ähm … ich habe gerade Schluss …
BIEP
Hey! Echt?! Magst du was trinken gehen?
Gute Idee!

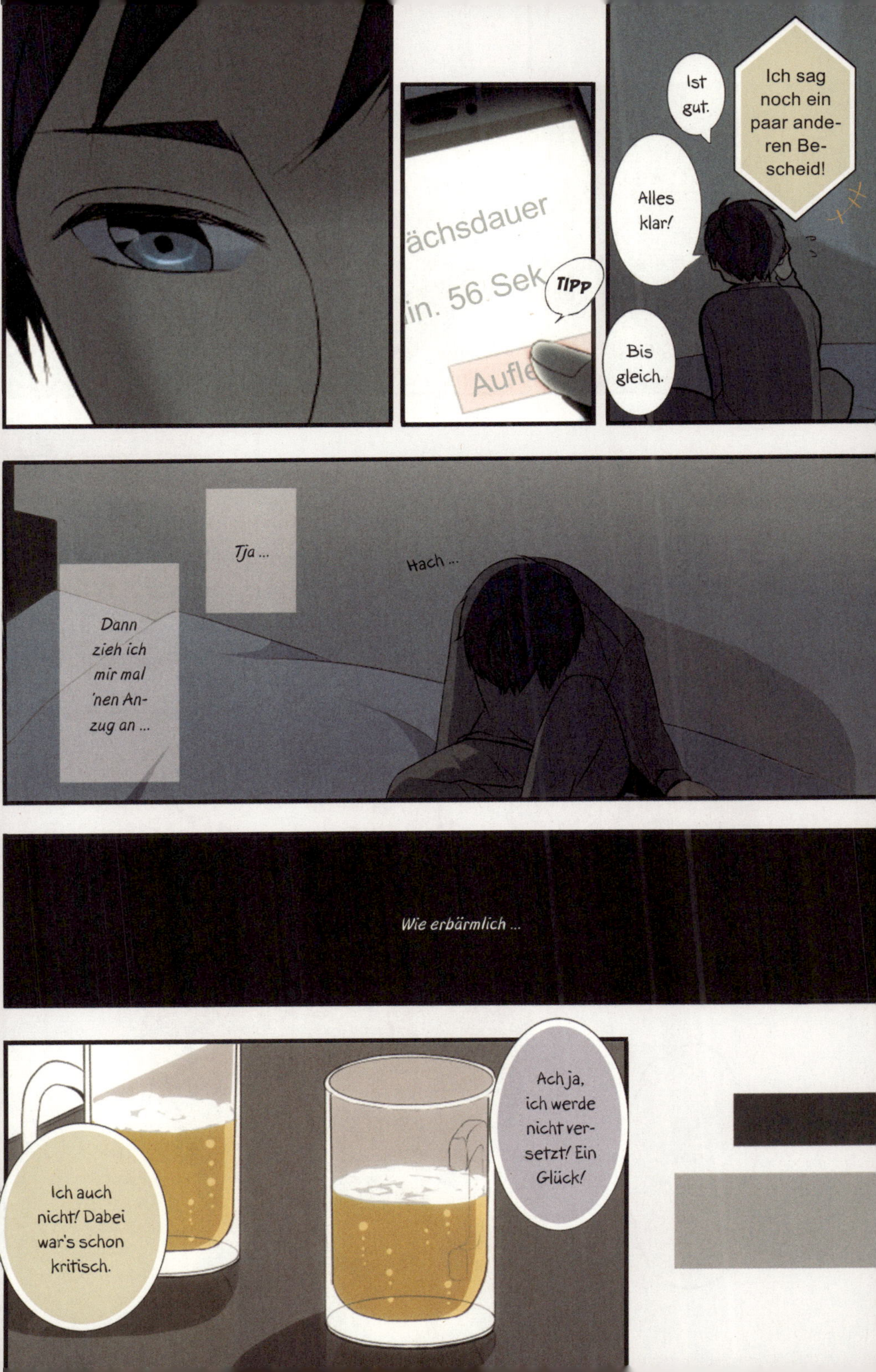

Ich sag noch ein paar anderen Bescheid!
Ist gut.
Alles klar!
Bis gleich.
ächsdauer
in. 56 Sek
Aufle
TIPP
Hach ...
Tja ...
Dann zieh ich mir mal 'nen Anzug an ...
Wie erbärmlich ...
Ach ja, ich werde nicht versetzt! Ein Glück!
Ich auch nicht! Dabei war's schon kritisch.

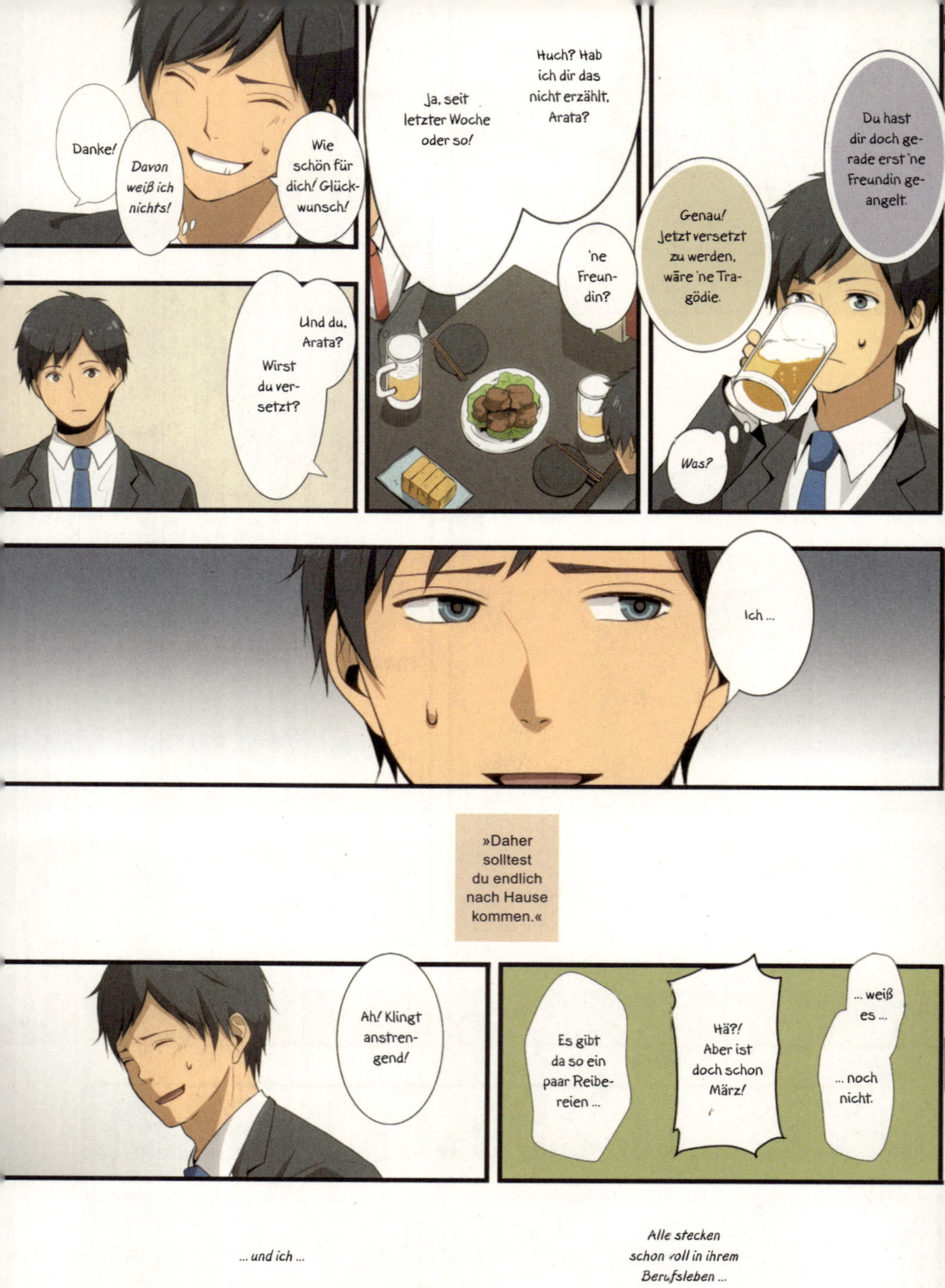
Du hast dir doch gerade erst 'ne Freundin geangelt.
Genau! Jetzt versetzt zu werden, wäre 'ne Tragödie.
Was?
'ne Freundin?
Huch? Hab ich dir das nicht erzählt, Arata?
Ja, seit letzter Woche oder so!
Wie schön für dich! Glückwunsch!
Davon weiß ich nichts!
Danke!
Und du, Arata?
Wirst du versetzt?
Ich ...
»Daher solltest du endlich nach Hause kommen.«
... weiß es ...
... noch nicht.
Hä?! Aber ist doch schon März!
Es gibt da so ein paar Reibereien ...
Ah! Klingt anstrengend!
Alle stecken schon voll in ihrem Berufsleben ...
... und ich ...

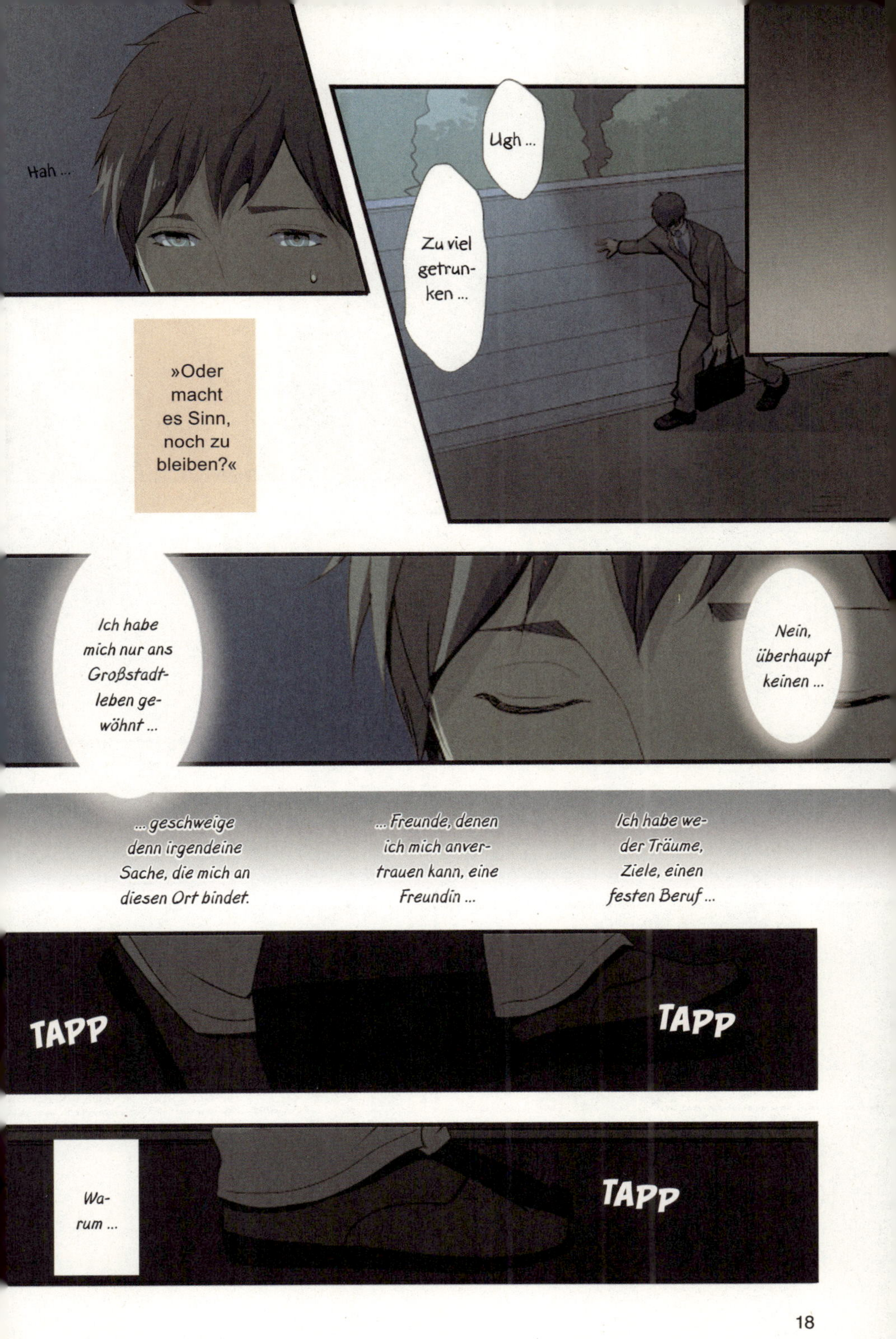
Ugh ...
Zu viel getrun-ken ...
Hah ...
»Oder macht es Sinn, noch zu bleiben?«
Nein, überhaupt keinen ...
Ich habe mich nur ans Großstadt-leben ge-wöhnt ...
Ich habe we-der Träume, Ziele, einen festen Beruf ...
... Freunde, denen ich mich anver-trauen kann, eine Freundin ...
... geschweige denn irgendeine Sache, die mich an diesen Ort bindet.
TAPP
TAPP
TAPP
Wa-rum ...

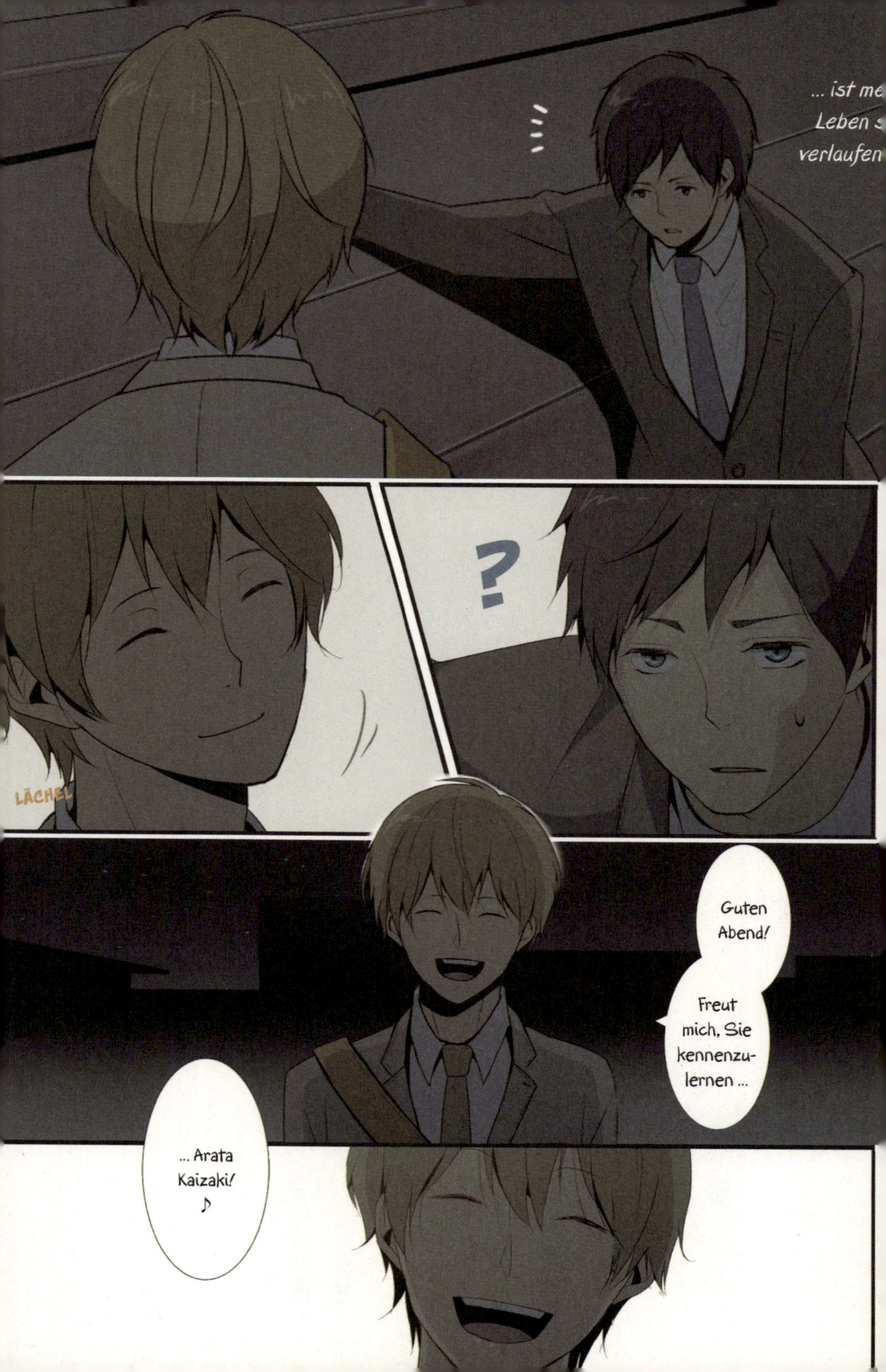

... ist me
Leben s
verlaufen
?
LÄCHEL
Guten Abend!
Freut mich, Sie kennenzu-lernen ...
... Arata Kaizaki! ♪

ReLIFE

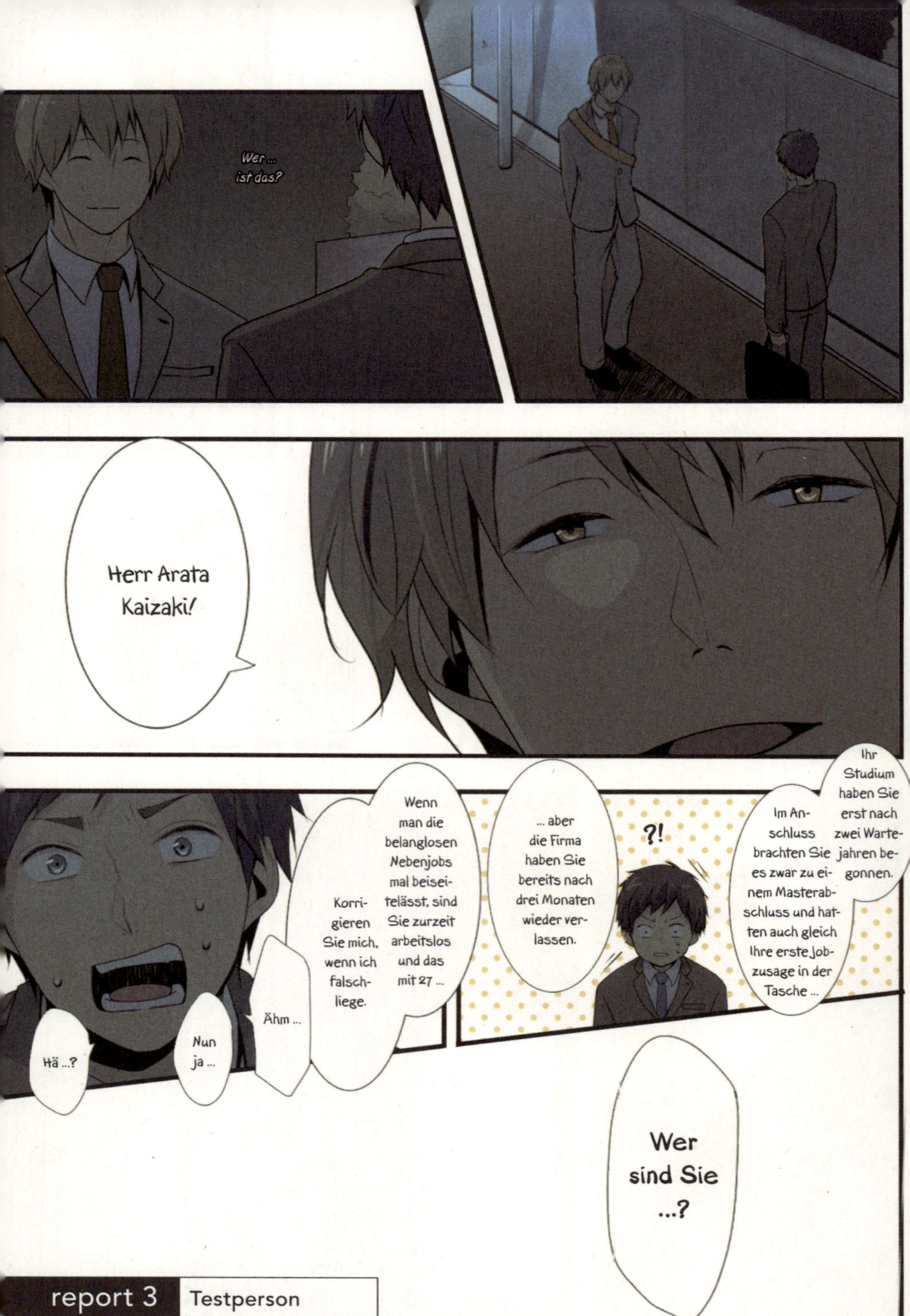

report 3 Testperson

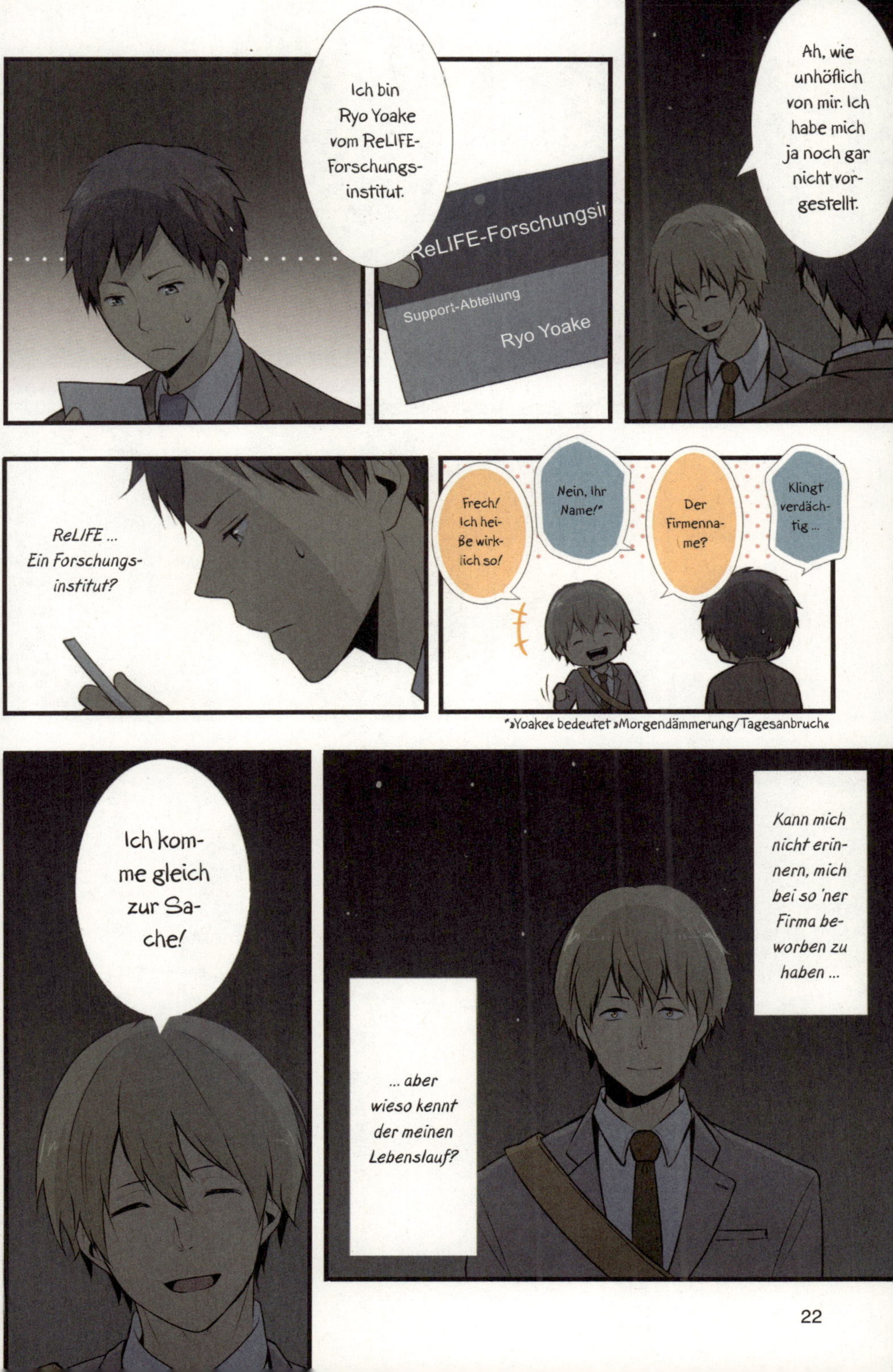
Ich bin Ryo Yoake vom ReLIFE-Forschungsinstitut.
ReLIFE-Forschungsin
Support-Abteilung
Ryo Yoake
Ah, wie unhöflich von mir. Ich habe mich ja noch gar nicht vorgestellt.
ReLIFE ... Ein Forschungsinstitut?
Frech! Ich heiße wirklich so!
Nein, Ihr Name!*
Der Firmenname?
Klingt verdächtig ...
*»Yoake« bedeutet »Morgendämmerung/Tagesanbruch«
Ich komme gleich zur Sache!
Kann mich nicht erinnern, mich bei so 'ner Firma beworben zu haben ...
... aber wieso kennt der meinen Lebenslauf?

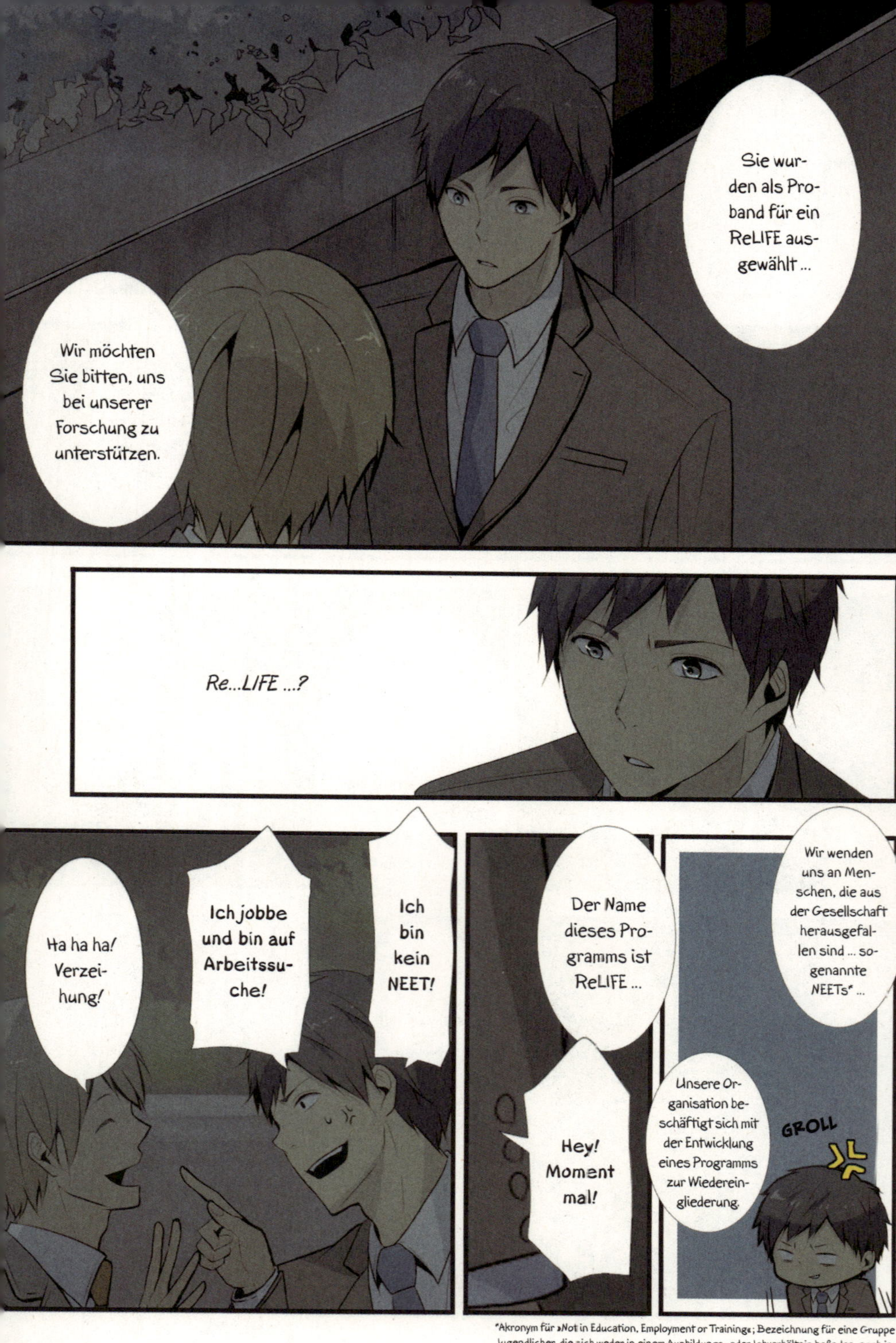

*Akronym für »Not in Education, Employment or Training«; Bezeichnung für eine Gruppe Jugendlicher, die sich weder in einem Ausbildungs- oder Jobverhältnis befinden, noch in nächster Zeit eines anstreben.

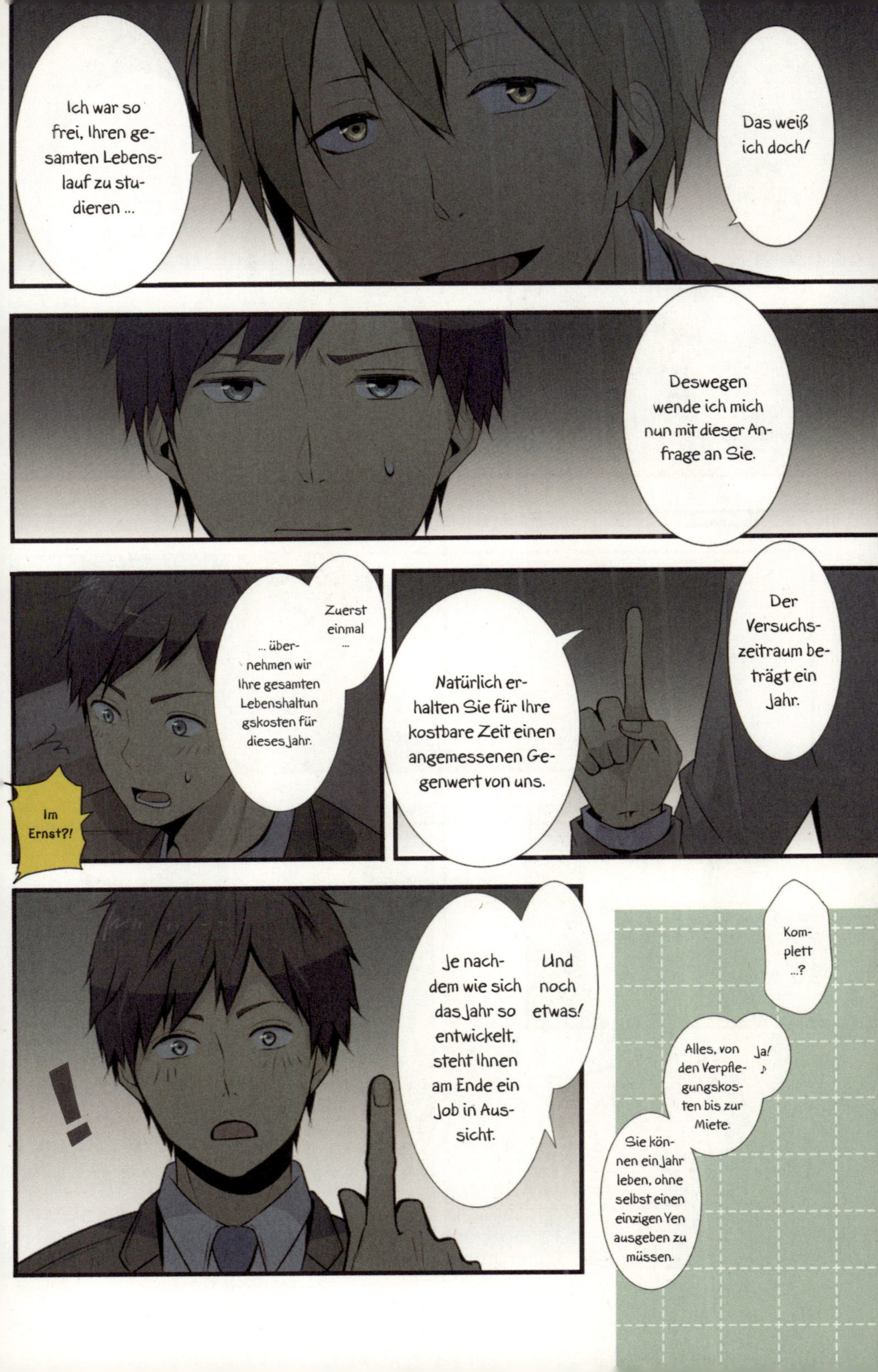
Das weiß ich doch!
Ich war so frei, Ihren gesamten Lebenslauf zu studieren ...
Deswegen wende ich mich nun mit dieser Anfrage an Sie.
Der Versuchszeitraum beträgt ein Jahr.
Natürlich erhalten Sie für Ihre kostbare Zeit einen angemessenen Gegenwert von uns.
Zuerst einmal ...
... übernehmen wir Ihre gesamten Lebenshaltun gskosten für dieses Jahr.
Im Ernst?!
Und noch etwas!
Je nachdem wie sich das Jahr so entwickelt, steht Ihnen am Ende ein Job in Aussicht.
Komplett ...?
Ja! ♪
Alles, von den Verpflegungskosten bis zur Miete.
Sie können ein Jahr leben, ohne selbst einen einzigen Yen ausgeben zu müssen.

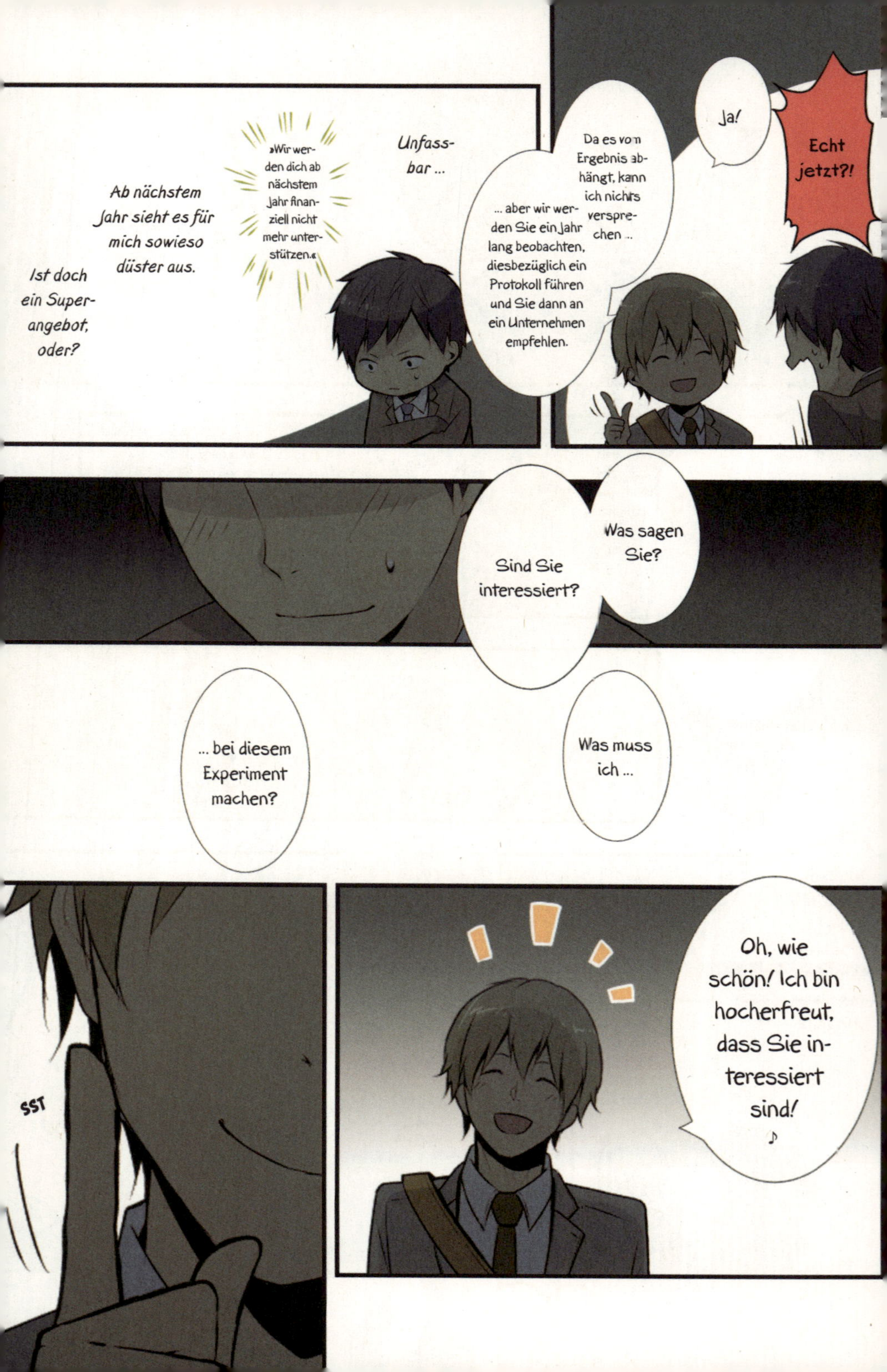
Echt jetzt?!
Ja!
Da es vom Ergebnis abhängt, kann ich nichts versprechen ...
... aber wir werden Sie ein Jahr lang beobachten, diesbezüglich ein Protokoll führen und Sie dann an ein Unternehmen empfehlen.
Unfassbar ...
»Wir werden dich ab nächstem Jahr finanziell nicht mehr unterstützen.«
Ab nächstem Jahr sieht es für mich sowieso düster aus.
Ist doch ein Superangebot, oder?
Was sagen Sie?
Sind Sie interessiert?
Was muss ich ...
... bei diesem Experiment machen?
Oh, wie schön! Ich bin hocherfreut, dass Sie interessiert sind! ♪
SST

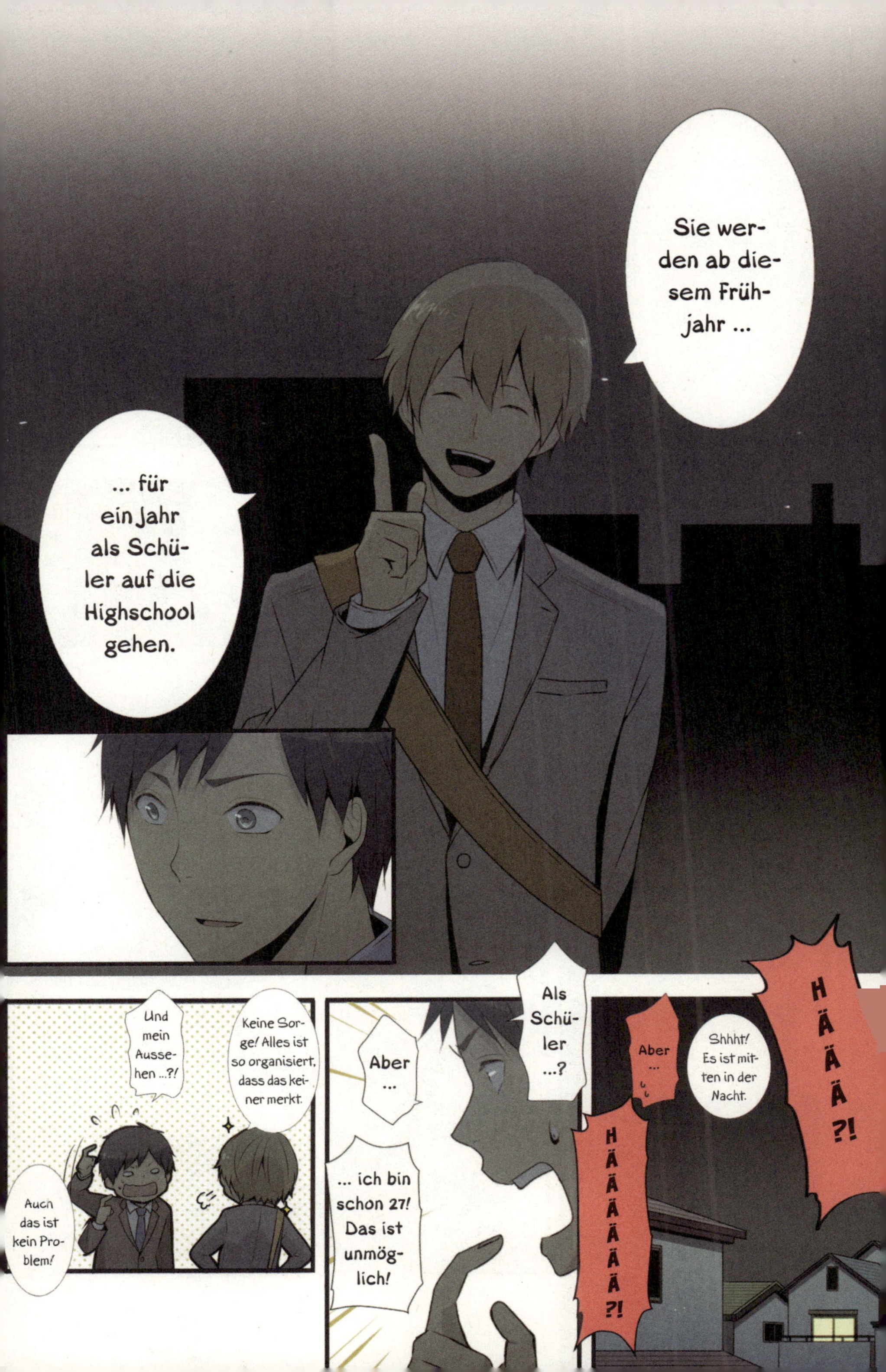
Sie werden ab diesem Frühjahr ...
... für ein Jahr als Schüler auf die Highschool gehen.
HÄÄÄ?!
Aber ...
Shhht! Es ist mitten in der Nacht.
HÄÄÄÄÄÄÄ?!
Als Schüler ...?
Aber ...
... ich bin schon 27! Das ist unmöglich!
Keine Sorge! Alles ist so organisiert, dass das keiner merkt.
Und mein Aussehen ...?!
Auch das ist kein Problem!

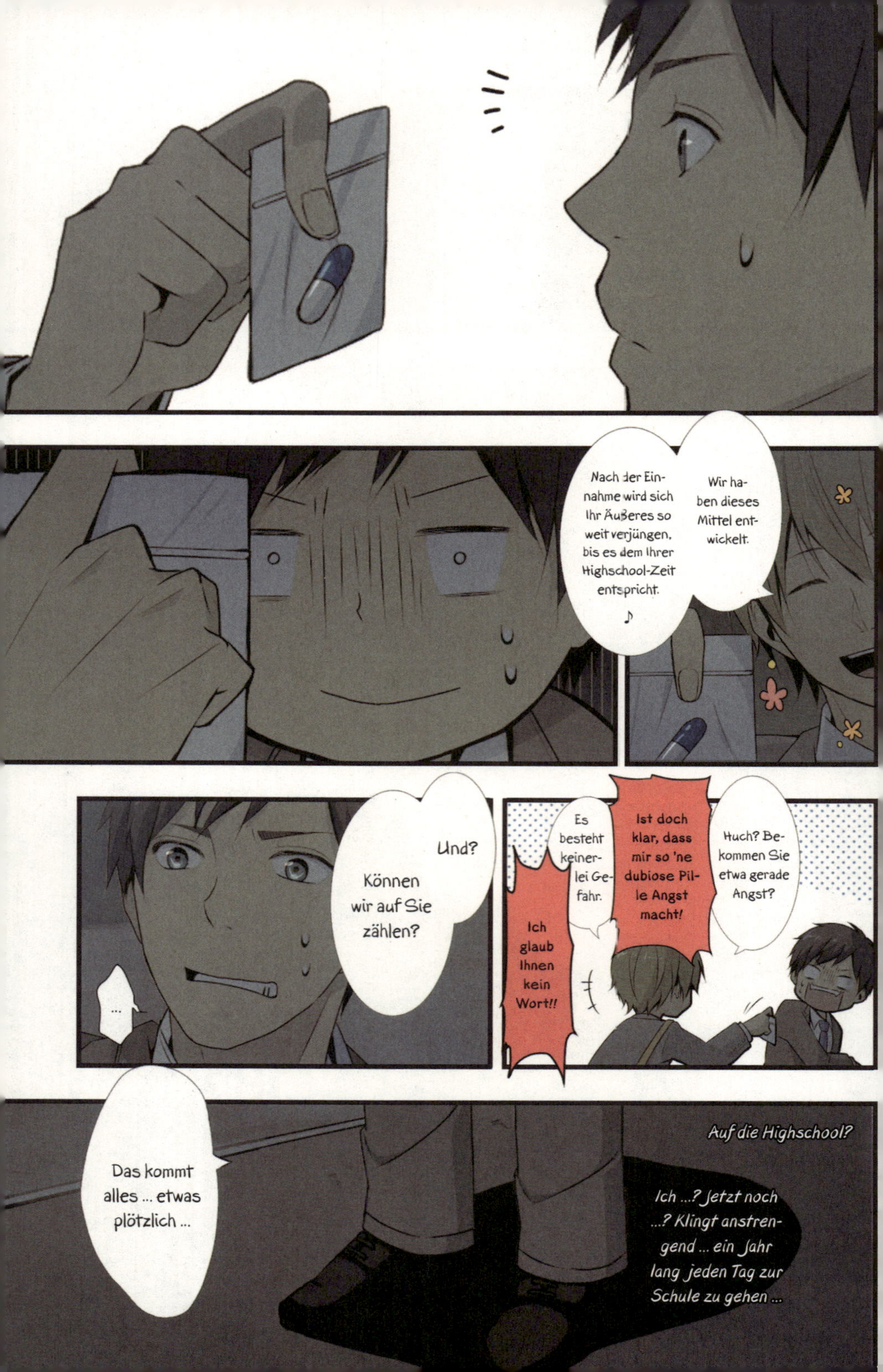
Wir haben dieses Mittel entwickelt.
Nach der Einnahme wird sich Ihr Äußeres so weit verjüngen, bis es dem Ihrer Highschool-Zeit entspricht. ♪
Und? Können wir auf Sie zählen?
…
Huch? Bekommen Sie etwa gerade Angst?
Ist doch klar, dass mir so 'ne dubiose Pille Angst macht!
Es besteht keinerlei Gefahr.
Ich glaub Ihnen kein Wort!!
Auf die Highschool?
Ich …? Jetzt noch …? Klingt anstrengend … ein Jahr lang jeden Tag zur Schule zu gehen …
Das kommt alles … etwas plötzlich …

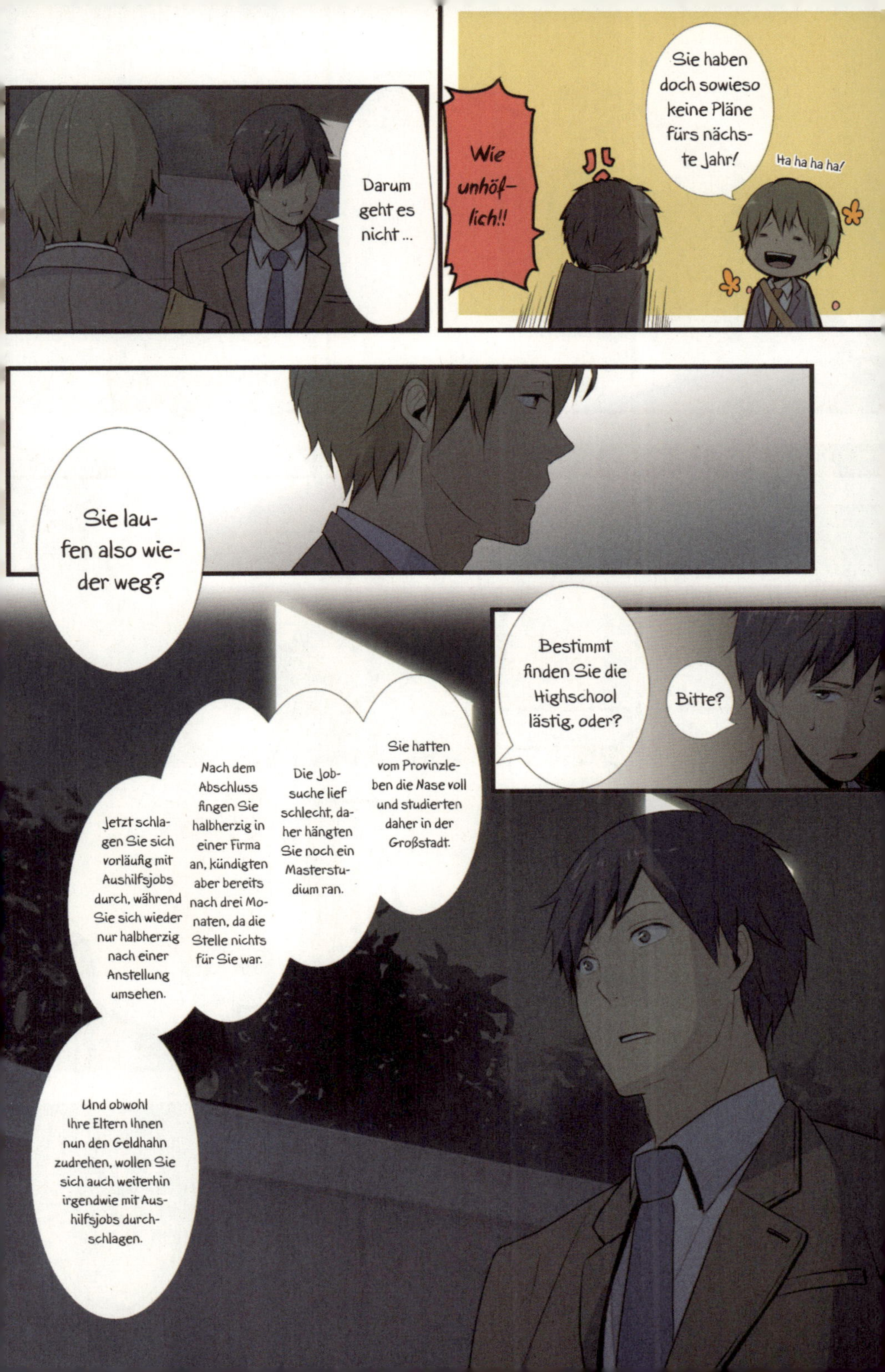
Darum geht es nicht ...
Sie haben doch sowieso keine Pläne fürs nächste Jahr!
Ha ha ha ha!
Wie unhöflich!!
Sie laufen also wieder weg?
Bestimmt finden Sie die Highschool lästig, oder?
Bitte?
Sie hatten vom Provinzleben die Nase voll und studierten daher in der Großstadt.
Die Jobsuche lief schlecht, daher hängten Sie noch ein Masterstudium ran.
Nach dem Abschluss fingen Sie halbherzig in einer Firma an, kündigten aber bereits nach drei Monaten, da die Stelle nichts für Sie war.
Jetzt schlagen Sie sich vorläufig mit Aushilfsjobs durch, während Sie sich wieder nur halbherzig nach einer Anstellung umsehen.
Und obwohl Ihre Eltern Ihnen nun den Geldhahn zudrehen, wollen Sie sich auch weiterhin irgendwie mit Aushilfsjobs durchschlagen.

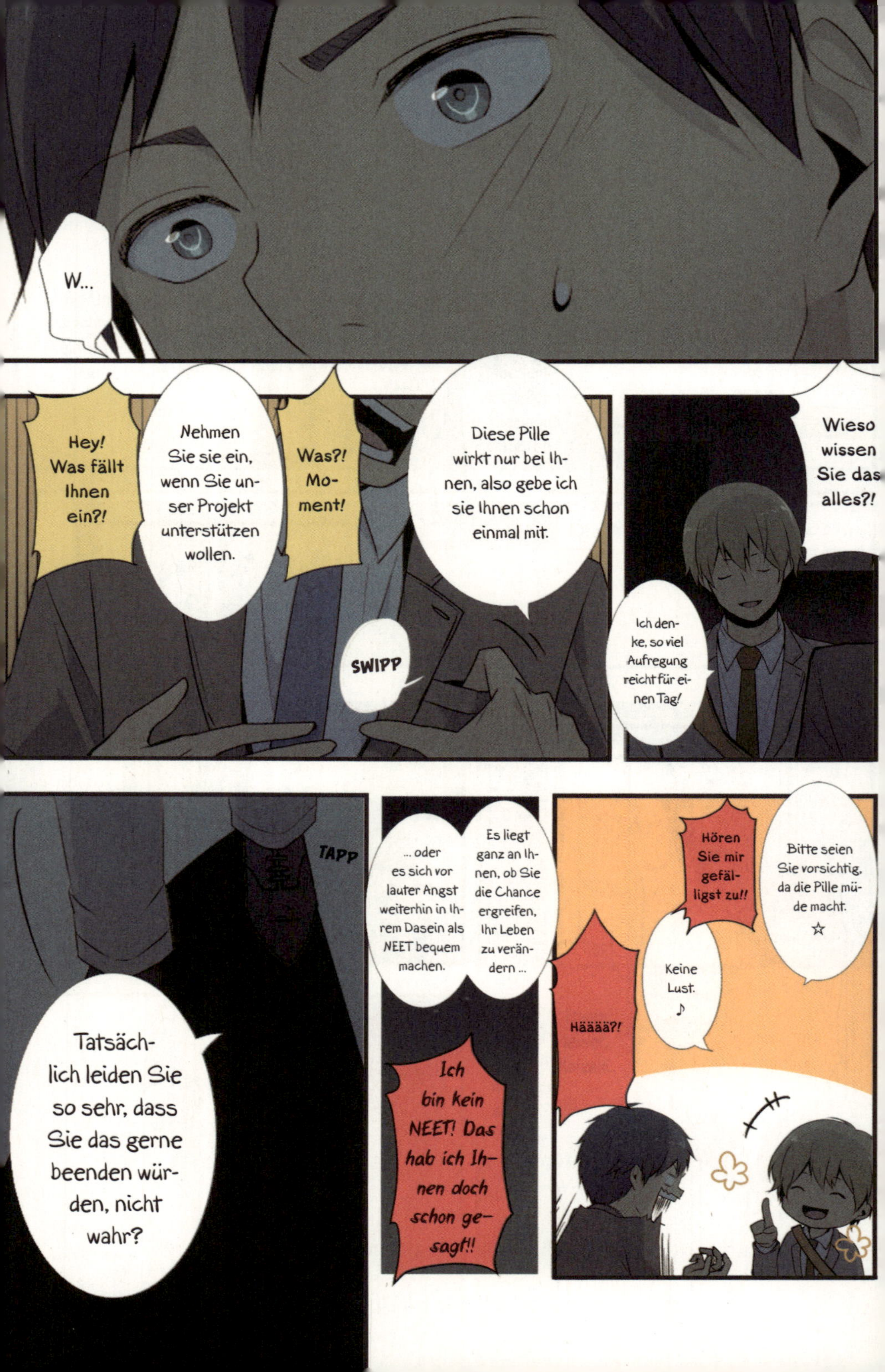

W...
Hey! Was fällt Ihnen ein?!
Nehmen Sie sie ein, wenn Sie unser Projekt unterstützen wollen.
Was?! Moment!
Diese Pille wirkt nur bei Ihnen, also gebe ich sie Ihnen schon einmal mit.
SWIPP
Wieso wissen Sie das alles?!
Ich denke, so viel Aufregung reicht für einen Tag!
TAPP
Tatsächlich leiden Sie so sehr, dass Sie das gerne beenden würden, nicht wahr?
Es liegt ganz an Ihnen, ob Sie die Chance ergreifen, Ihr Leben zu verändern ...
... oder es sich vor lauter Angst weiterhin in Ihrem Dasein als NEET bequem machen.
Ich bin kein NEET! Das hab ich Ihnen doch schon gesagt!!
Bitte seien Sie vorsichtig, da die Pille müde macht. ☆
Häääa?!
Hören Sie mir gefälligst zu!!
Keine Lust. ♪

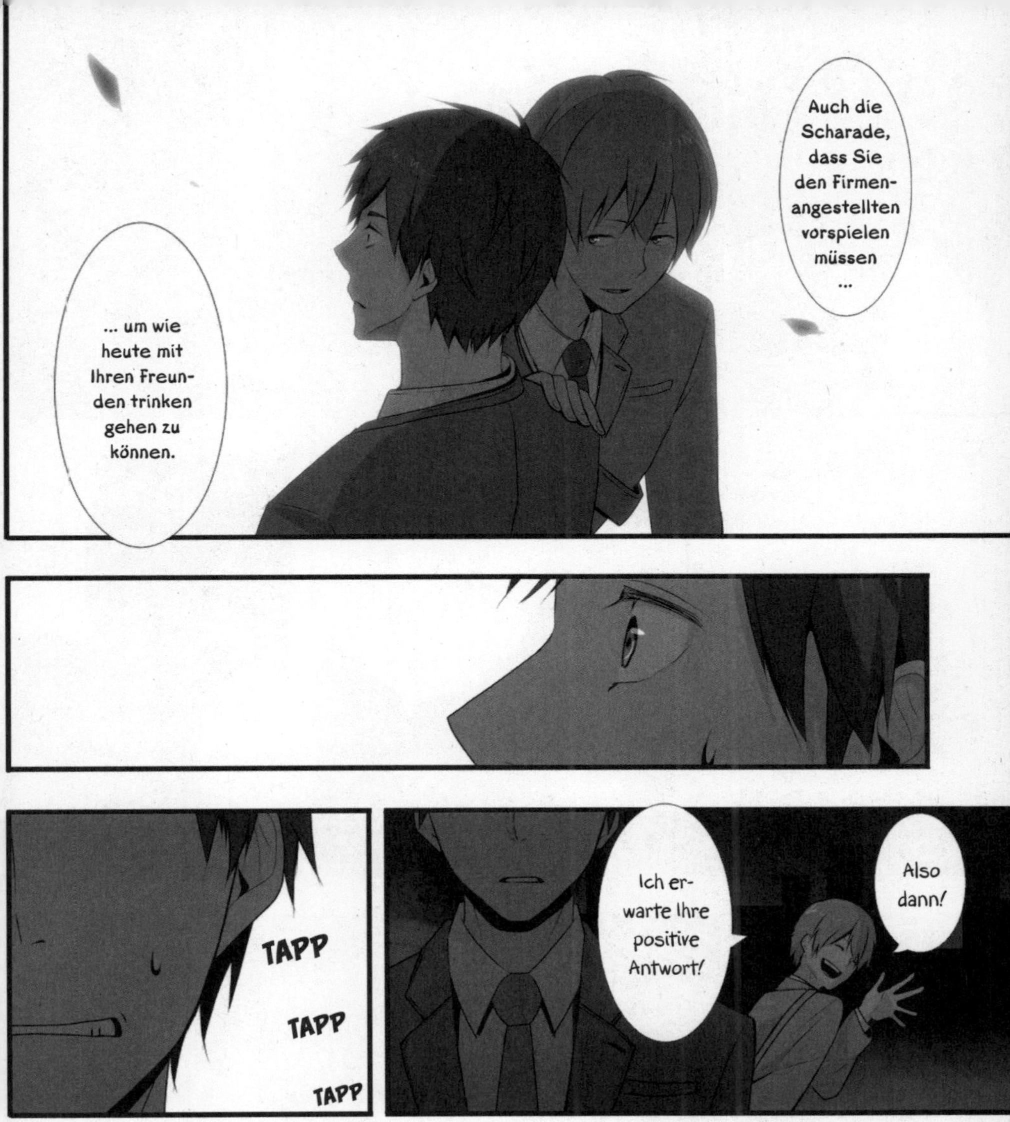

ReLIFE-Experiment – Bericht

Betreuer: Ryo Yoake

1. März

Geplante Kontaktaufnahme mit Arata Kaizaki, Testperson Nr. 002.

Ich habe ihn ein wenig provoziert.

Bei seinem Charakter beißt er sicher an.

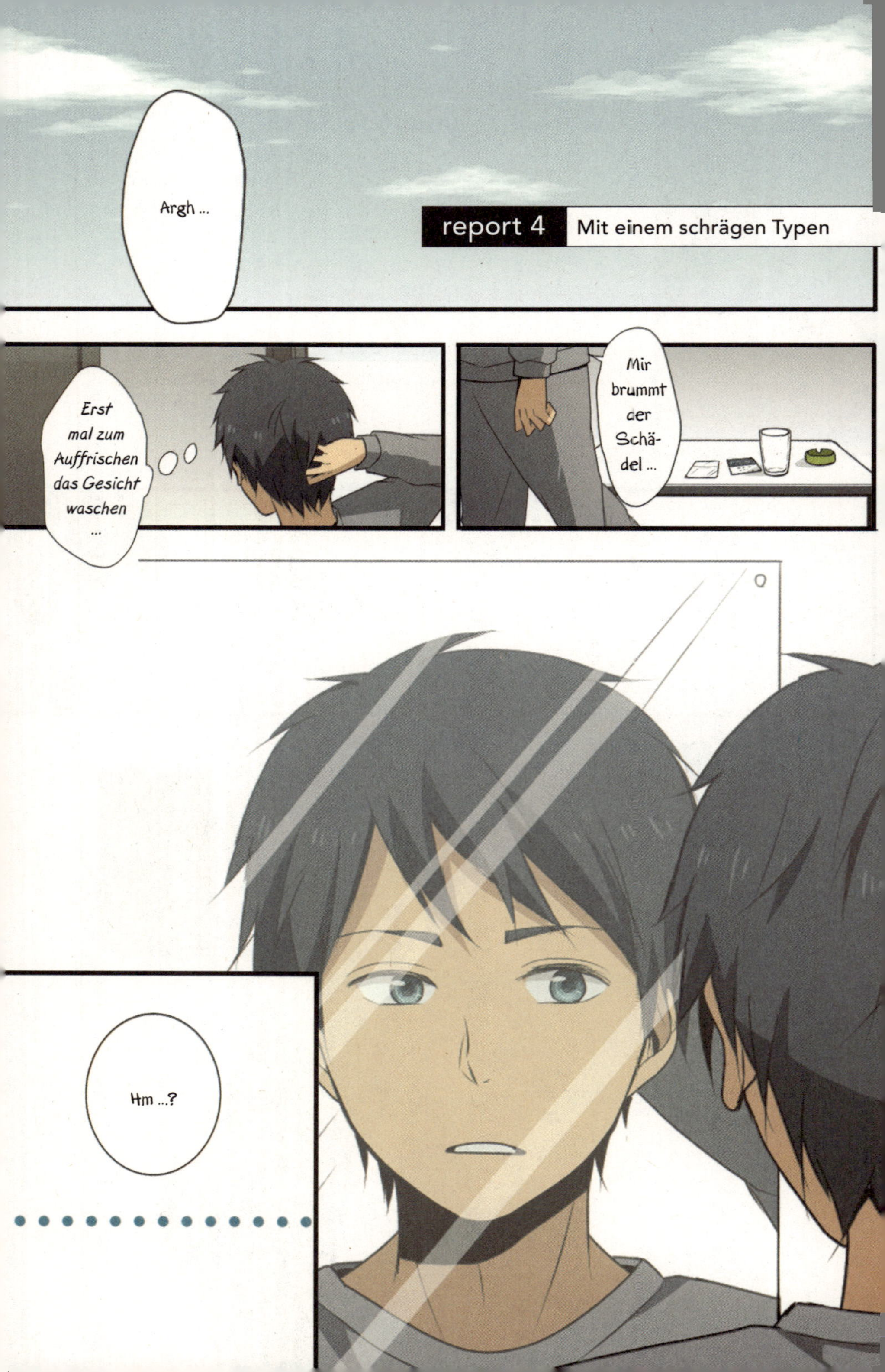
Argh ...
report 4
Mit einem schrägen Typen
Erst mal zum Auffrischen das Gesicht waschen ...
Mir brummt der Schädel ...
Hm ...?

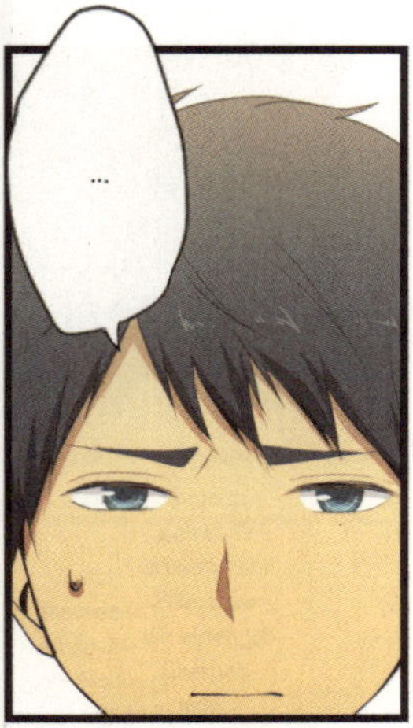

ReLIFE-Experiment – Bericht

Betreuer: Ryo Yoake

2. März
Erneute Kontaktaufnahme mit Arata Kaizaki, Testperson Nr. 002, geplant.

Da ich davon ausgegangen bin, dass er die Pille bereits eingenommen hat, habe ich

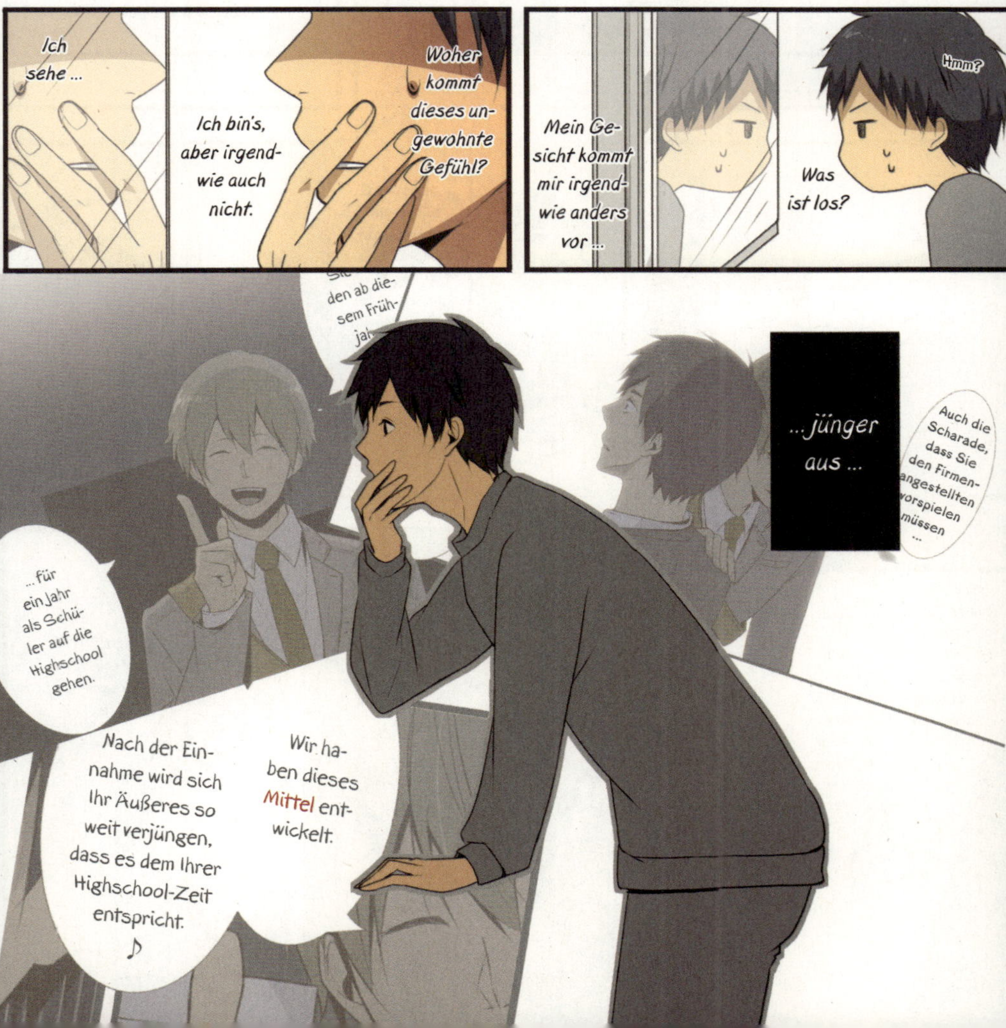

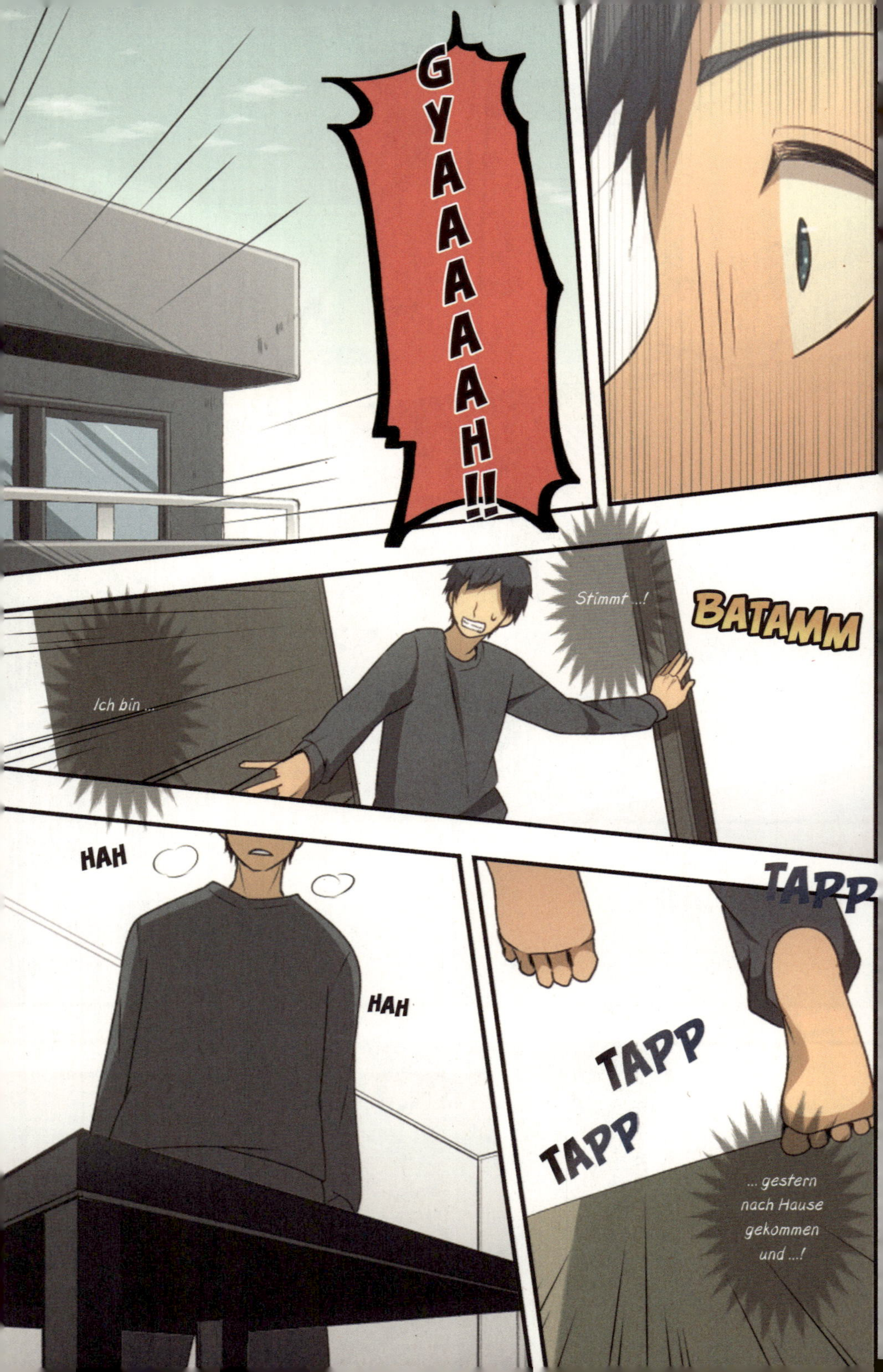
GYAAAAAH!!
BATAMM
Stimmt ...!
Ich bin ...
TAPP
TAPP
TAPP
... gestern nach Hause gekommen und ...!
HAH
HAH

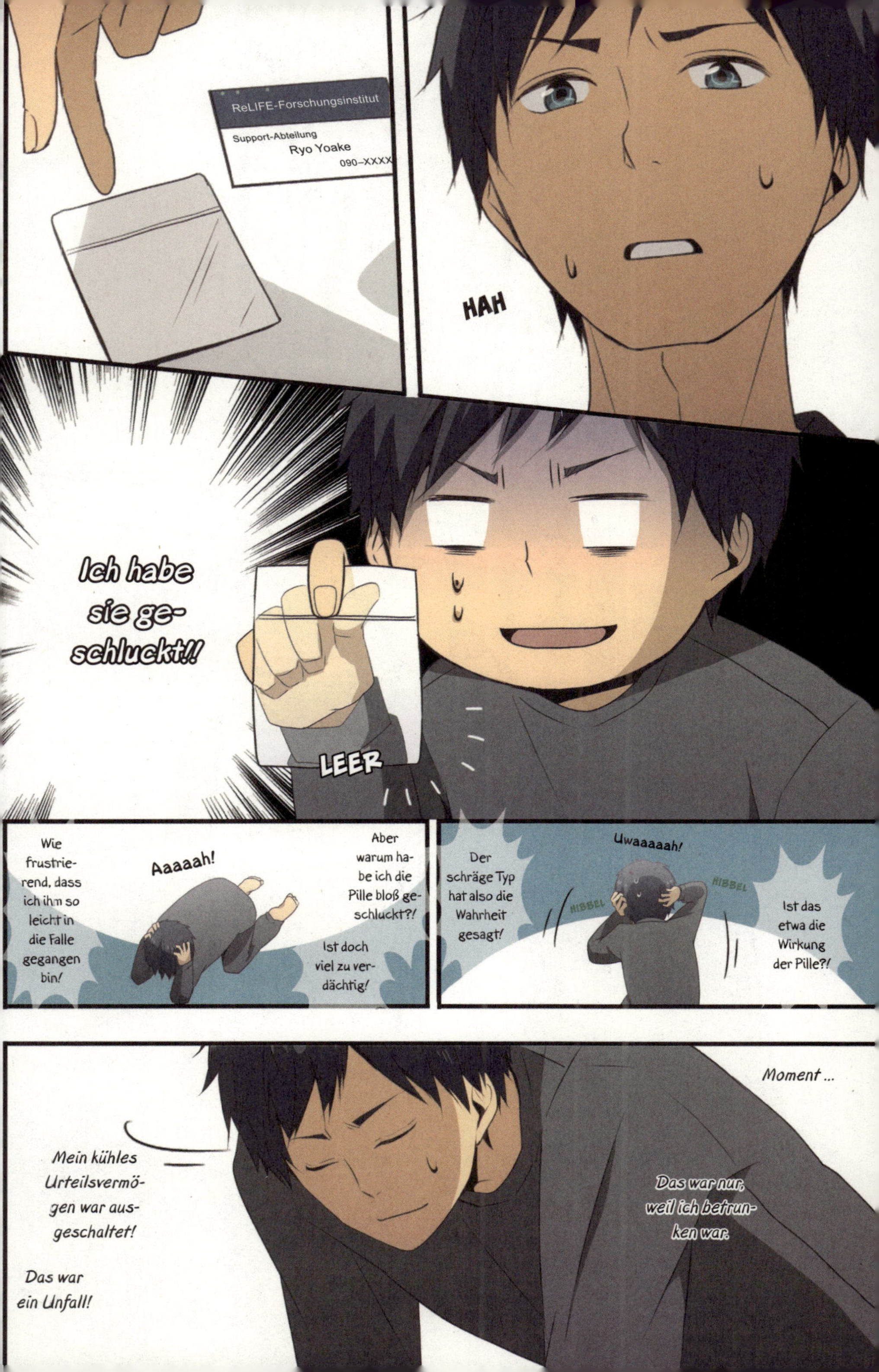
ReLIFE-Forschungsinstitut
Support-Abteilung
Ryo Yoake
090-XXXX
HAH
Ich habe sie geschluckt!!
LEER
Aber warum habe ich die Pille bloß geschluckt?!
Ist doch viel zu verdächtig!
Aaaaah!
Wie frustrierend, dass ich ihm so leicht in die Falle gegangen bin!
Uwaaaaaah!
Ist das etwa die Wirkung der Pille?!
HIBBEL
HIBBEL
Der schräge Typ hat also die Wahrheit gesagt!
Moment ...
Das war nur, weil ich betrunken war.
Mein kühles Urteilsvermögen war ausgeschaltet!
Das war ein Unfall!

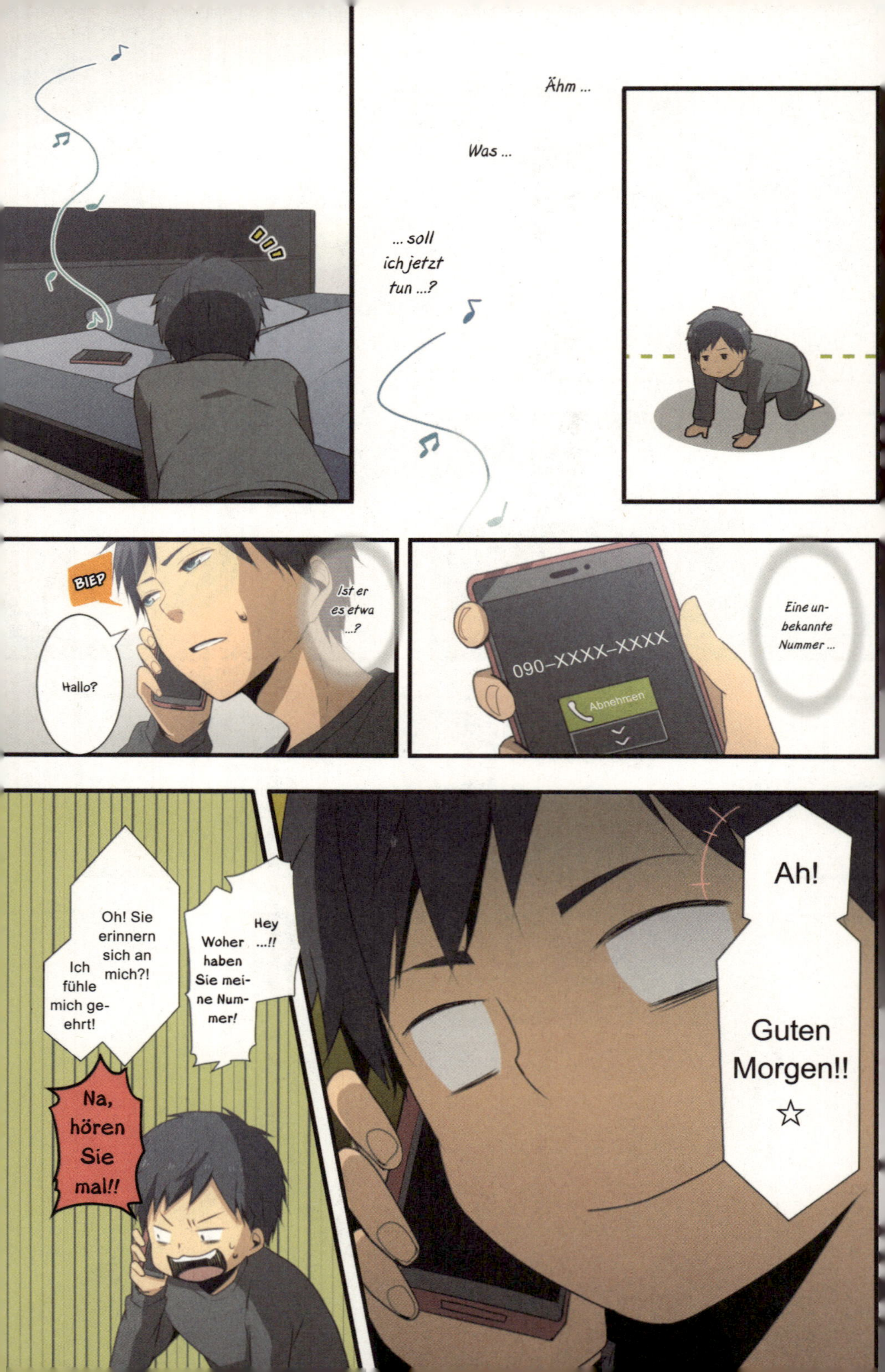

Ähm ...
Was ...
... soll ich jetzt tun ...?
Eine unbekannte Nummer ...
090–XXXX–XXXX
Abnehmen
BIEP
Hallo?
Ist er es etwa ...?
Ah!
Guten Morgen!! ☆
Hey ...!! Woher haben Sie meine Nummer!
Oh! Sie erinnern sich an mich?! Ich fühle mich geehrt!
Na, hören Sie mal!!

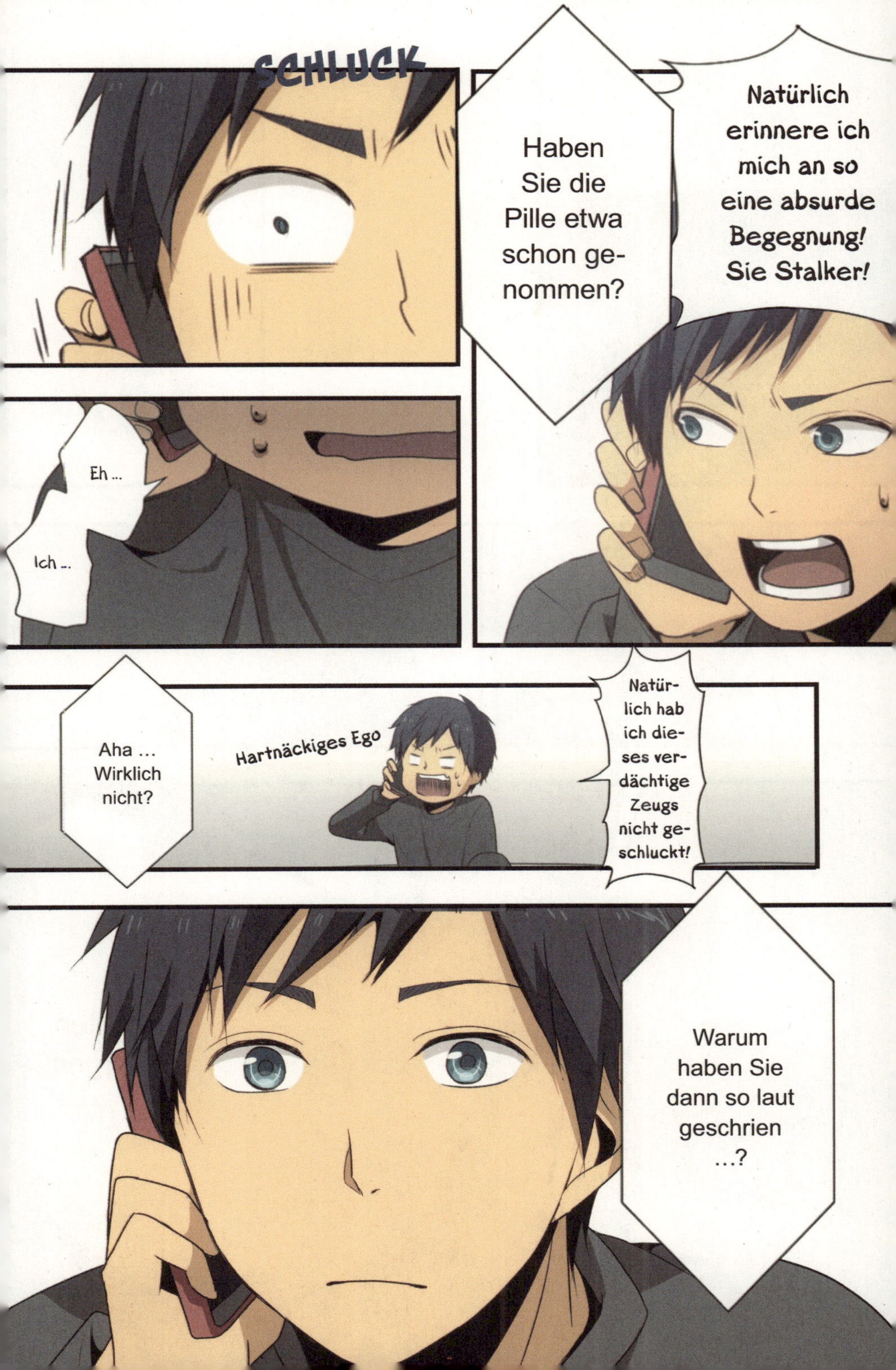

Natürlich erinnere ich mich an so eine absurde Begegnung! Sie Stalker!
Haben Sie die Pille etwa schon genommen?
SCHLUCK
Eh ...
Ich ...
Natürlich hab ich dieses verdächtige Zeugs nicht geschluckt!
Hartnäckiges Ego
Aha ... Wirklich nicht?
Warum haben Sie dann so laut geschrien ...?

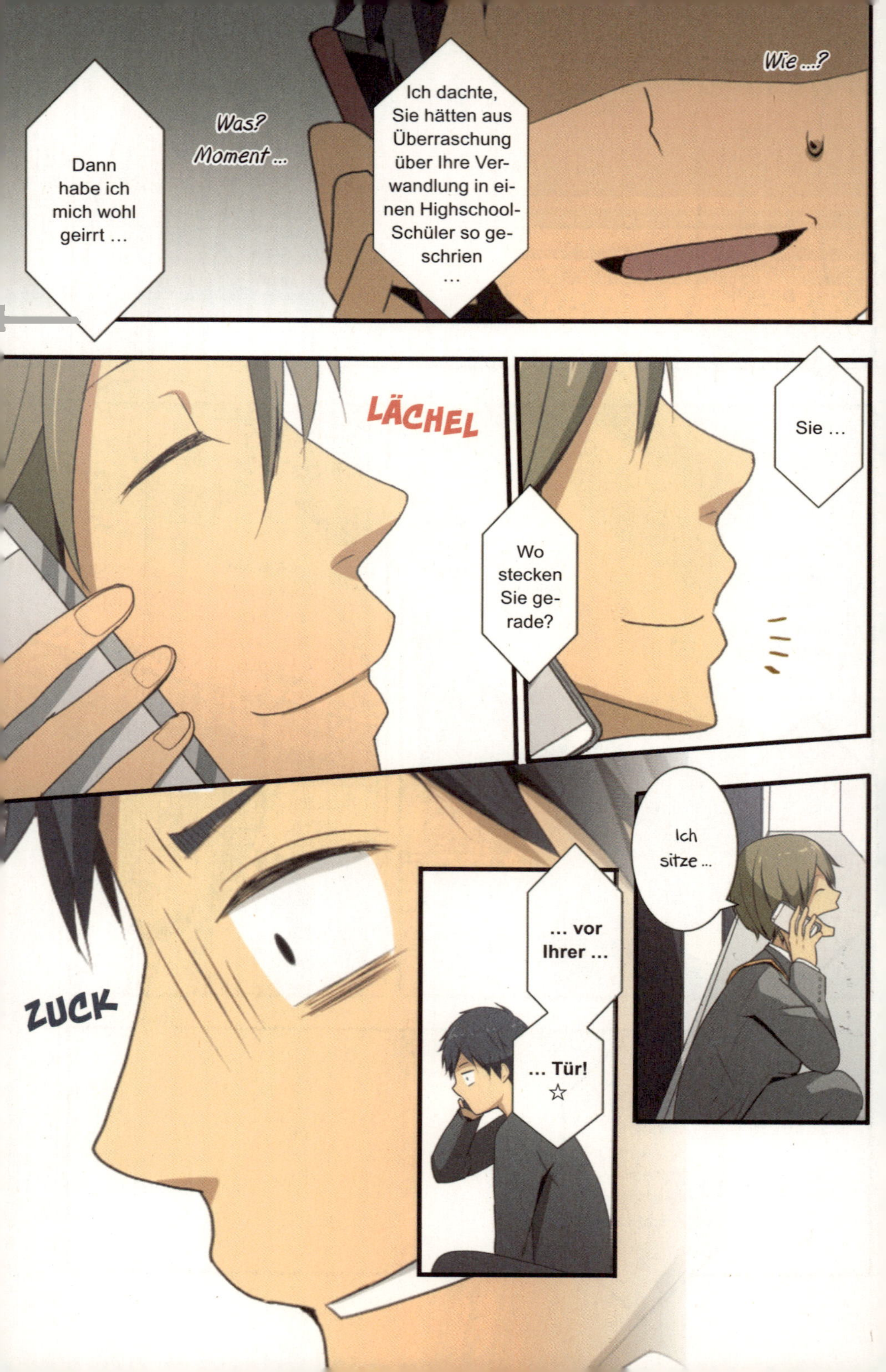
Dann habe ich mich wohl geirrt …
Was? Moment …
Ich dachte, Sie hätten aus Überraschung über Ihre Verwandlung in einen Highschool-Schüler so geschrien …
Wie …?
LÄCHEL
Wo stecken Sie gerade?
Sie …
ZUCK
… vor Ihrer …
… Tür! ☆
Ich sitze …

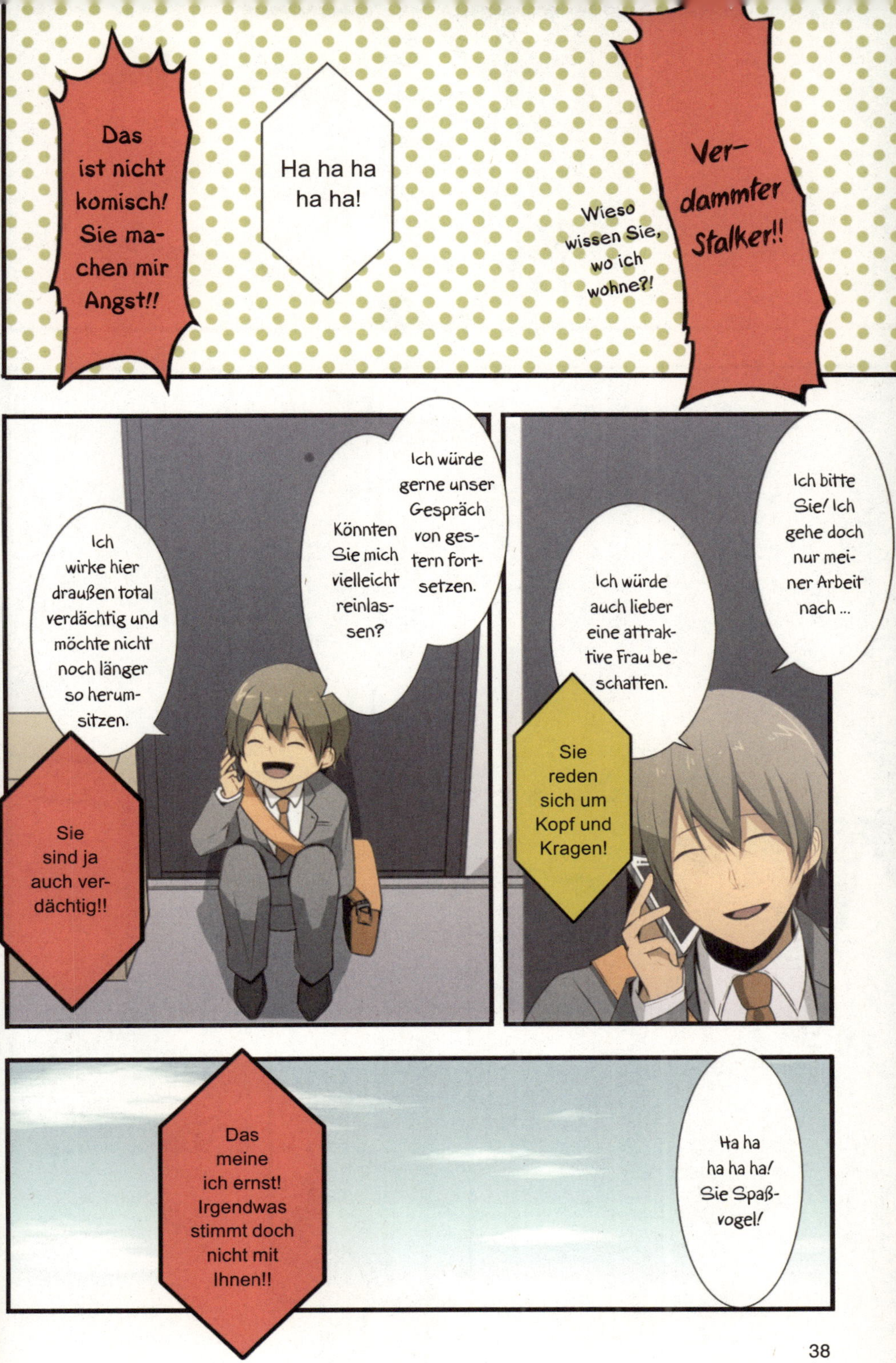
Verdammter Stalker!!
Wieso wissen Sie, wo ich wohne?!
Ha ha ha ha ha!
Das ist nicht komisch! Sie machen mir Angst!!
Ich bitte Sie! Ich gehe doch nur meiner Arbeit nach ...
Ich würde auch lieber eine attraktive Frau beschatten.
Sie reden sich um Kopf und Kragen!
Ich würde gerne unser Gespräch von gestern fortsetzen.
Könnten Sie mich vielleicht reinlassen?
Ich wirke hier draußen total verdächtig und möchte nicht noch länger so herumsitzen.
Sie sind ja auch verdächtig!!
Ha ha ha ha ha! Sie Spaßvogel!
Das meine ich ernst! Irgendwas stimmt doch nicht mit Ihnen!!

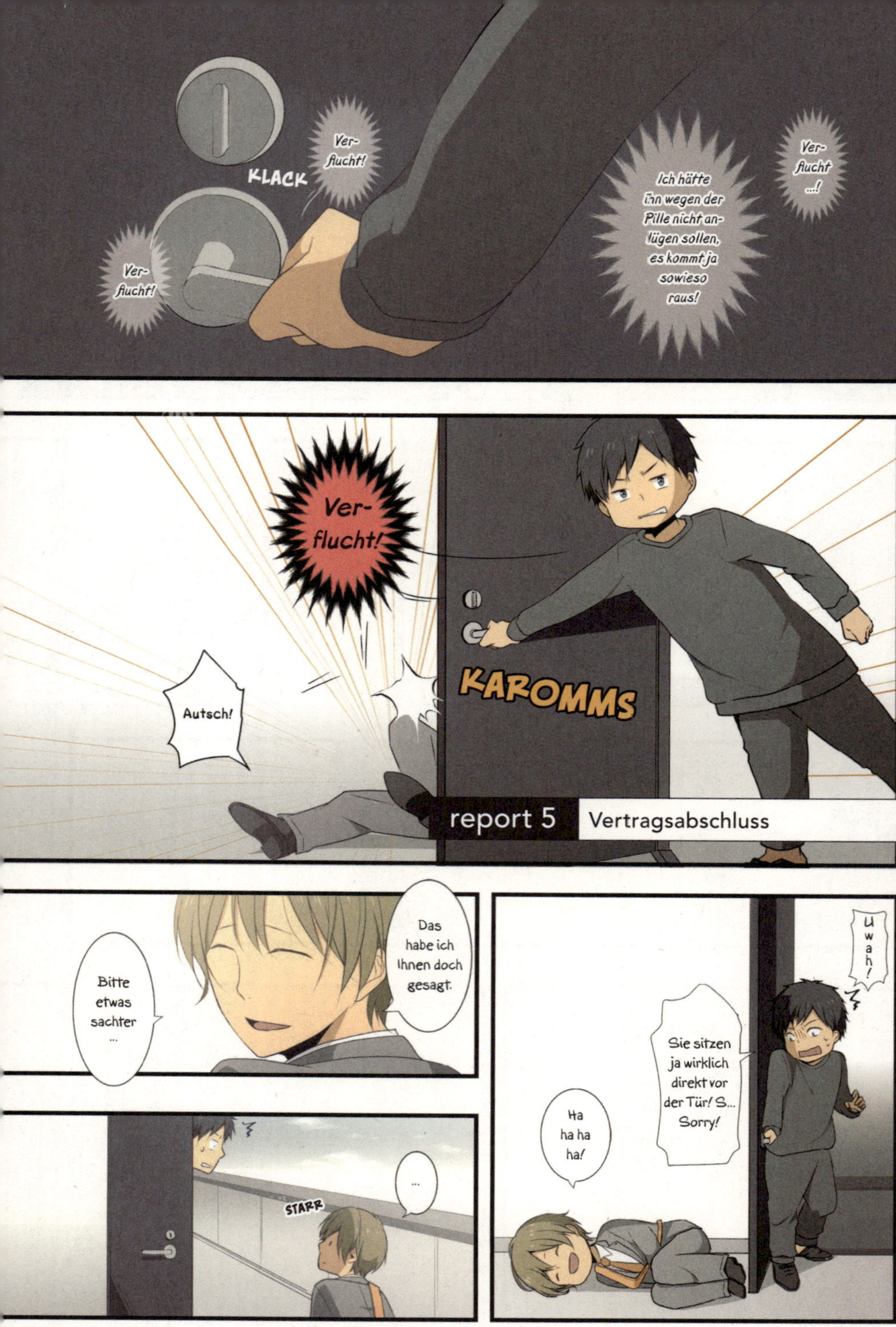
Ver-
flucht
...!
Ich hätte
ihn wegen der
Pille nicht an-
lügen sollen,
es kommt ja
sowieso
raus!
Ver-
flucht!
KLACK
Ver-
flucht!
Ver-
flucht!
KAROMMS
Autsch!
report 5 Vertragsabschluss
Uwah!
Sie sitzen
ja wirklich
direkt vor
der Tür! S...
Sorry!
Ha
ha ha
ha!
...
STARR
Das
habe ich
Ihnen doch
gesagt.
Bitte
etwas
sachter
...

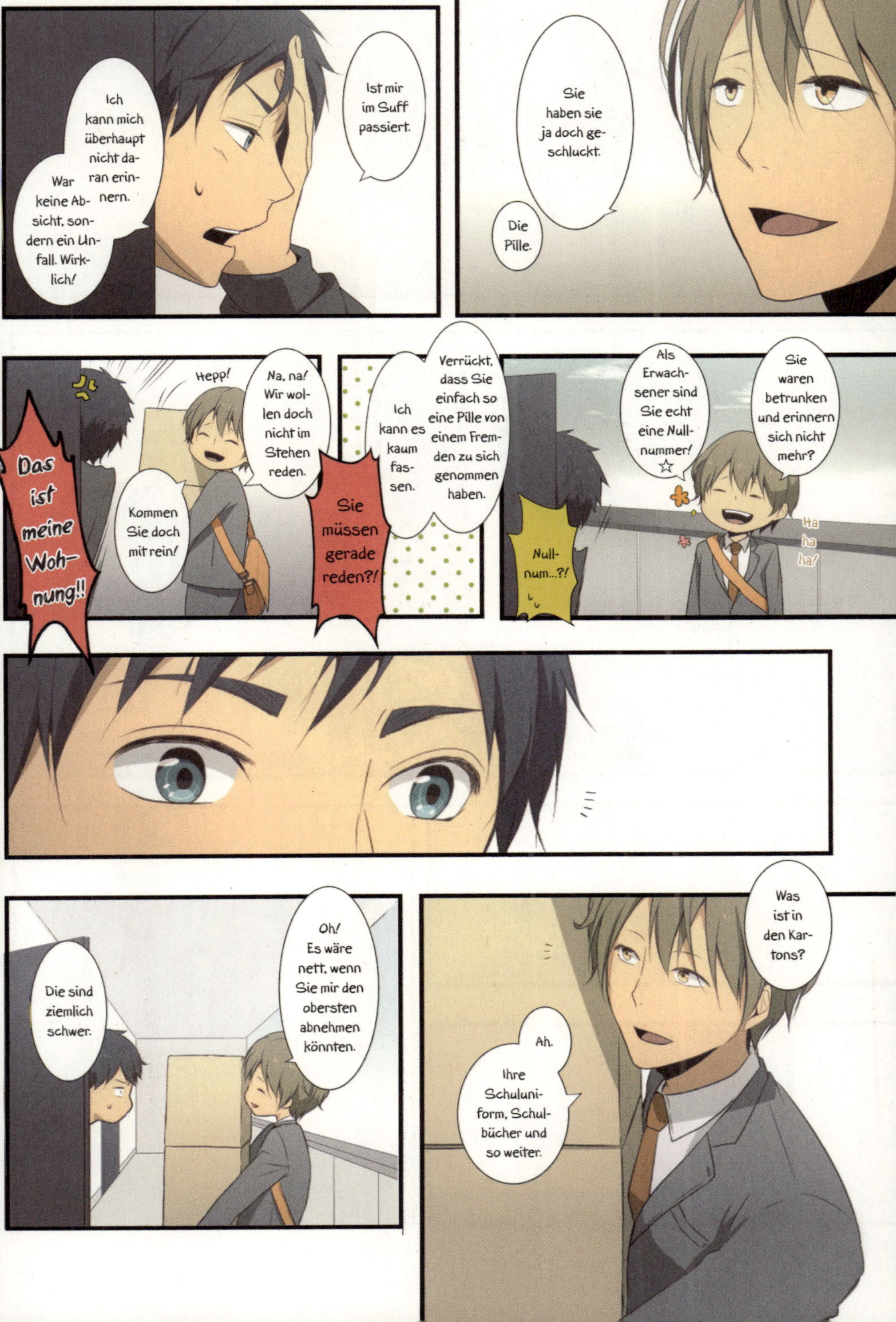
Sie haben sie ja doch geschluckt.
Die Pille.
Ist mir im Suff passiert.
Ich kann mich überhaupt nicht daran erinnern.
War keine Absicht, sondern ein Unfall. Wirklich!
Sie waren betrunken und erinnern sich nicht mehr?
Als Erwachsener sind Sie echt eine Nullnummer! ☆
Ha ha ha!
Null-num...?!
Verrückt, dass Sie einfach so eine Pille von einem Fremden zu sich genommen haben.
Ich kann es kaum fassen.
Sie müssen gerade reden?!
Hepp!
Na, na! Wir wollen doch nicht im Stehen reden.
Kommen Sie doch mit rein!
Das ist meine Wohnung!!
Was ist in den Kartons?
Ah.
Ihre Schuluniform, Schulbücher und so weiter.
Oh! Es wäre nett, wenn Sie mir den obersten abnehmen könnten.
Die sind ziemlich schwer.

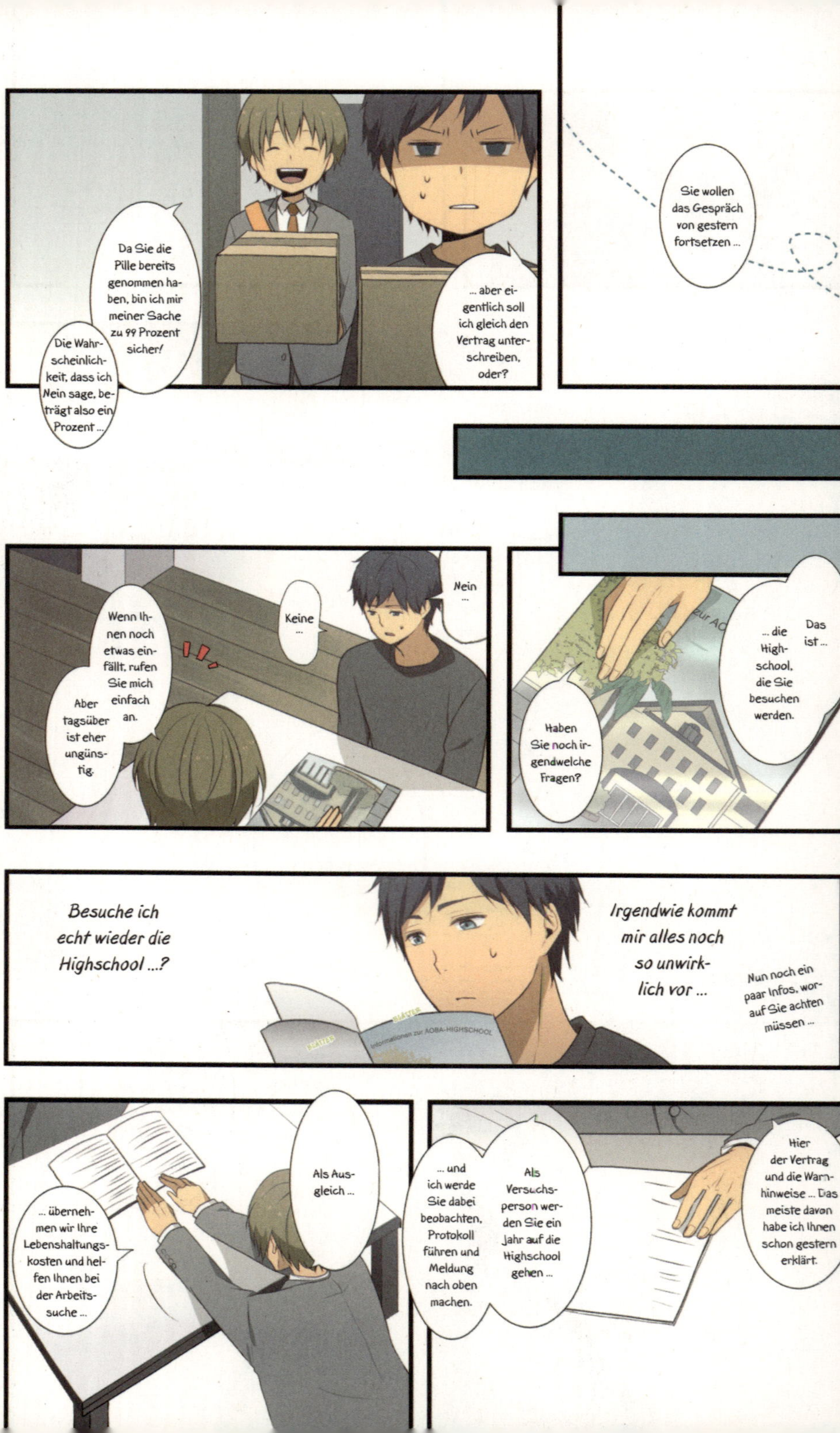
Sie wollen das Gespräch von gestern fortsetzen ...
... aber eigentlich soll ich gleich den Vertrag unterschreiben, oder?
Da Sie die Pille bereits genommen haben, bin ich mir meiner Sache zu 99 Prozent sicher!
Die Wahrscheinlichkeit, dass ich Nein sage, beträgt also ein Prozent ...
Das ist ...
... die Highschool, die Sie besuchen werden.
Haben Sie noch irgendwelche Fragen?
Nein ...
Keine ...
Wenn Ihnen noch etwas einfällt, rufen Sie mich einfach an.
Aber tagsüber ist eher ungünstig.
Nun noch ein paar Infos, worauf Sie achten müssen ...
Irgendwie kommt mir alles noch so unwirklich vor ...
Besuche ich echt wieder die Highschool ...?
Informationen zur AOBA-HIGHSCHOOL
Hier der Vertrag und die Warnhinweise ... Das meiste davon habe ich Ihnen schon gestern erklärt.
Als Versuchsperson werden Sie ein Jahr auf die Highschool gehen ...
... und ich werde Sie dabei beobachten, Protokoll führen und Meldung nach oben machen.
Als Ausgleich ...
... übernehmen wir Ihre Lebenshaltungskosten und helfen Ihnen bei der Arbeitssuche ...

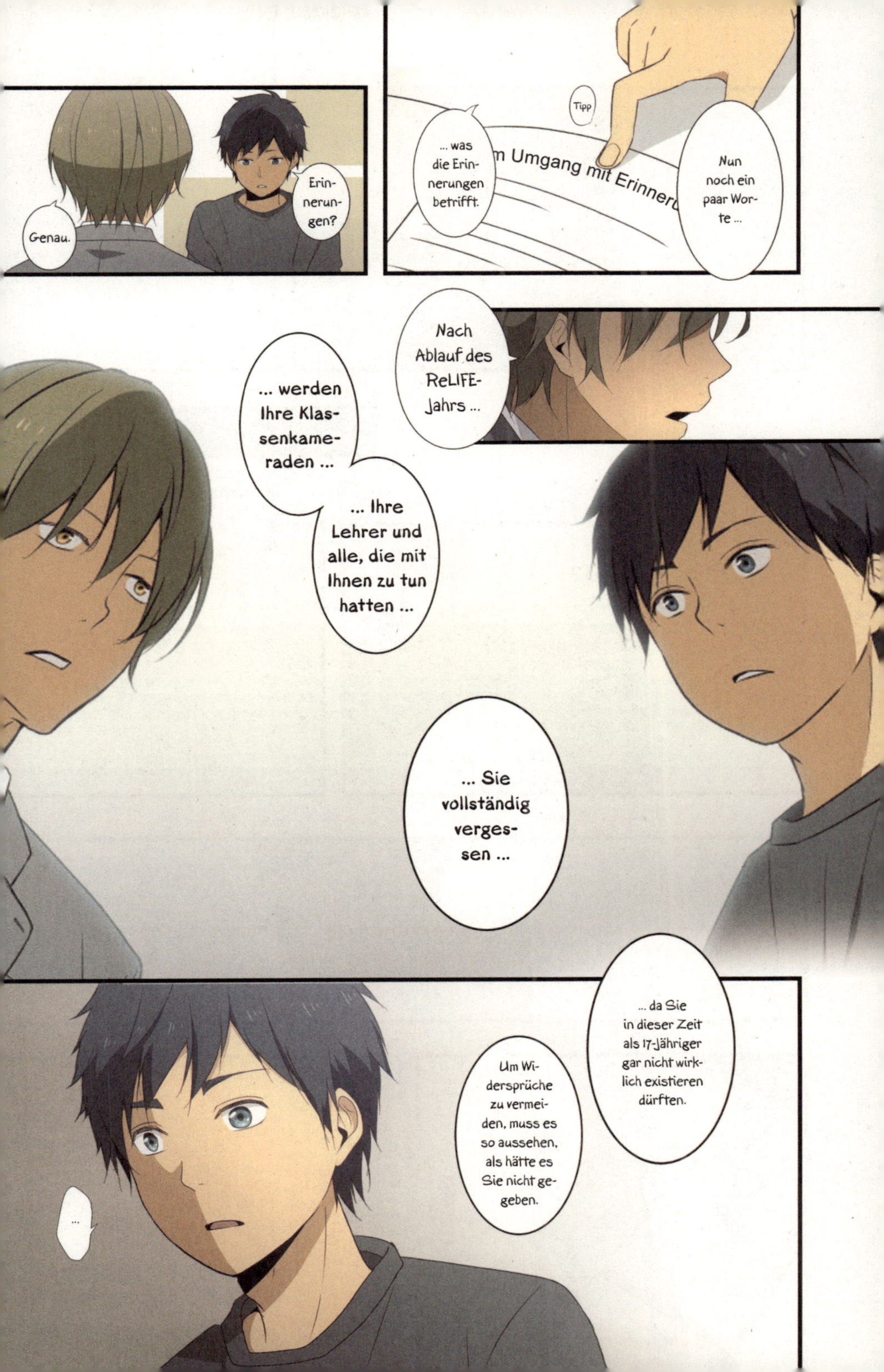

Nun noch ein paar Worte ...
Tipp
... was die Erinnerungen betrifft.
m Umgang mit Erinner
Erinnerungen?
Genau.
Nach Ablauf des ReLIFE-Jahrs ...
... werden Ihre Klassenkameraden ...
... Ihre Lehrer und alle, die mit Ihnen zu tun hatten ...
... Sie vollständig vergessen ...
Um Widersprüche zu vermeiden, muss es so aussehen, als hätte es Sie nicht gegeben.
... da Sie in dieser Zeit als 17-Jähriger gar nicht wirklich existieren dürften.
...

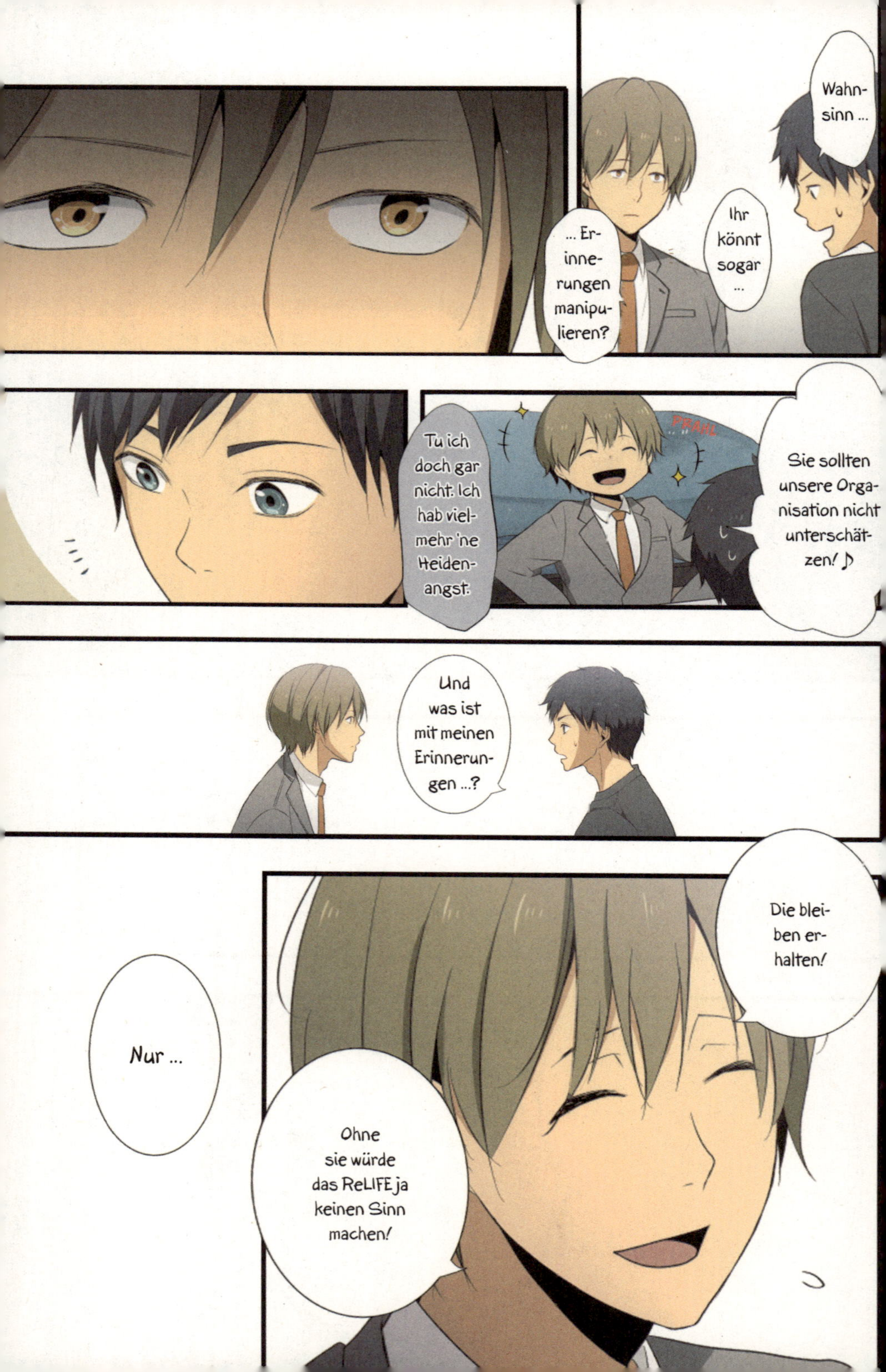
Wahnsinn ...
Ihr könnt sogar ...
... Erinnerungen manipulieren?
Sie sollten unsere Organisation nicht unterschätzen! ♪
PRAHL
Tu ich doch gar nicht. Ich hab vielmehr 'ne Heidenangst.
Und was ist mit meinen Erinnerungen ...?
Die bleiben erhalten!
Ohne sie würde das ReLIFE ja keinen Sinn machen!
Nur ...

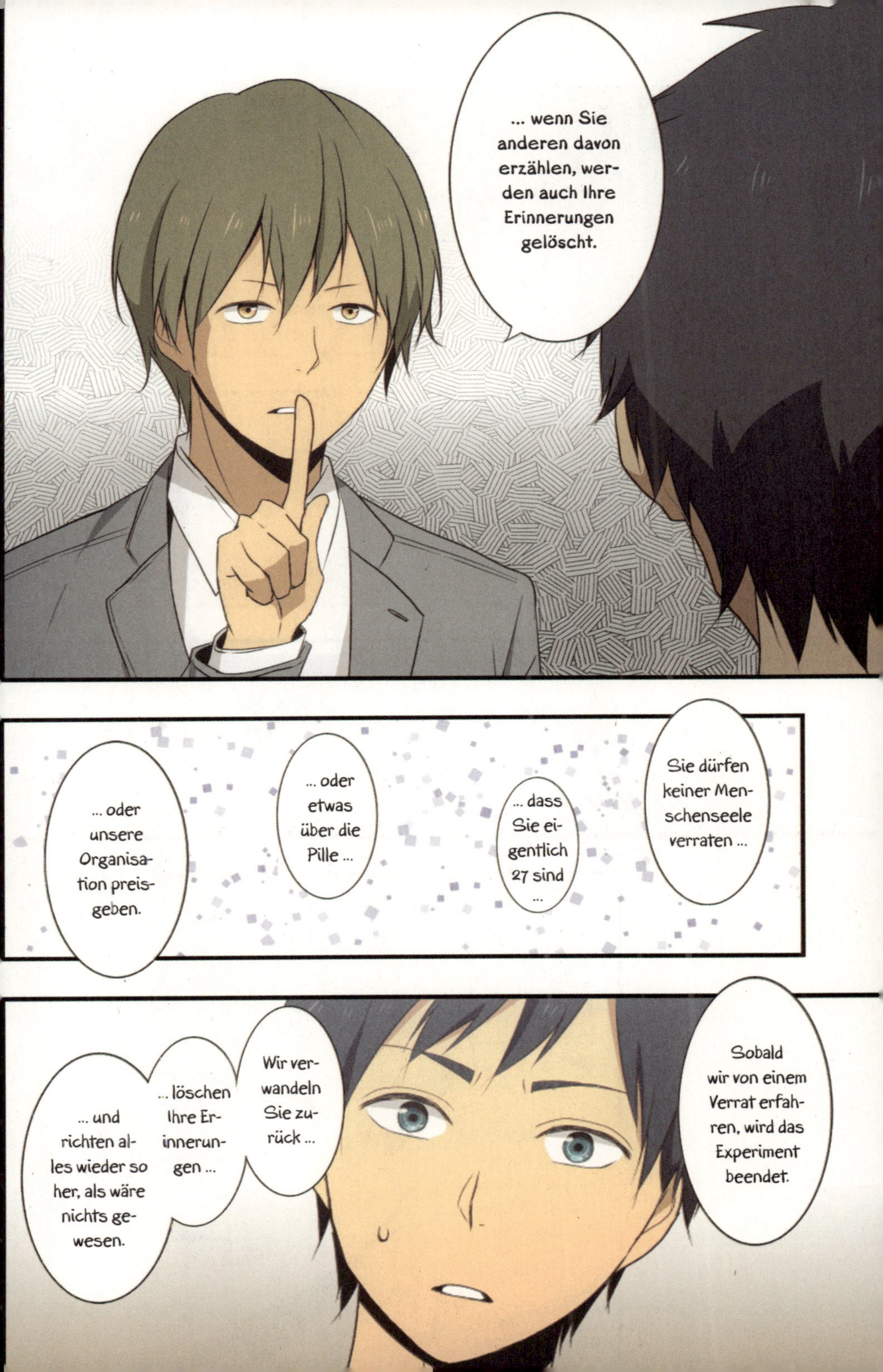

... wenn Sie anderen davon erzählen, werden auch Ihre Erinnerungen gelöscht.
Sie dürfen keiner Menschenseele verraten ...
... dass Sie eigentlich 27 sind ...
... oder etwas über die Pille ...
... oder unsere Organisation preisgeben.
Sobald wir von einem Verrat erfahren, wird das Experiment beendet.
Wir verwandeln Sie zurück ...
... löschen Ihre Erinnerungen ...
... und richten alles wieder so her, als wäre nichts gewesen.

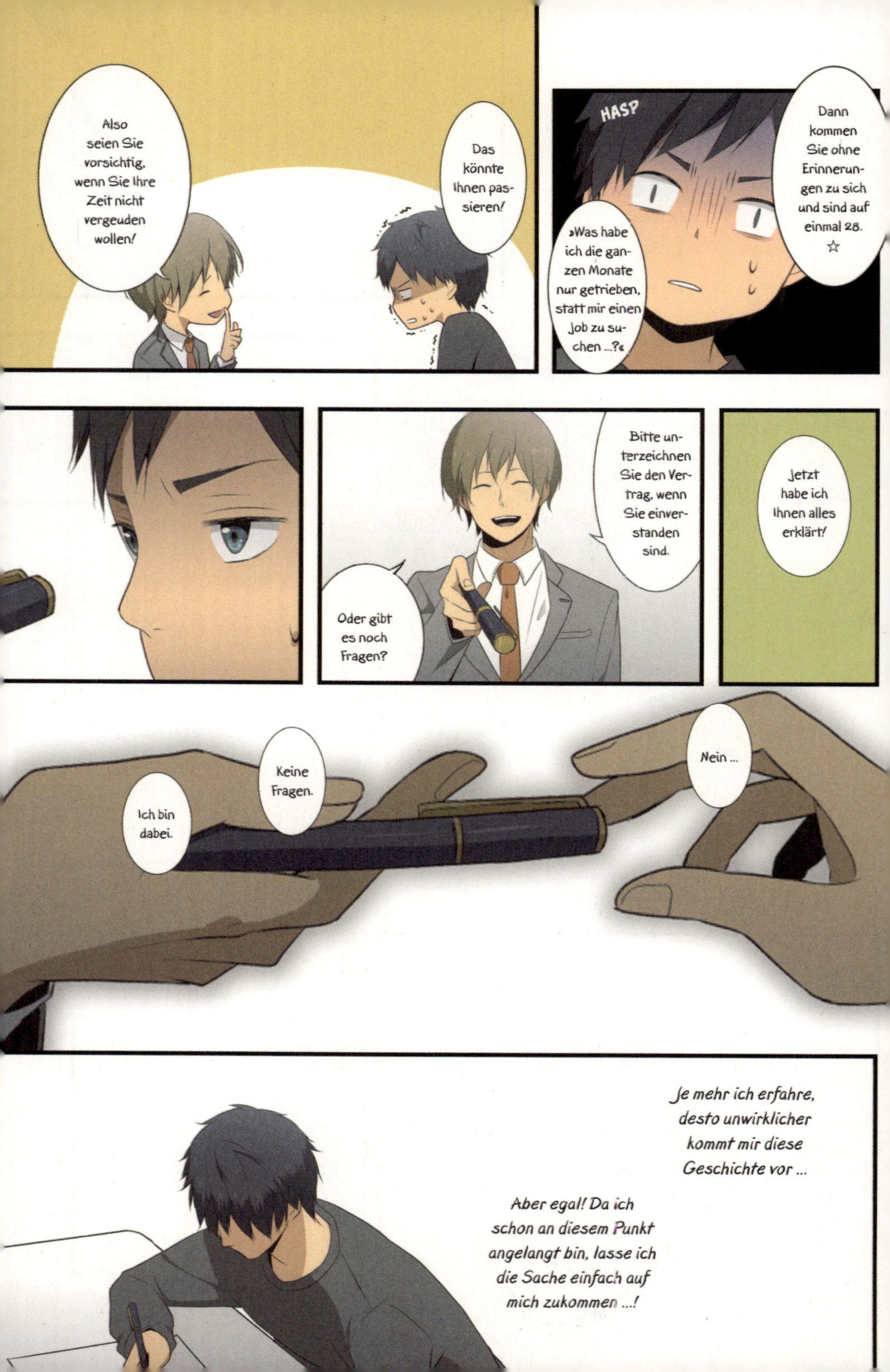

HASP
Dann kommen Sie ohne Erinnerungen zu sich und sind auf einmal 28. ☆
»Was habe ich die ganzen Monate nur getrieben, statt mir einen Job zu suchen ...?«
Das könnte Ihnen passieren!
Also seien Sie vorsichtig, wenn Sie Ihre Zeit nicht vergeuden wollen!
Jetzt habe ich Ihnen alles erklärt!
Bitte unterzeichnen Sie den Vertrag, wenn Sie einverstanden sind.
Oder gibt es noch Fragen?
Nein ...
Keine Fragen.
Ich bin dabei.
Je mehr ich erfahre, desto unwirklicher kommt mir diese Geschichte vor ...
Aber egal! Da ich schon an diesem Punkt angelangt bin, lasse ich die Sache einfach auf mich zukommen ...!

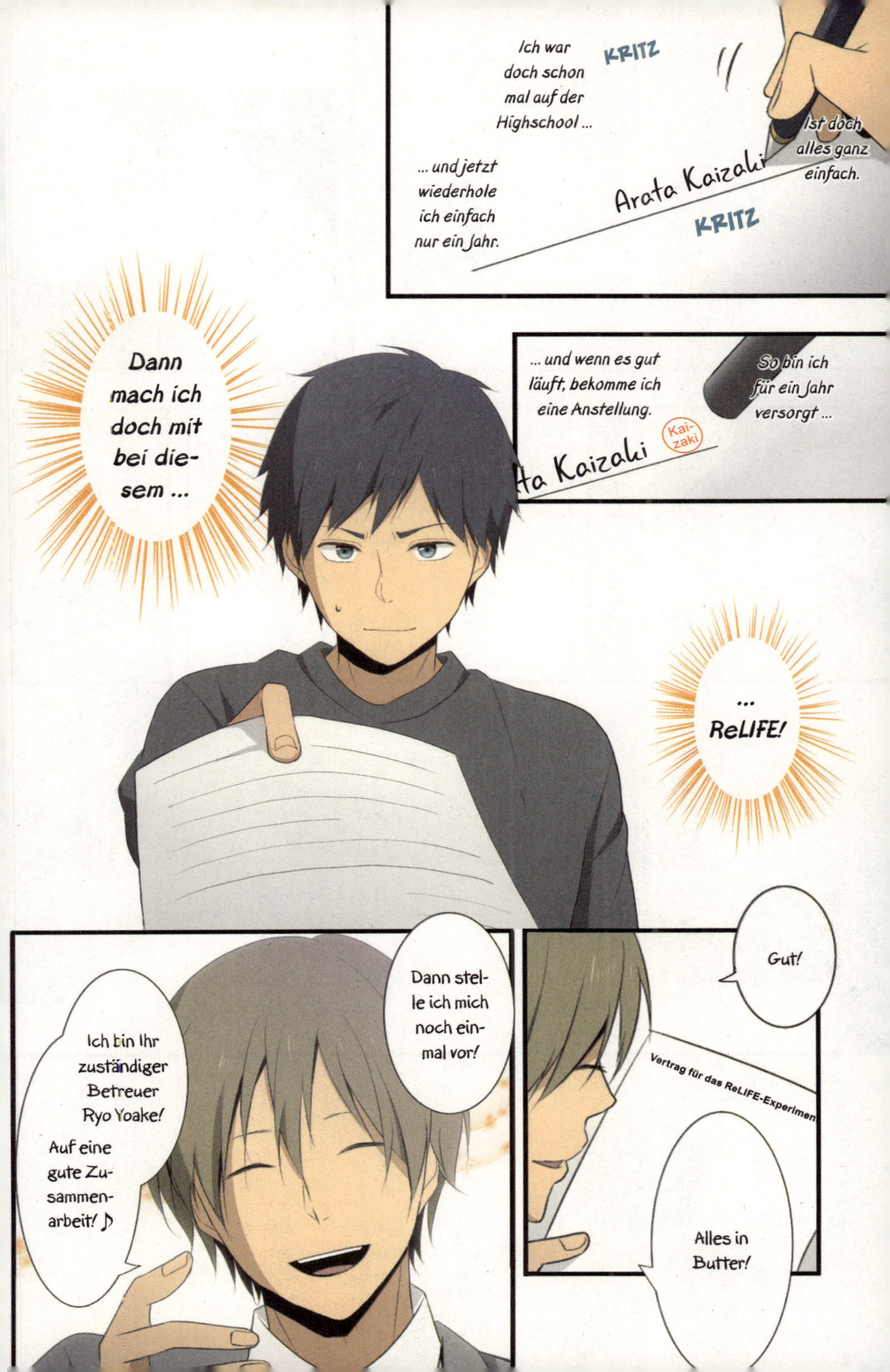
Ich war doch schon mal auf der Highschool ...
KRITZ
... und jetzt wiederhole ich einfach nur ein Jahr.
Arata Kaizaki
KRITZ
Ist doch alles ganz einfach.
So bin ich für ein Jahr versorgt ...
... und wenn es gut läuft, bekomme ich eine Anstellung.
Kai-zaki
Dann mach ich doch mit bei diesem ...
... ReLIFE!
Gut!
Vertrag für das ReLIFE-Experimen
Alles in Butter!
Dann stelle ich mich noch einmal vor!
Ich bin Ihr zuständiger Betreuer Ryo Yoake!
Auf eine gute Zusammenarbeit! ♪

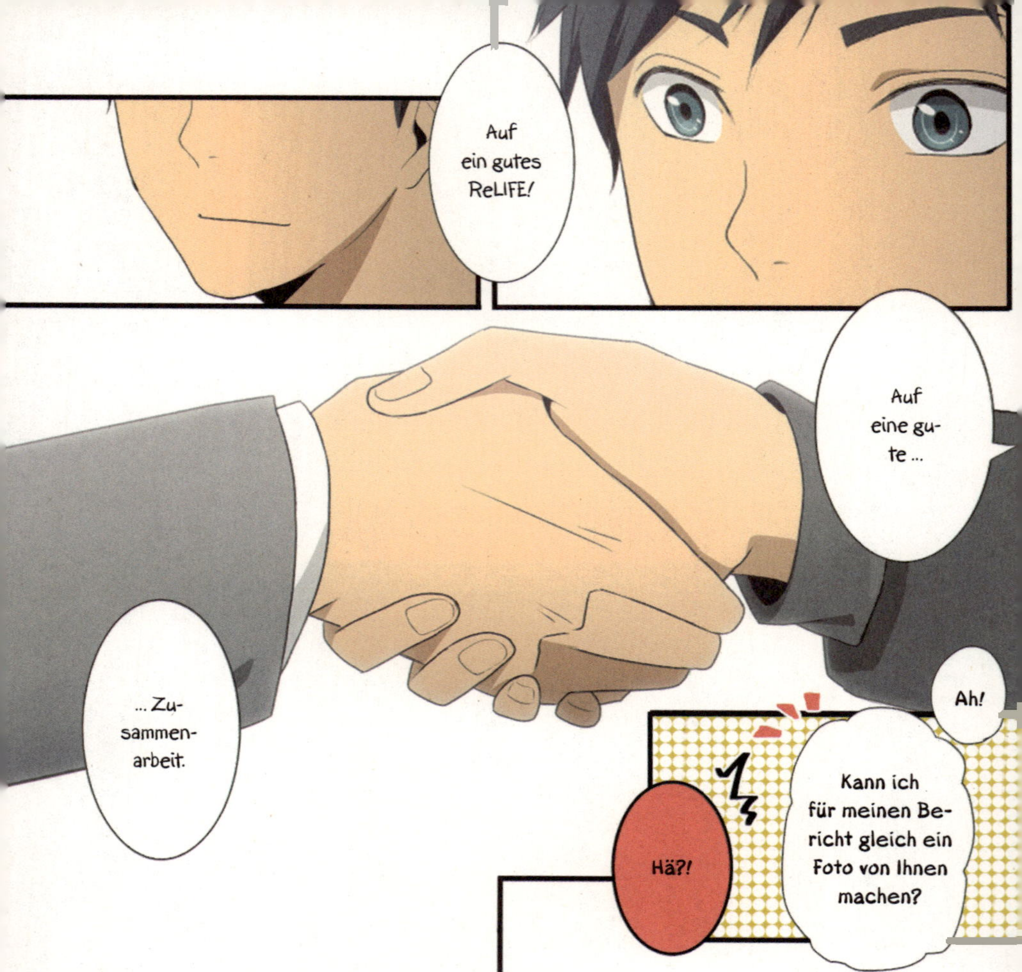

ReLIFE-Experiment – Bericht

Betreuer: Ryo Yoake

2. März

Erneute Kontaktaufnahme zu Arata Kaizaki, Testperson Nr. 002, geplant.

Da ich davon ausgegangen bin, dass er die Pille bereits eingenommen hat, habe ich mich auf den Weg zu seiner Wohnung gemacht.

Wie erwartet, hatte er die Pille zu sich genommen.

Wie man auf den Fotos sieht, hat die Pille problemlos gewirkt.

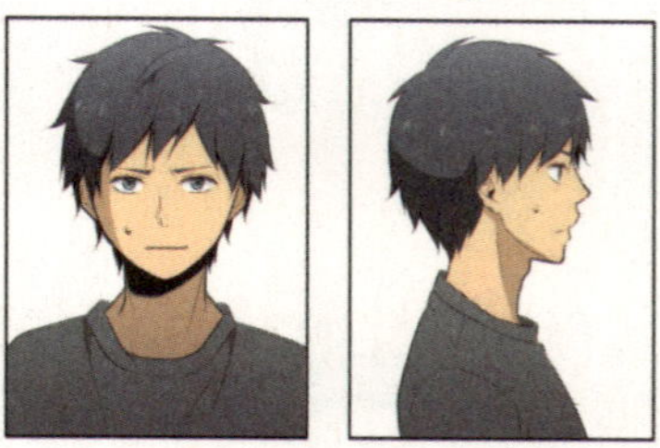

Heute kam es zu einem erfolgreichen Vertragsabschluss. Ich bin gespannt, was für ein ReLIFE er verbringen wird.

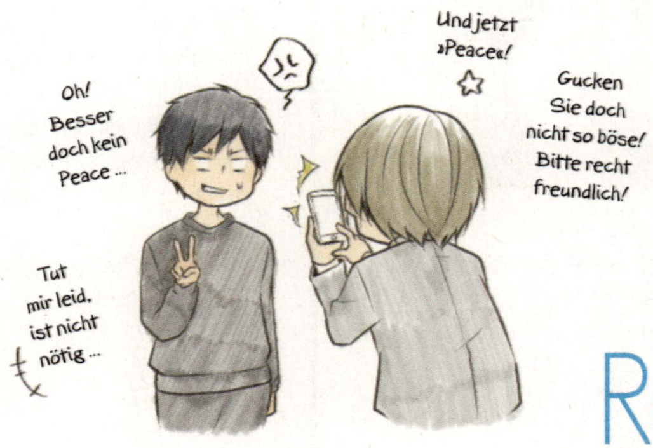
Und jetzt »Peace«!
Gucken Sie doch nicht so böse! Bitte recht freundlich!
Oh! Besser doch kein Peace ...
Tut mir leid, ist nicht nötig ...

ReLIFE

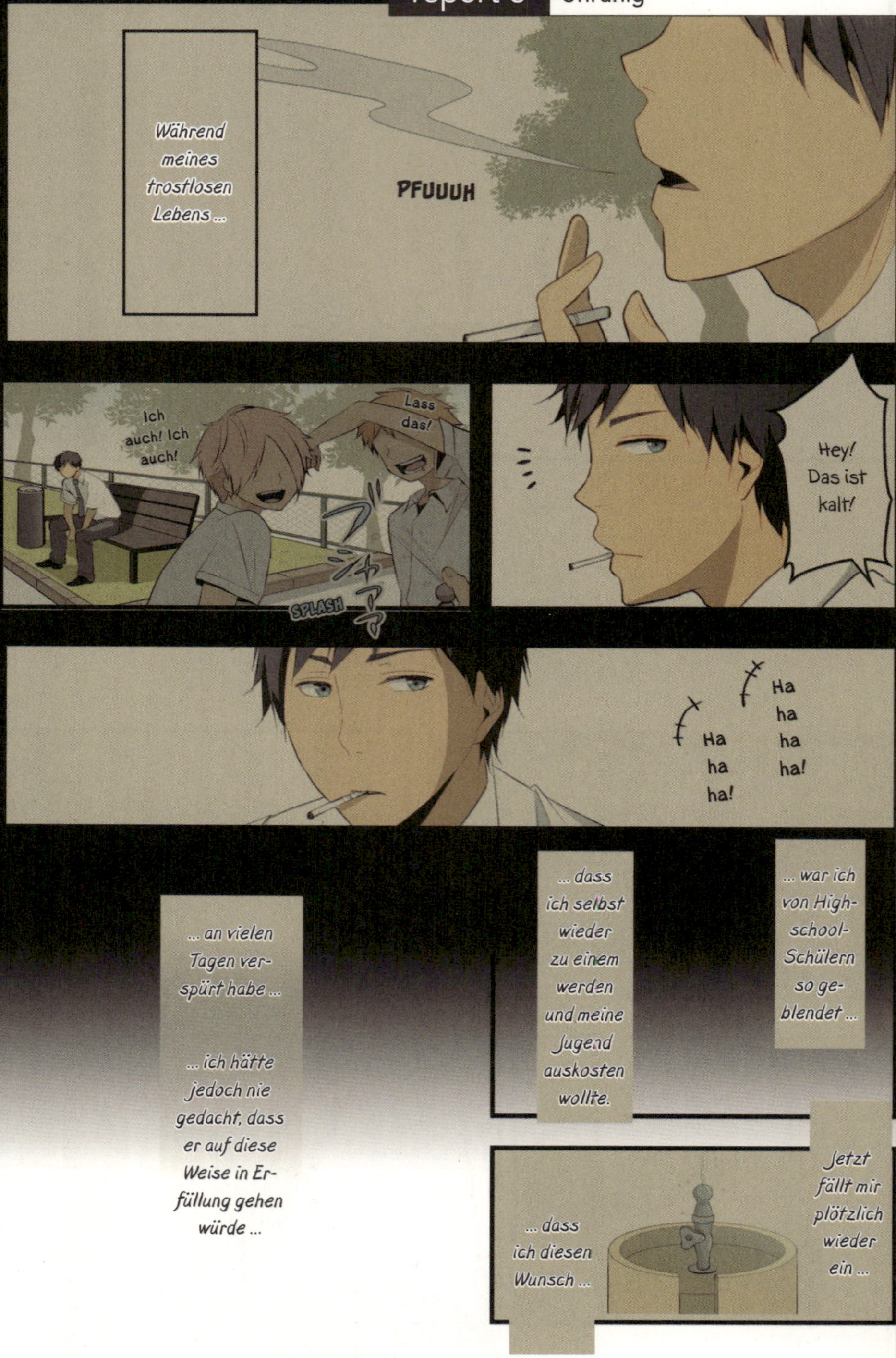
Während meines trostlosen Lebens ...
PFUUUH
Hey! Das ist kalt!
Lass das!
Ich auch! Ich auch!
SPLASH
Ha ha ha ha!
Ha ha ha!
... war ich von Highschool-Schülern so geblendet ...
... dass ich selbst wieder zu einem werden und meine Jugend auskosten wollte.
Jetzt fällt mir plötzlich wieder ein ...
... dass ich diesen Wunsch ...
... an vielen Tagen verspürt habe ...
... ich hätte jedoch nie gedacht, dass er auf diese Weise in Erfüllung gehen würde ...

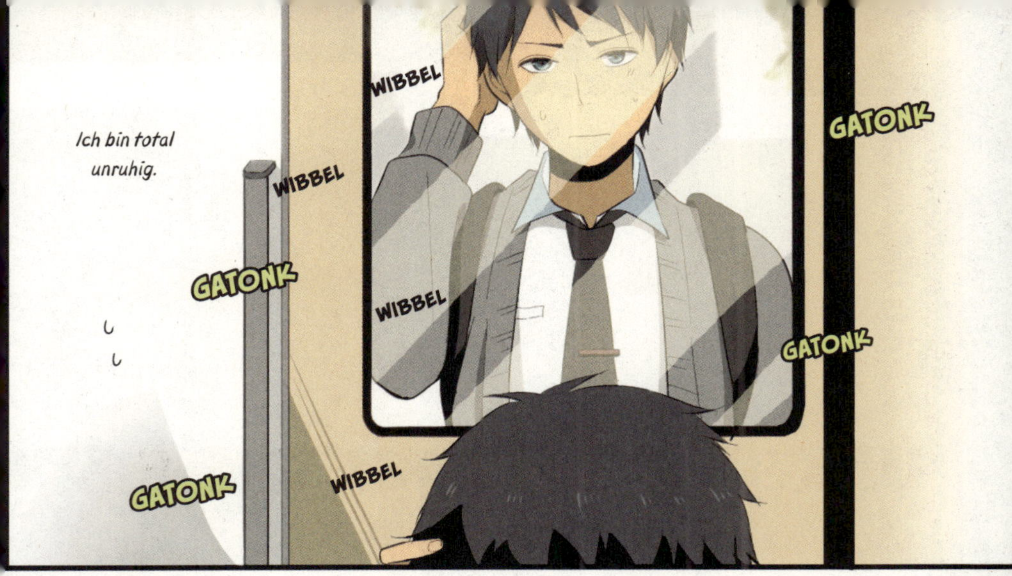

ReLIFE-Experiment – Bericht

Betreuer: Ryo Yoake
Testperson: Arata Kaizaki

8. April
Endlich steht die Feier zum Schulbeginn an und somit Arata Kaizakis erster Schultag. Den Veranstaltungskalender hatte ich ihm gegeben, aber …

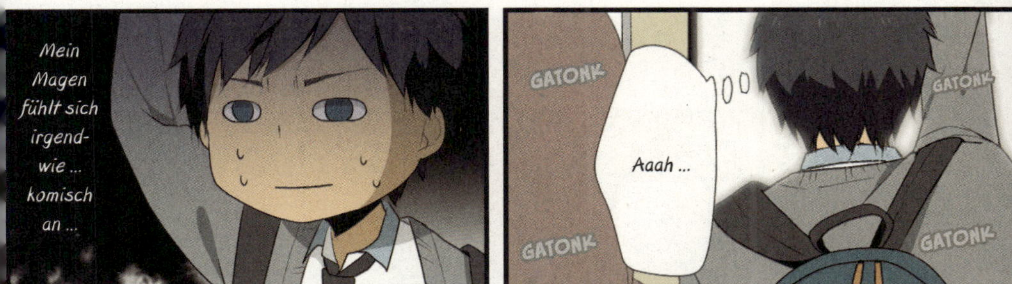

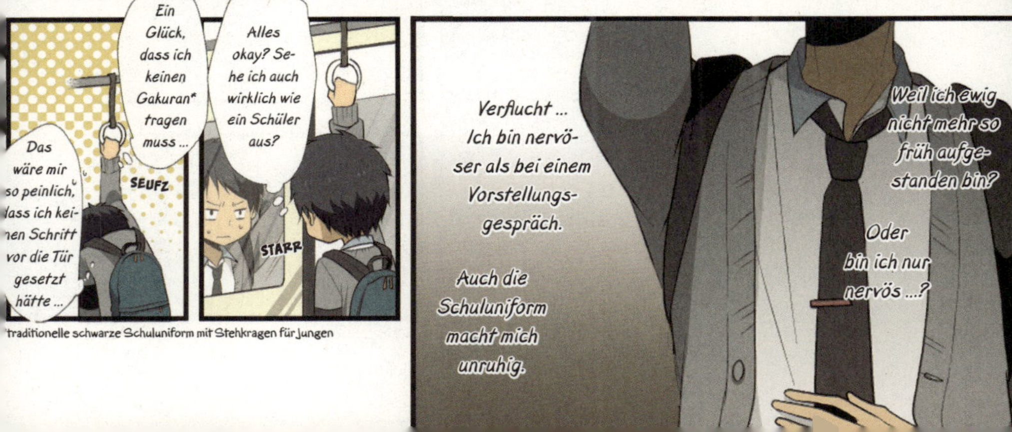

*traditionelle schwarze Schuluniform mit Stehkragen für Jungen

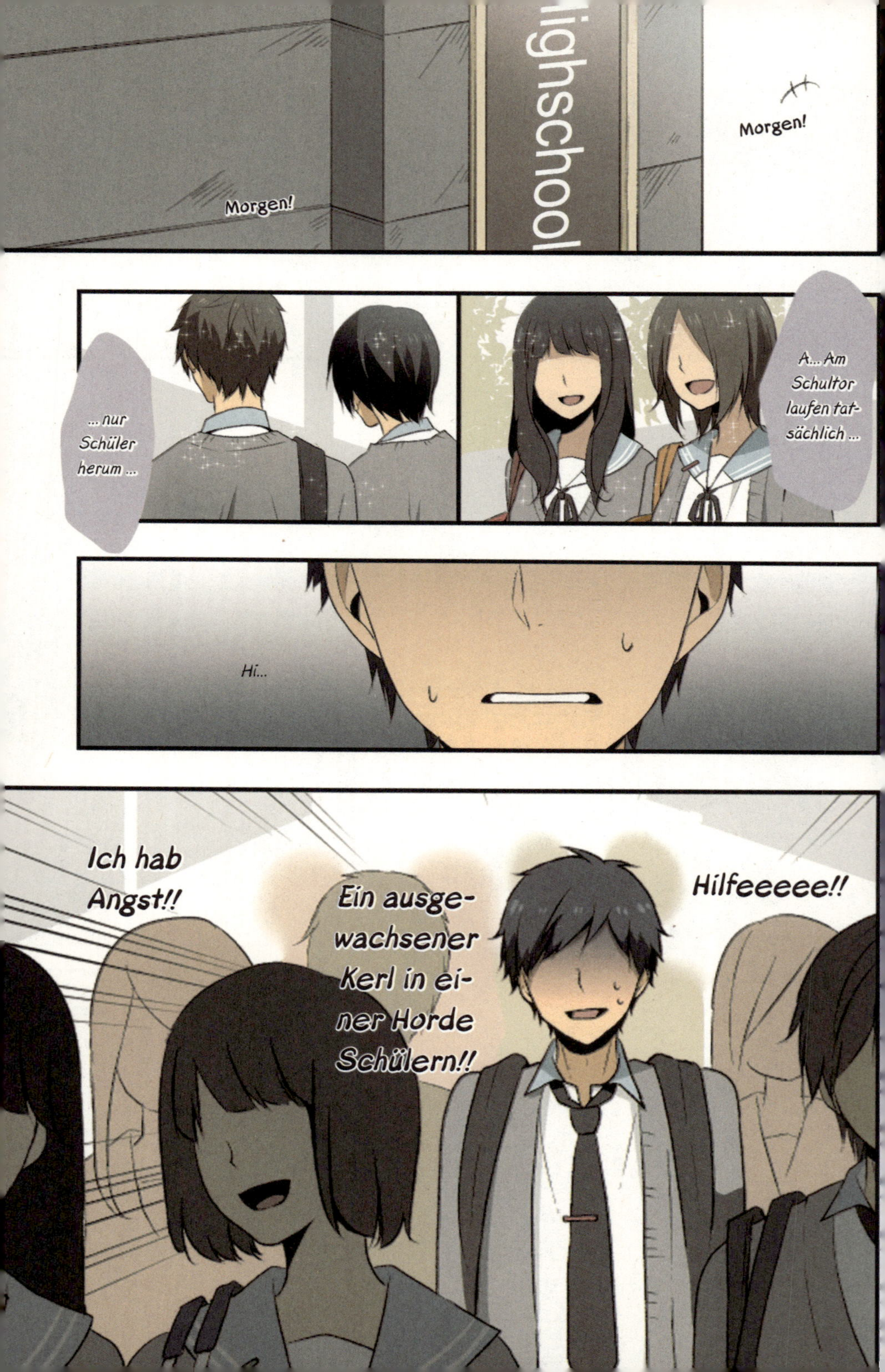
Morgen!
ighschool
Morgen!
A... Am Schultor laufen tatsächlich ...
... nur Schüler herum ...
Hi...
Hilfeeeee!!
Ein ausgewachsener Kerl in einer Horde Schülern!!
Ich hab Angst!!

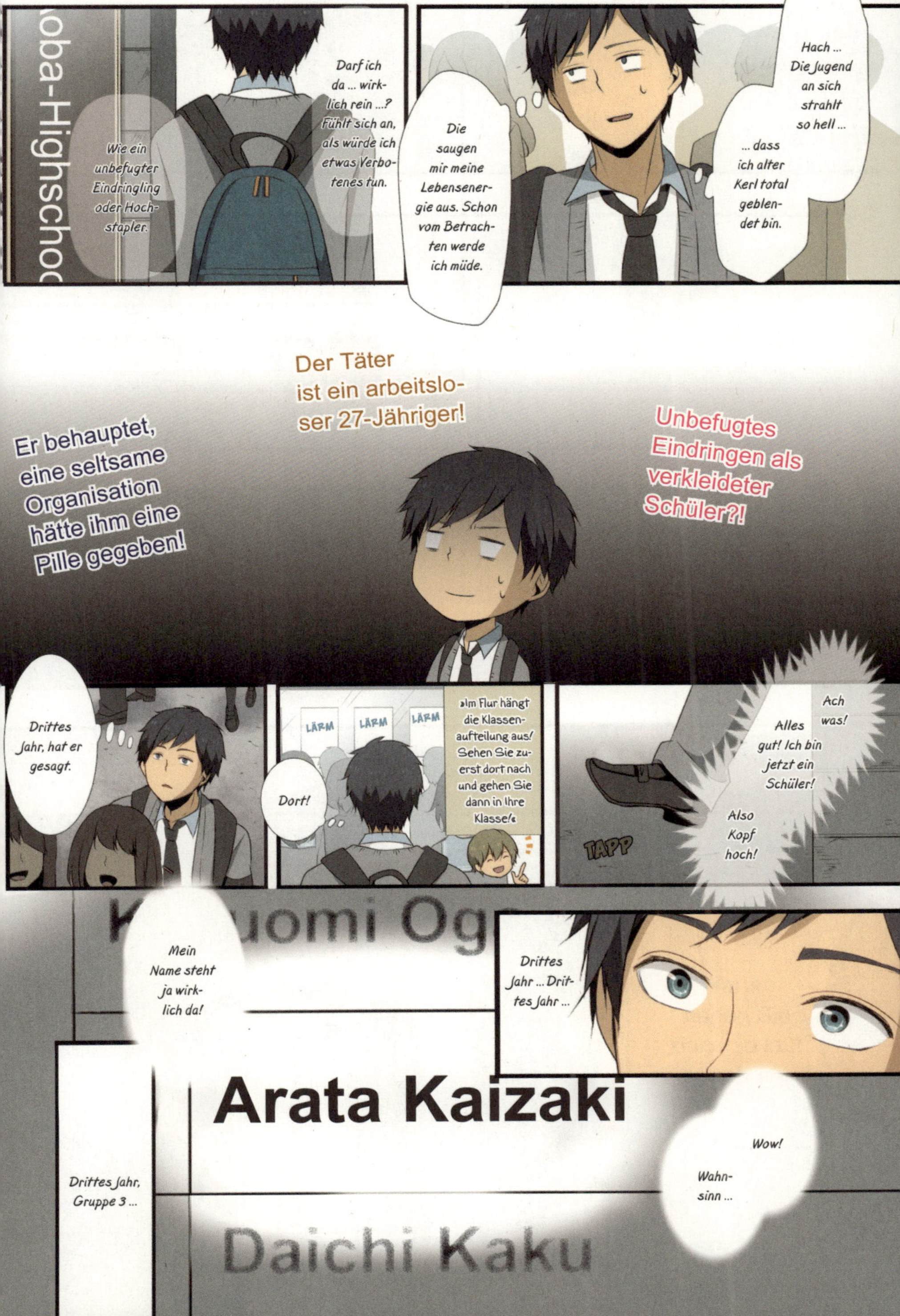
Hach ... Die Jugend an sich strahlt so hell ...
... dass ich alter Kerl total geblendet bin.
Die saugen mir meine Lebensenergie aus. Schon vom Betrachten werde ich müde.
Darf ich da ... wirklich rein ...? Fühlt sich an, als würde ich etwas Verbotenes tun.
Wie ein unbefugter Eindringling oder Hochstapler.
Der Täter ist ein arbeitsloser 27-Jähriger!
Unbefugtes Eindringen als verkleideter Schüler?!
Er behauptet, eine seltsame Organisation hätte ihm eine Pille gegeben!
Ach was!
Alles gut! Ich bin jetzt ein Schüler!
Also Kopf hoch!
TAPP
»Im Flur hängt die Klassenaufteilung aus! Sehen Sie zuerst dort nach und gehen Sie dann in Ihre Klasse!«
Dort!
LÄRM
LÄRM
LÄRM
Drittes Jahr, hat er gesagt.
Drittes Jahr ... Drittes Jahr ...
Mein Name steht ja wirklich da!
Arata Kaizaki
Wow!
Wahnsinn ...
Drittes Jahr, Gruppe 3 ...
Daichi Kaku

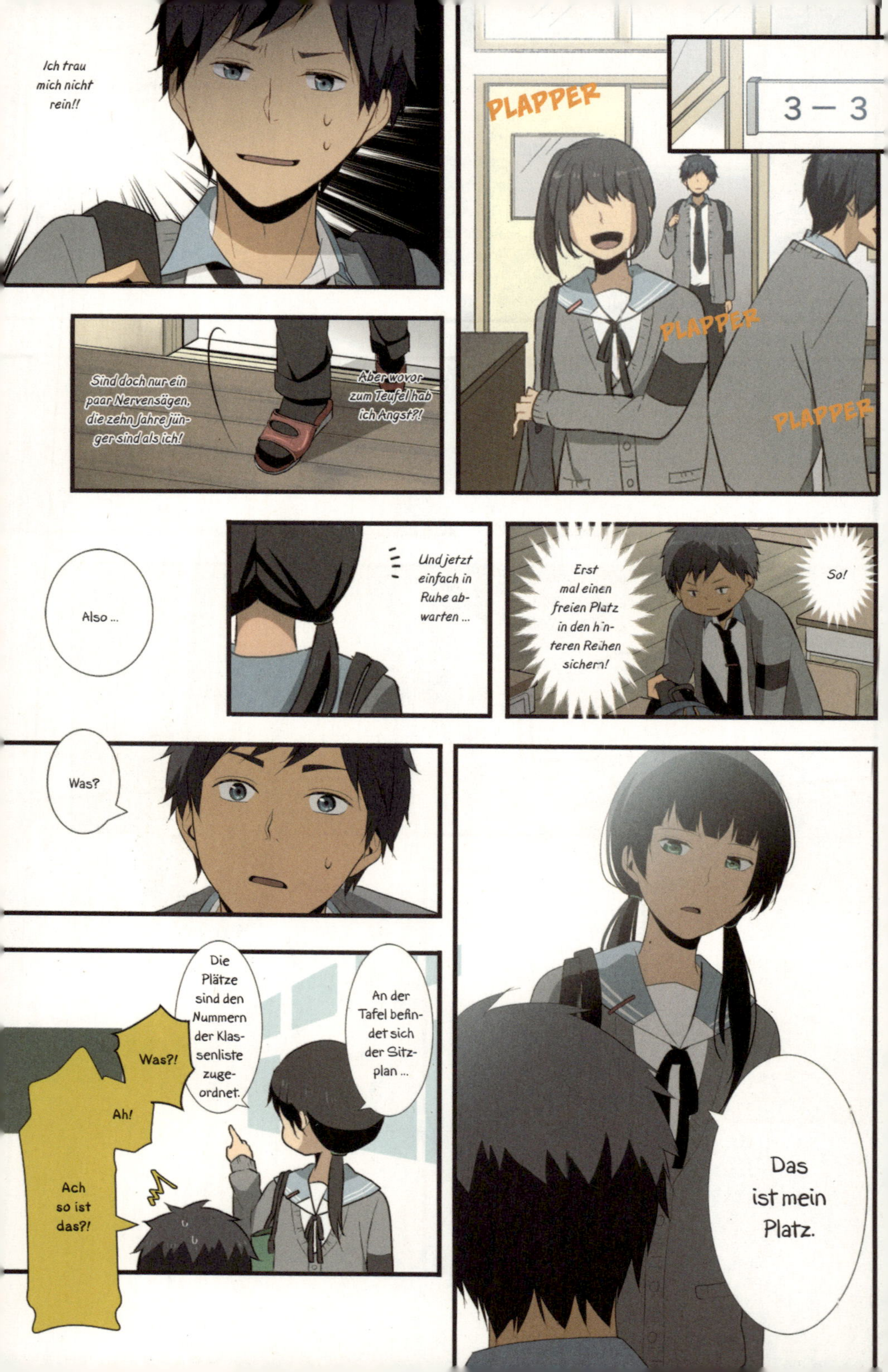
3 – 3
PLAPPER
PLAPPER
PLAPPER
Ich trau mich nicht rein!!
Aber wovor zum Teufel hab ich Angst?!
Sind doch nur ein paar Nervensägen, die zehn Jahre jünger sind als ich!
So!
Erst mal einen freien Platz in den hinteren Reihen sichern!
Und jetzt einfach in Ruhe abwarten ...
Also ...
Das ist mein Platz.
Was?
An der Tafel befindet sich der Sitzplan ...
Die Plätze sind den Nummern der Klassenliste zugeordnet.
Was?!
Ah!
Ach so ist das?!

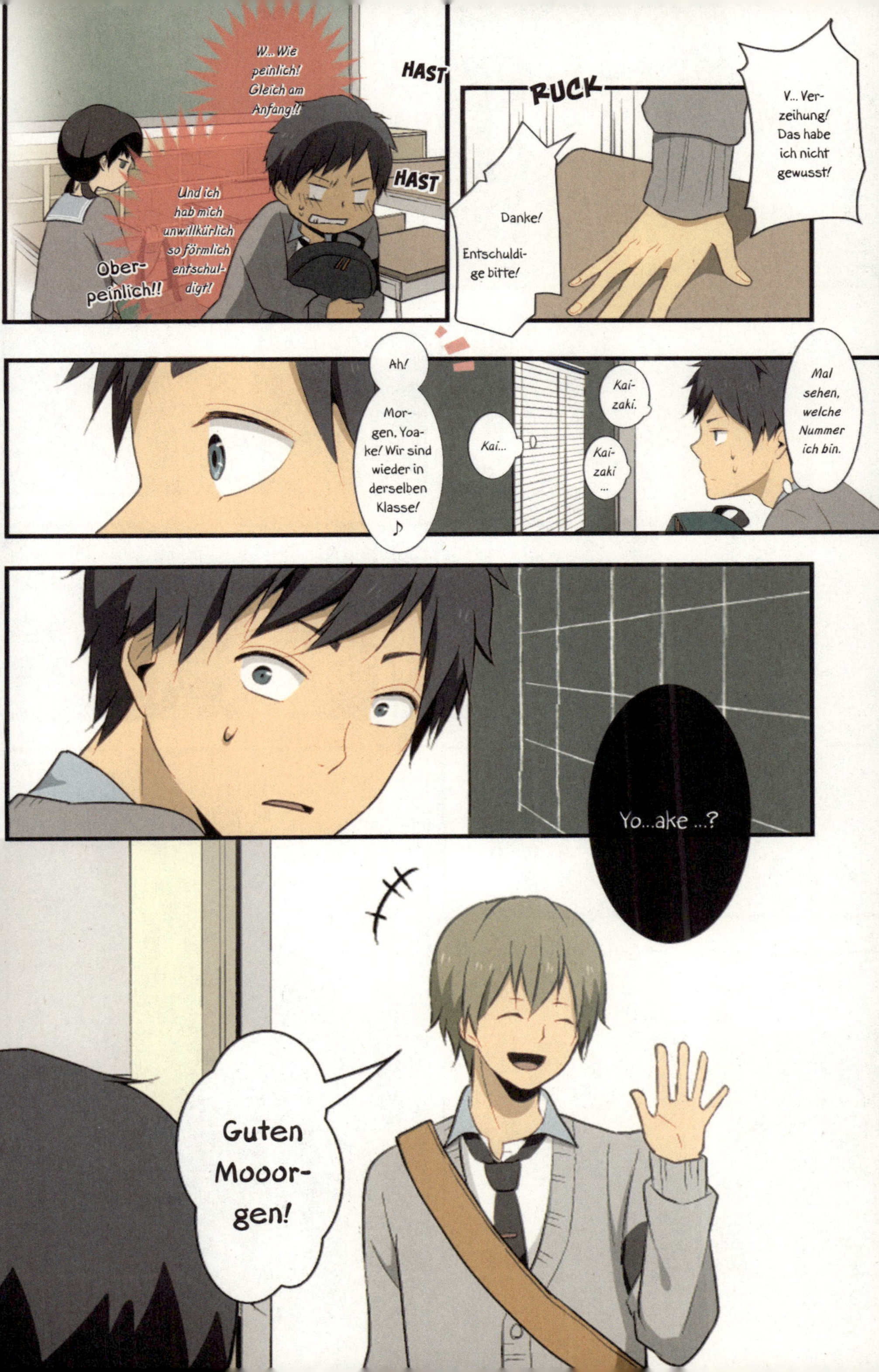
V... Verzeihung! Das habe ich nicht gewusst!
RUCK
Danke!
Entschuldige bitte!
HAST
HAST
W... Wie peinlich! Gleich am Anfang!!
Und ich hab mich unwillkürlich so förmlich entschuldigt!
Oberpeinlich!!
Mal sehen, welche Nummer ich bin.
Kai-zaki.
Kai-zaki ...
Kai...
Ah!
Morgen, Yoake! Wir sind wieder in derselben Klasse! ♪
Yo...ake ...?
Guten Mooorgen!

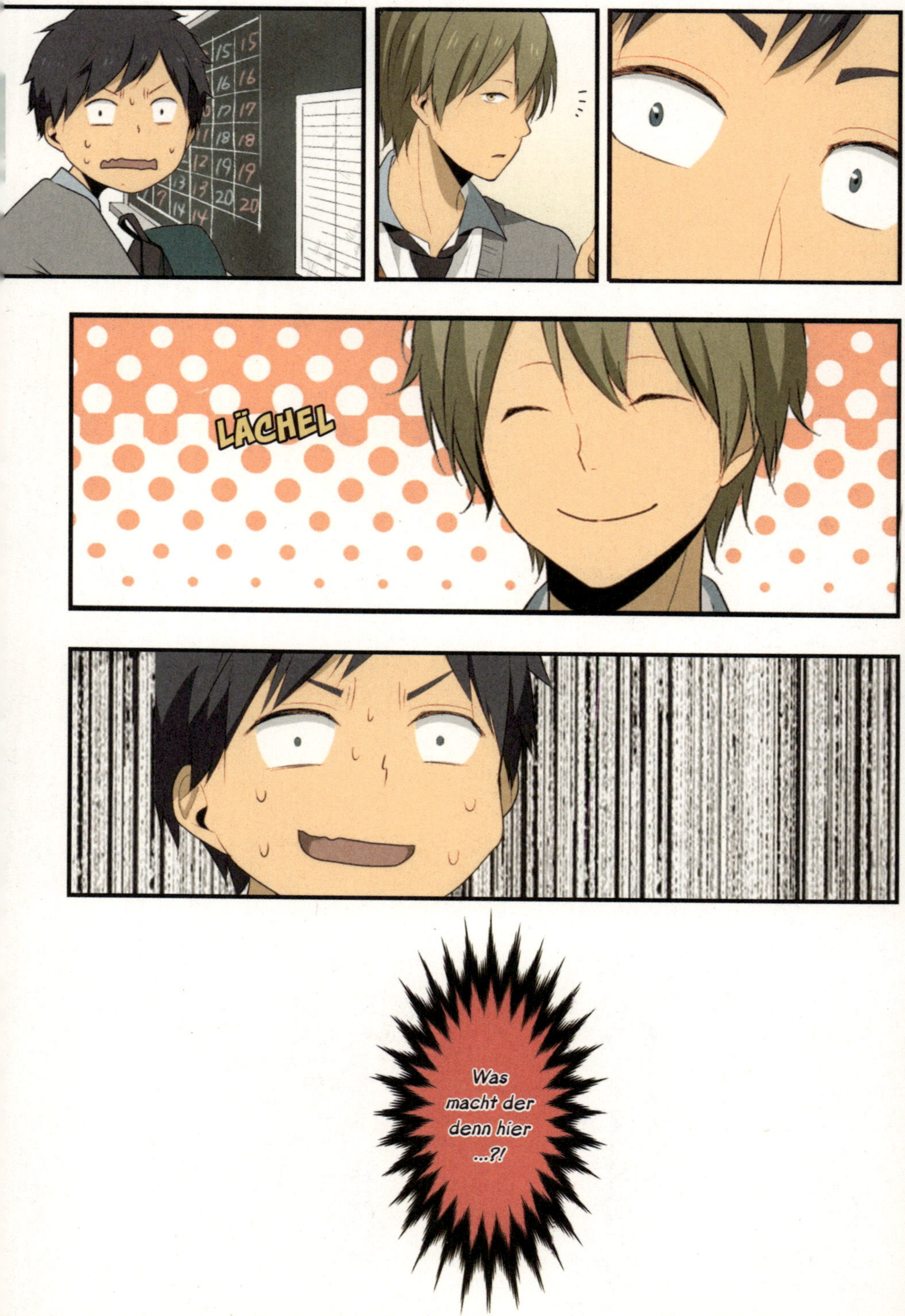
LÄCHEL
Was macht der denn hier ...?!

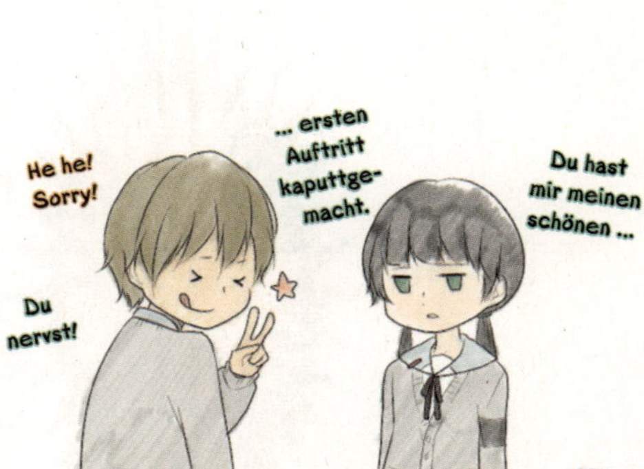
Du hast mir meinen schönen ...
... ersten Auftritt kaputtgemacht.
He he! Sorry!
Du nervst!

ReLIFE

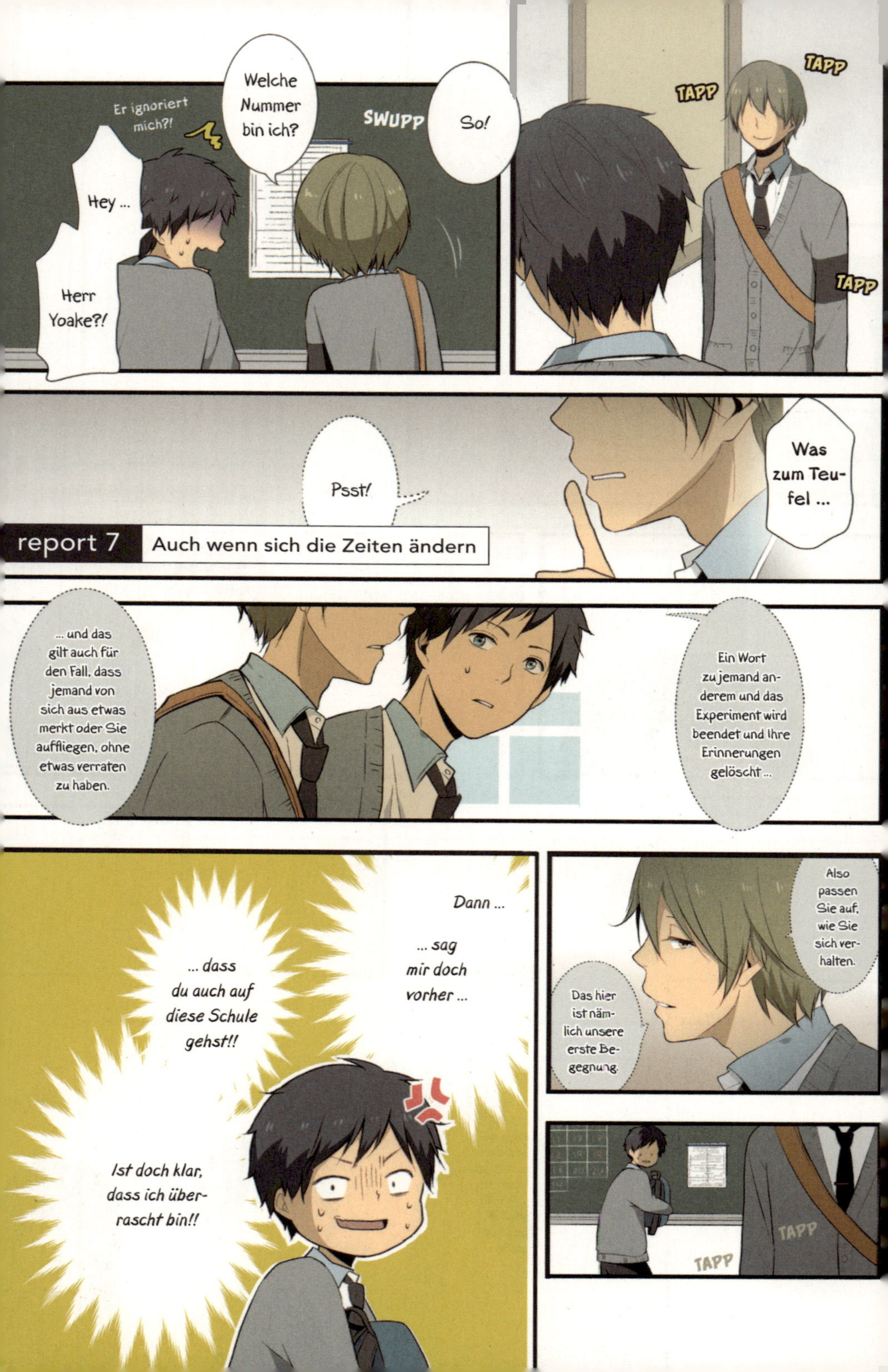
TAPP
TAPP
TAPP
Welche Nummer bin ich?
SWUPP
So!
Er ignoriert mich?!
Hey ...
Herr Yoake?!
Was zum Teufel ...
Psst!
report 7 Auch wenn sich die Zeiten ändern
Ein Wort zu jemand anderem und das Experiment wird beendet und Ihre Erinnerungen gelöscht ...
... und das gilt auch für den Fall, dass jemand von sich aus etwas merkt oder Sie auffliegen, ohne etwas verraten zu haben.
Also passen Sie auf, wie Sie sich verhalten.
Das hier ist nämlich unsere erste Begegnung.
TAPP
TAPP
Dann ...
... sag mir doch vorher ...
... dass du auch auf diese Schule gehst!!
Ist doch klar, dass ich überrascht bin!!

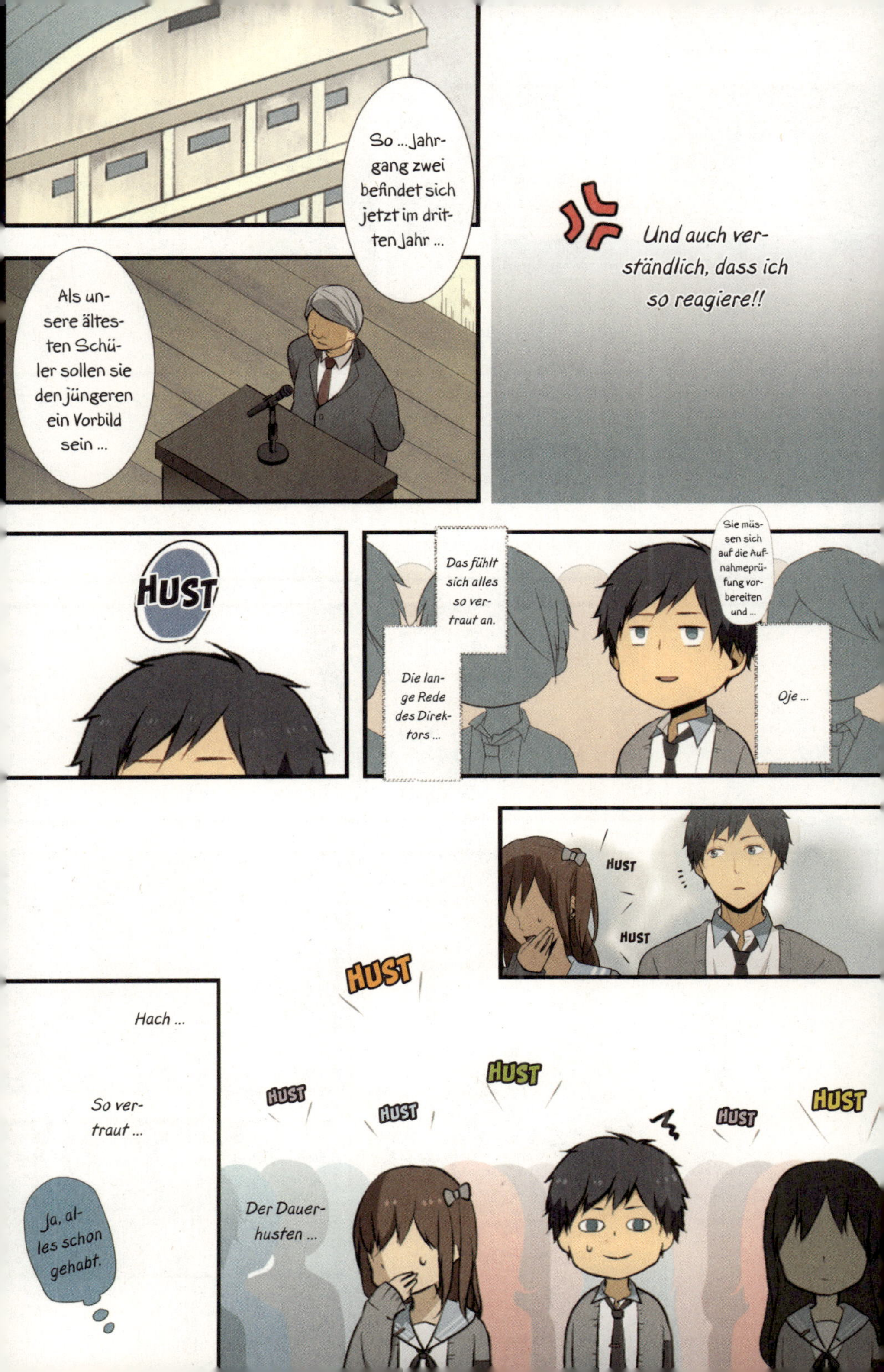
So ... Jahrgang zwei befindet sich jetzt im dritten Jahr ...
Als unsere ältesten Schüler sollen sie den jüngeren ein Vorbild sein ...
Und auch verständlich, dass ich so reagiere!!
HUST
Sie müssen sich auf die Aufnahmeprüfung vorbereiten und ...
Das fühlt sich alles so vertraut an.
Die lange Rede des Direktors ...
Oje ...
HUST
HUST
HUST
Hach ...
So vertraut ...
Ja, alles schon gehabt.
HUST
HUST
HUST
HUST
HUST
Der Dauerhusten ...

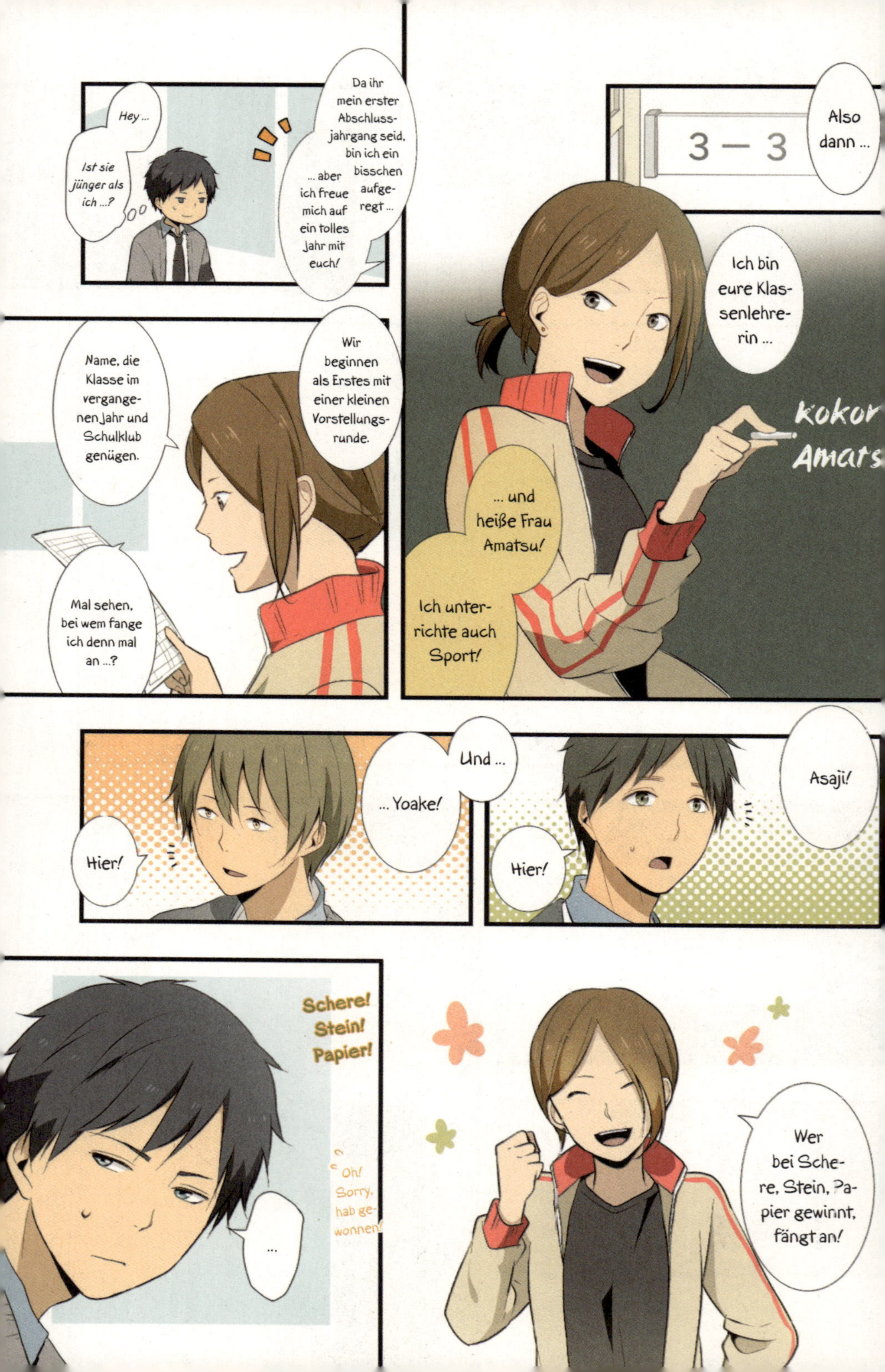

3 – 3
Also dann ...
Ich bin eure Klassenlehrerin ...
Kokor Amats
... und heiße Frau Amatsu!
Ich unterrichte auch Sport!
Da ihr mein erster Abschlussjahrgang seid, bin ich ein bisschen aufgeregt ...
... aber ich freue mich auf ein tolles Jahr mit euch!
Hey ...
Ist sie jünger als ich ...?
Wir beginnen als Erstes mit einer kleinen Vorstellungsrunde.
Name, die Klasse im vergangenen Jahr und Schulklub genügen.
Mal sehen, bei wem fange ich denn mal an ...?
Asaji!
Hier!
Und ...
... Yoake!
Hier!
Wer bei Schere, Stein, Papier gewinnt, fängt an!
Schere! Stein! Papier!
Oh! Sorry, hab gewonnen!
...

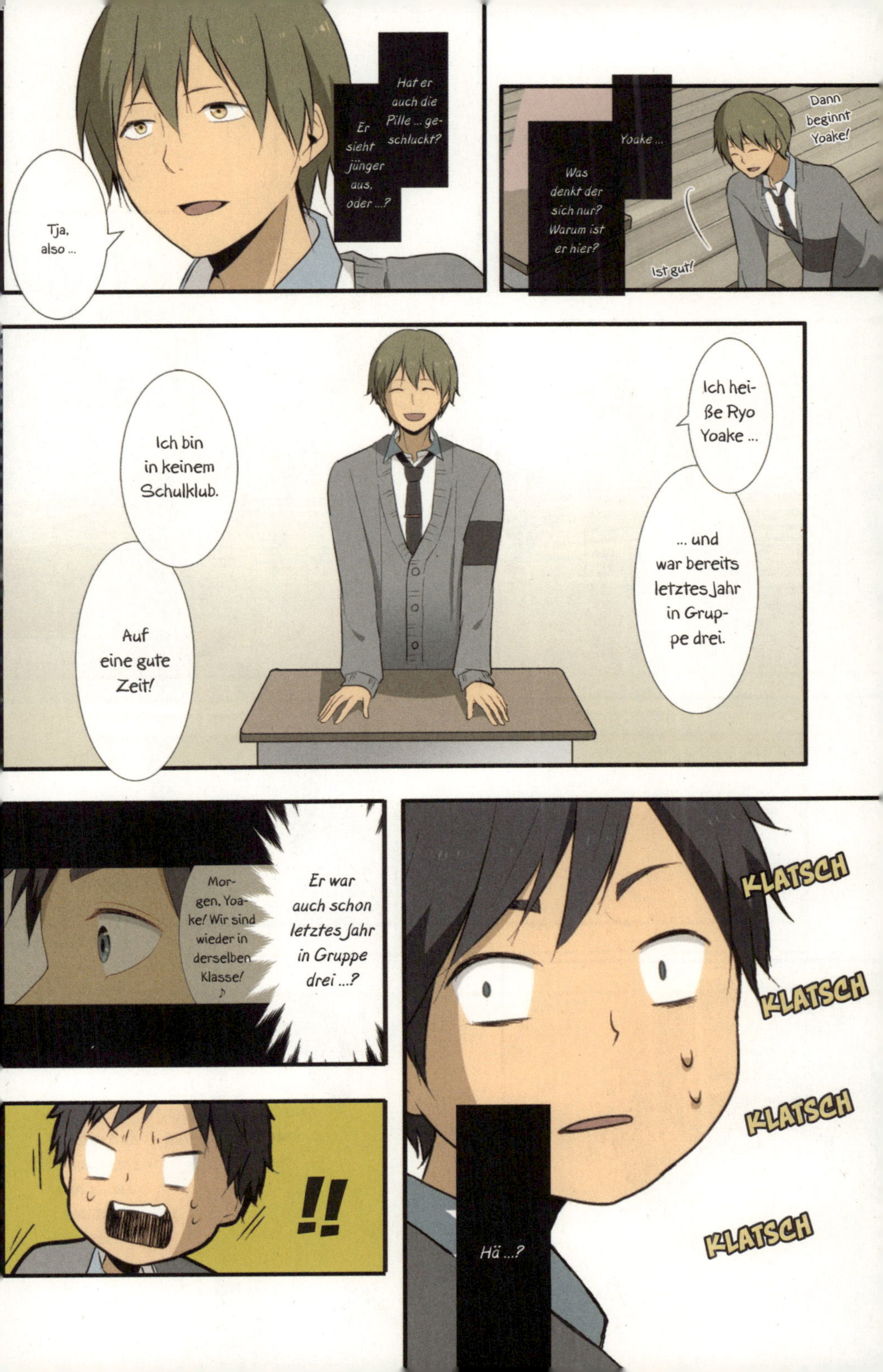

Dann beginnt Yoake!
Ist gut!
Yoake ...
Was denkt der sich nur? Warum ist er hier?
Hat er auch die Pille ... geschluckt?
Er sieht jünger aus, oder ...?
Tja, also ...
Ich heiße Ryo Yoake ...
... und war bereits letztes Jahr in Gruppe drei.
Ich bin in keinem Schulklub.
Auf eine gute Zeit!
KLATSCH
KLATSCH
KLATSCH
KLATSCH
Hä ...?
Er war auch schon letztes Jahr in Gruppe drei ...?
Morgen, Yoake! Wir sind wieder in derselben Klasse! ♪
!!

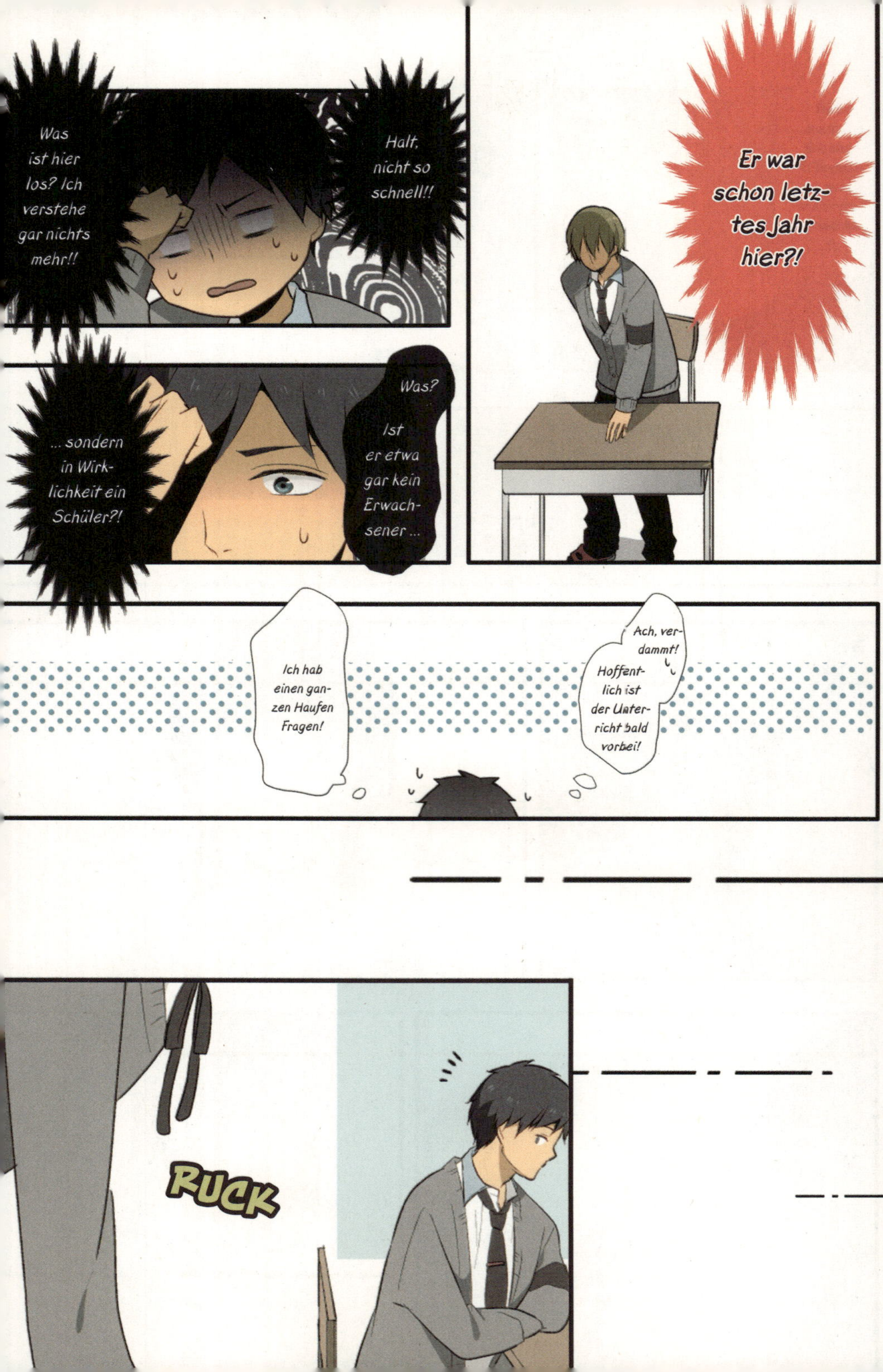
Er war schon letz-tes Jahr hier?!
Halt, nicht so schnell!!
Was ist hier los? Ich verstehe gar nichts mehr!!
Was? Ist er etwa gar kein Erwach-sener ...
... sondern in Wirk-lichkeit ein Schüler?!
Ach, ver-dammt! Hoffent-lich ist der Unter-richt bald vorbei!
Ich hab einen gan-zen Haufen Fragen!
RUCK

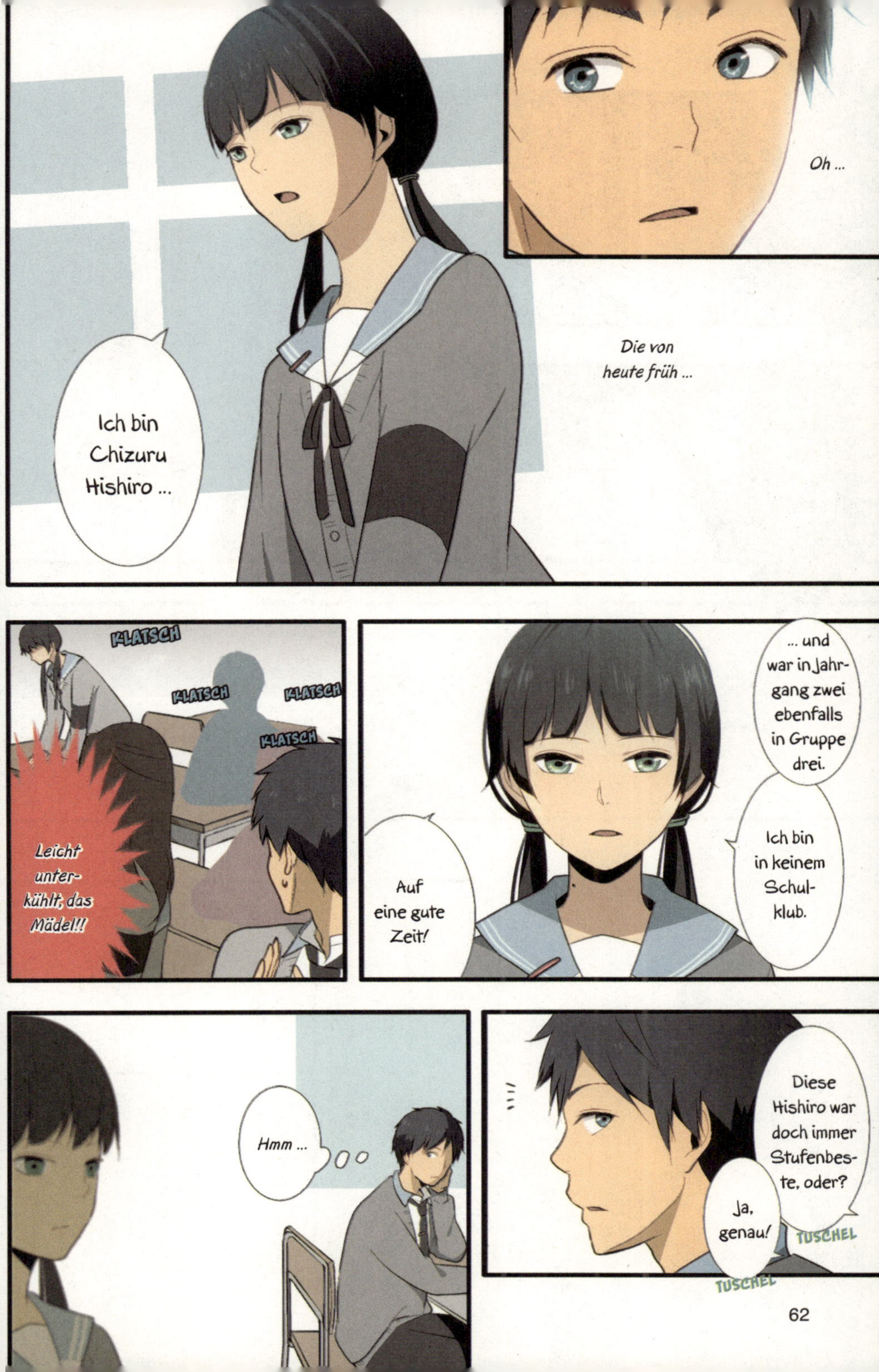
Oh ...
Die von heute früh ...
Ich bin Chizuru Hishiro ...
... und war in Jahrgang zwei ebenfalls in Gruppe drei.
Ich bin in keinem Schulklub.
Auf eine gute Zeit!
KLATSCH
KLATSCH
KLATSCH
KLATSCH
Leicht unterkühlt, das Mädel!!
Diese Hishiro war doch immer Stufenbeste, oder?
Ja, genau!
TUSCHEL
TUSCHEL
Hmm ...

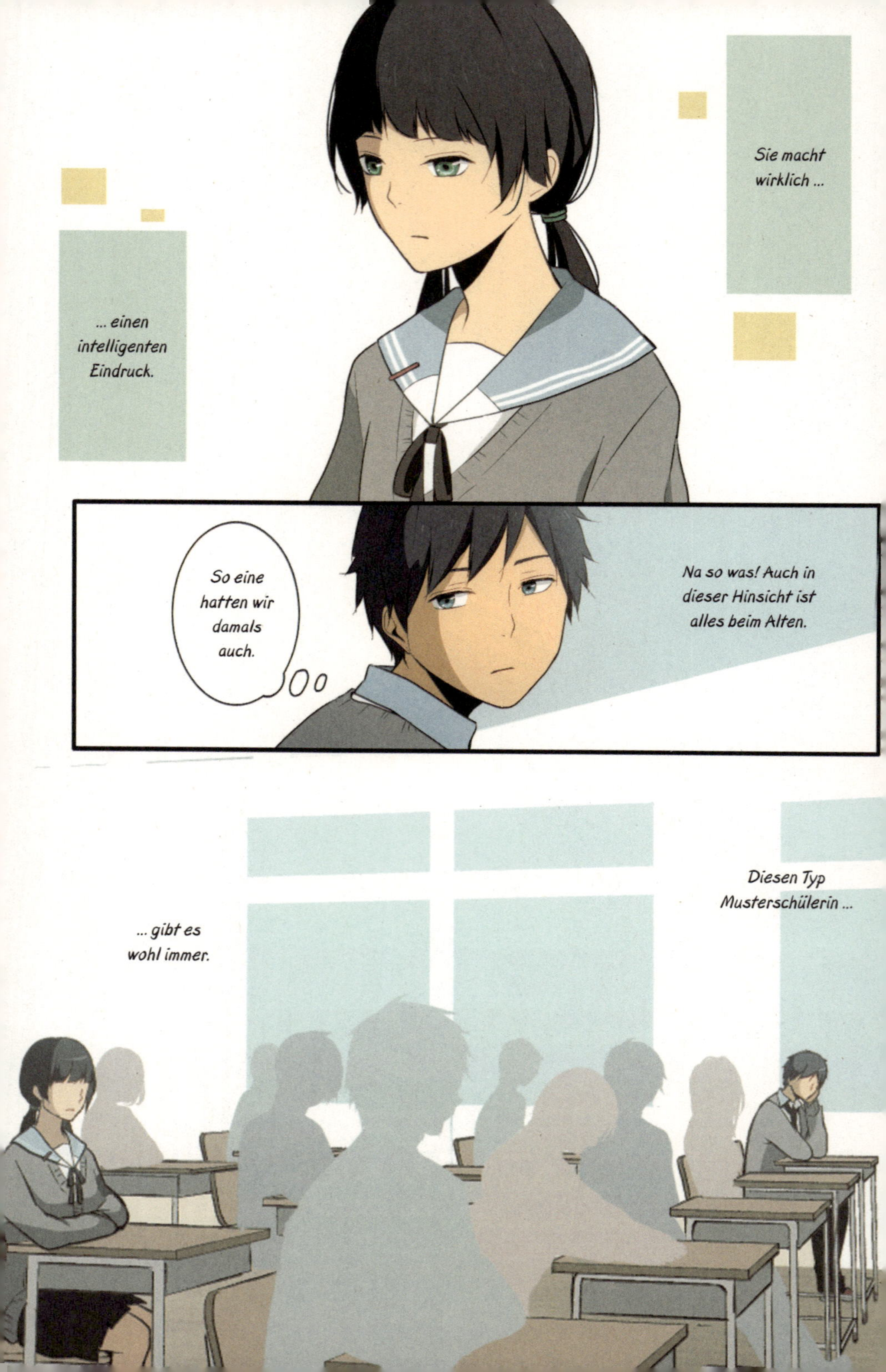

Sie macht wirklich ...
... einen intelligenten Eindruck.
Na so was! Auch in dieser Hinsicht ist alles beim Alten.
So eine hatten wir damals auch.
Diesen Typ Musterschülerin ...
... gibt es wohl immer.

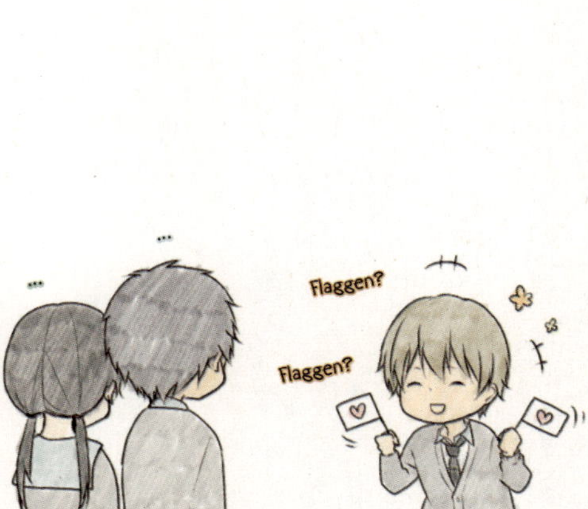

ReLIFE

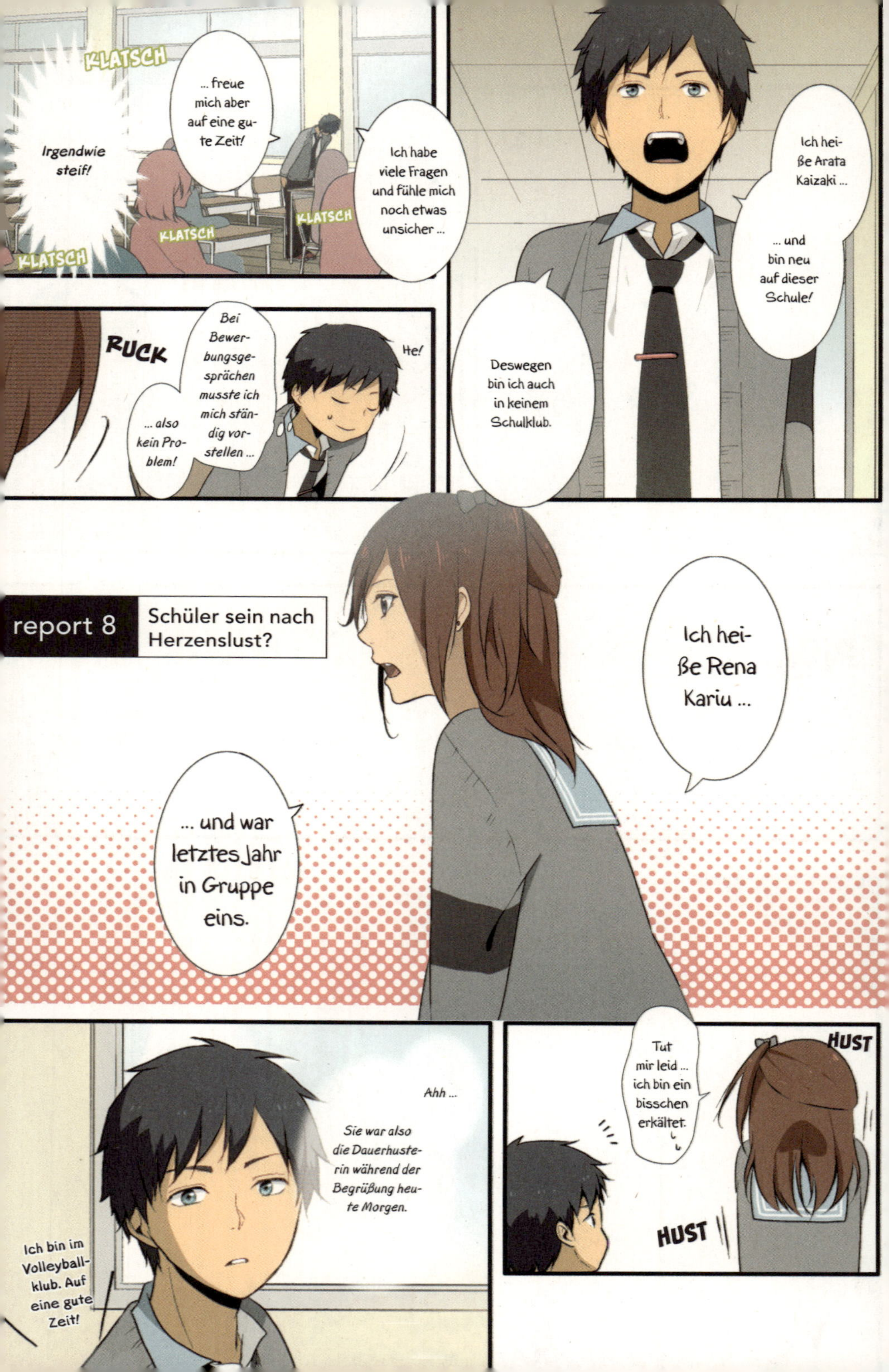
Ich heiße Arata Kaizaki ...
... und bin neu auf dieser Schule!
Deswegen bin ich auch in keinem Schulklub.
Ich habe viele Fragen und fühle mich noch etwas unsicher ...
... freue mich aber auf eine gute Zeit!
KLATSCH
KLATSCH
KLATSCH
KLATSCH
Irgendwie steif!
He!
Bei Bewerbungsgesprächen musste ich mich ständig vorstellen ...
... also kein Problem!
RUCK
report 8
Schüler sein nach Herzenslust?
Ich heiße Rena Kariu ...
... und war letztes Jahr in Gruppe eins.
HUST
Tut mir leid ... ich bin ein bisschen erkältet.
HUST
Ahh ...
Sie war also die Dauerhusterin während der Begrüßung heute Morgen.
Ich bin im Volleyballklub. Auf eine gute Zeit!

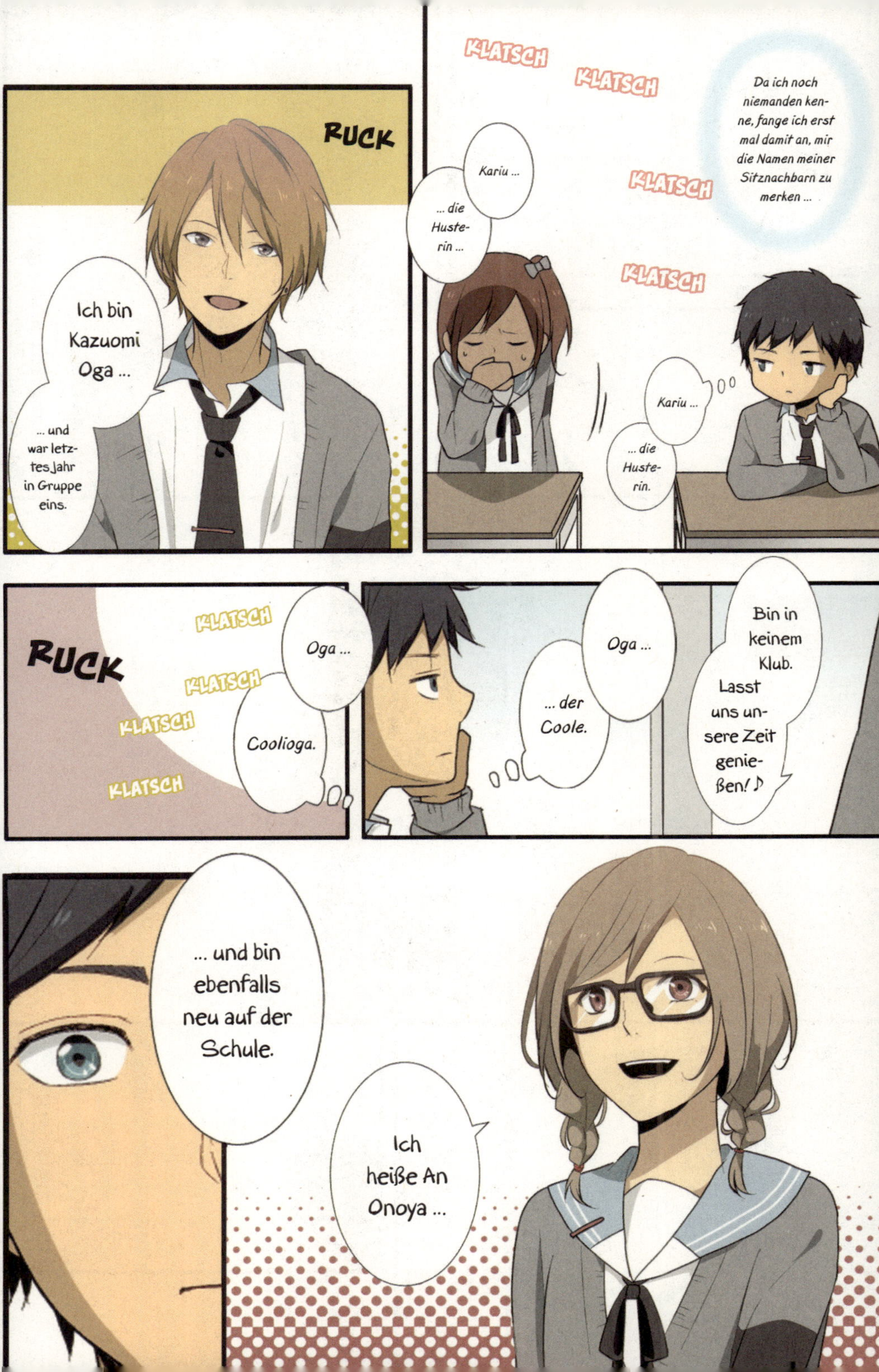
KLATSCH
KLATSCH
Da ich noch niemanden kenne, fange ich erst mal damit an, mir die Namen meiner Sitznachbarn zu merken ...
KLATSCH
KLATSCH
Kariu ...
... die Husterin ...
Kariu ...
... die Husterin.
RUCK
Ich bin Kazuomi Oga ...
... und war letztes Jahr in Gruppe eins.
Bin in keinem Klub. Lasst uns unsere Zeit genießen! ♪
Oga ...
... der Coole.
Oga ...
Coolioga.
KLATSCH
KLATSCH
KLATSCH
KLATSCH
RUCK
Ich heiße An Onoya ...
... und bin ebenfalls neu auf der Schule.

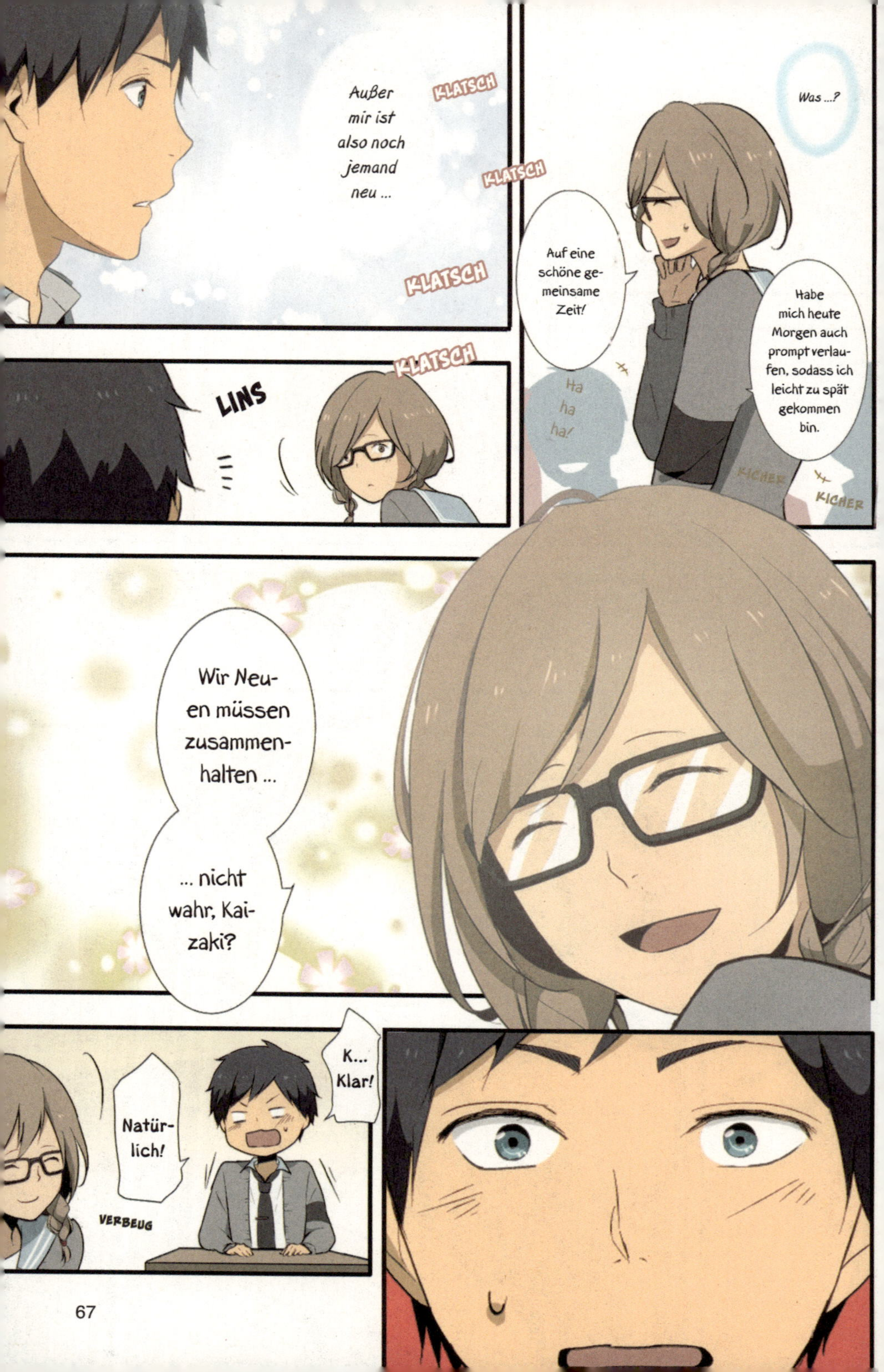
Außer mir ist also noch jemand neu ...
KLATSCH
KLATSCH
KLATSCH
Was ...?
Auf eine schöne gemeinsame Zeit!
Habe mich heute Morgen auch prompt verlaufen, sodass ich leicht zu spät gekommen bin.
Ha ha ha!
KICHER
KICHER
KLATSCH
LINS
Wir Neuen müssen zusammenhalten ...
... nicht wahr, Kaizaki?
K... Klar!
Natürlich!
VERBEUG

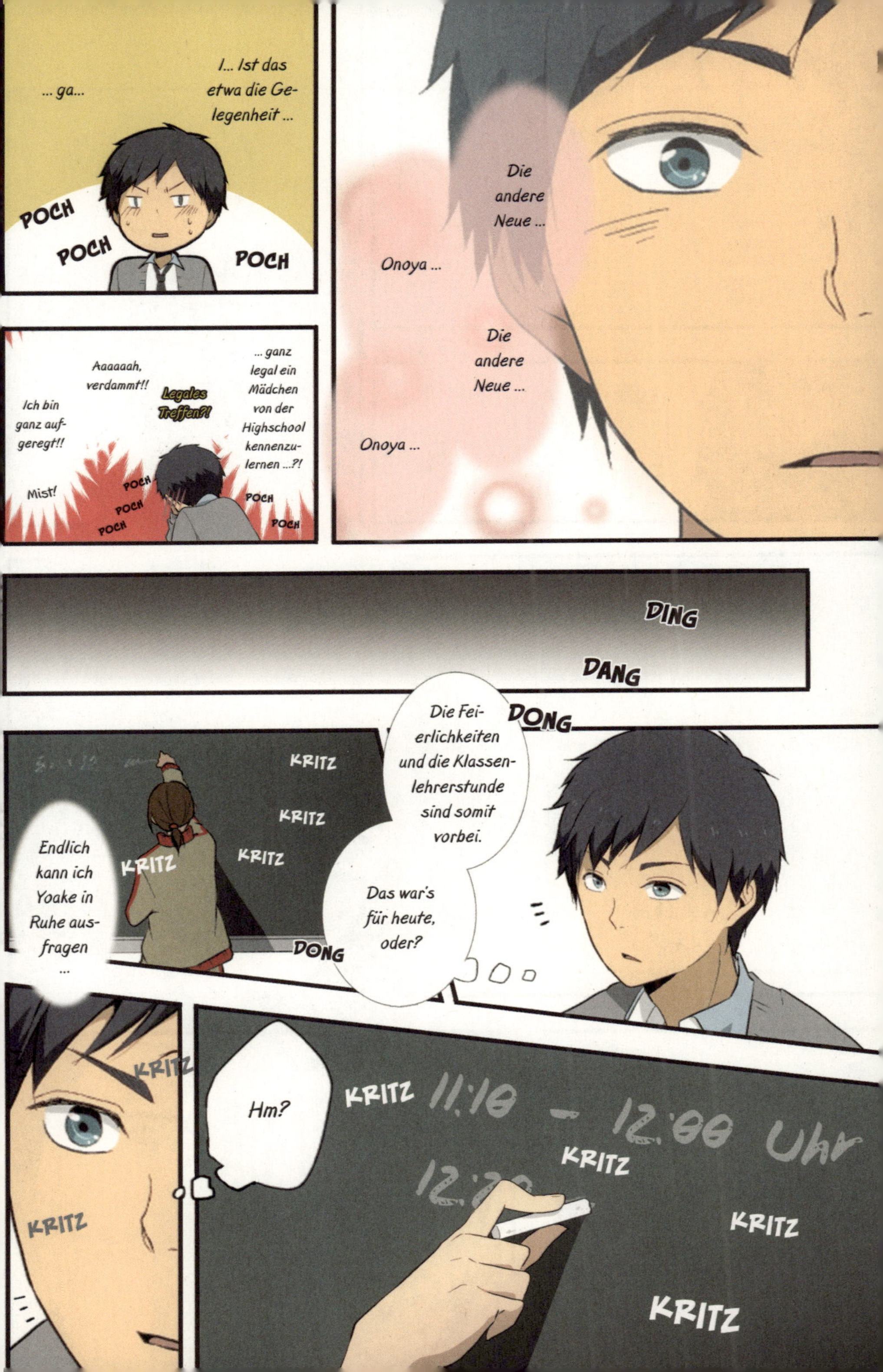
Die andere Neue ...
Onoya ...
Die andere Neue ...
Onoya ...
... ga...
I... Ist das etwa die Gelegenheit ...
POCH
POCH
POCH
... ganz legal ein Mädchen von der Highschool kennenzulernen ...?!
Legales Treffen?!
Aaaaaah, verdammt!!
Ich bin ganz aufgeregt!!
Mist!
POCH
POCH
POCH
POCH
POCH
DING
DANG
DONG
Die Feierlichkeiten und die Klassenlehrerstunde sind somit vorbei.
Das war's für heute, oder?
DONG
KRITZ
KRITZ
KRITZ
KRITZ
Endlich kann ich Yoake in Ruhe ausfragen ...
Hm?
KRITZ
11:10 - 12:00 Uhr
KRITZ
KRITZ
KRITZ
KRITZ
KRITZ

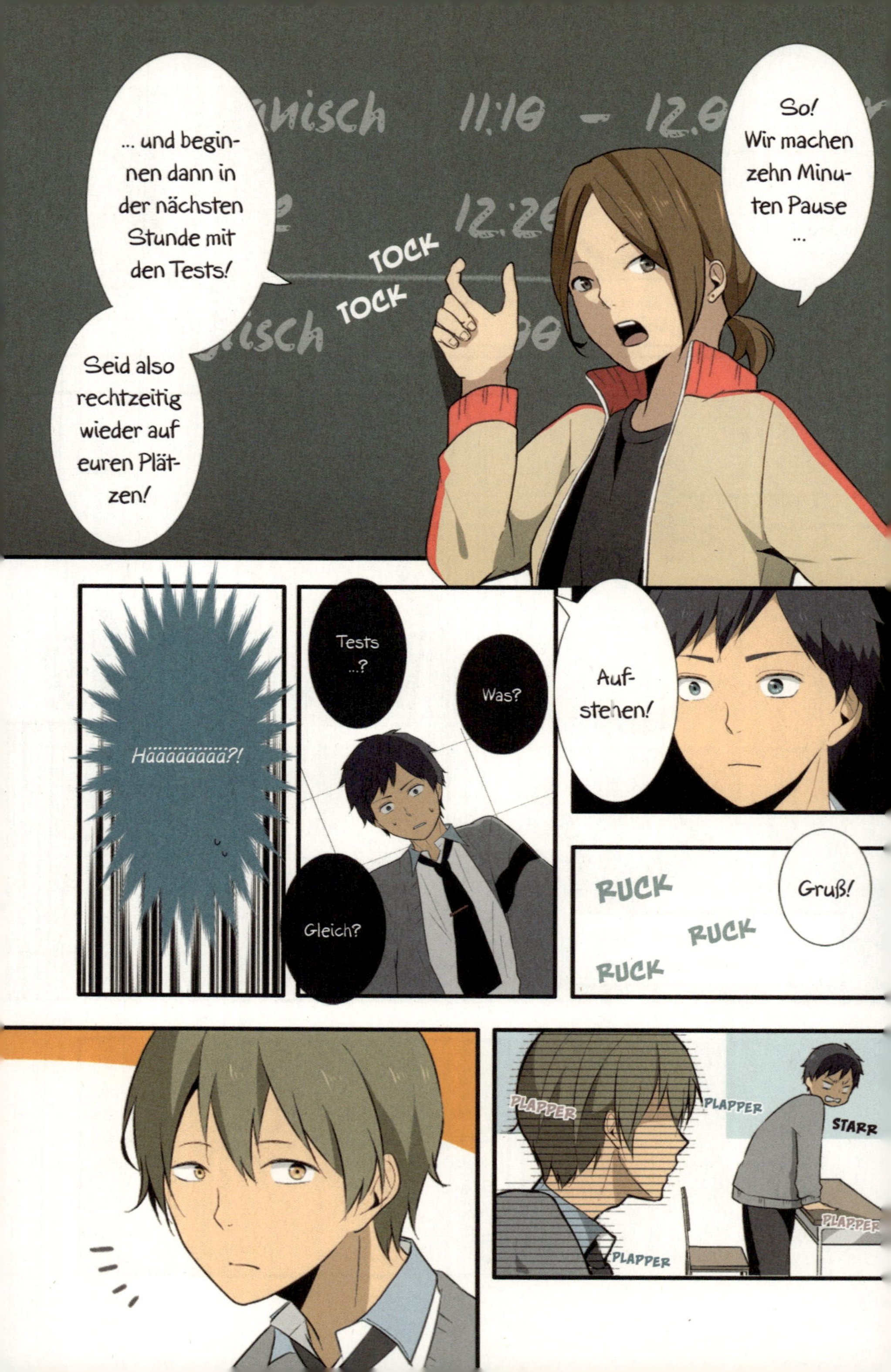
So! Wir machen zehn Minuten Pause ...
... und beginnen dann in der nächsten Stunde mit den Tests!
TOCK
TOCK
Seid also rechtzeitig wieder auf euren Plätzen!
Aufstehen!
Gruß!
RUCK
RUCK
RUCK
Tests ...?
Was?
Gleich?
Häääääää?!
PLAPPER
PLAPPER
STARR
PLAPPER
PLAPPER

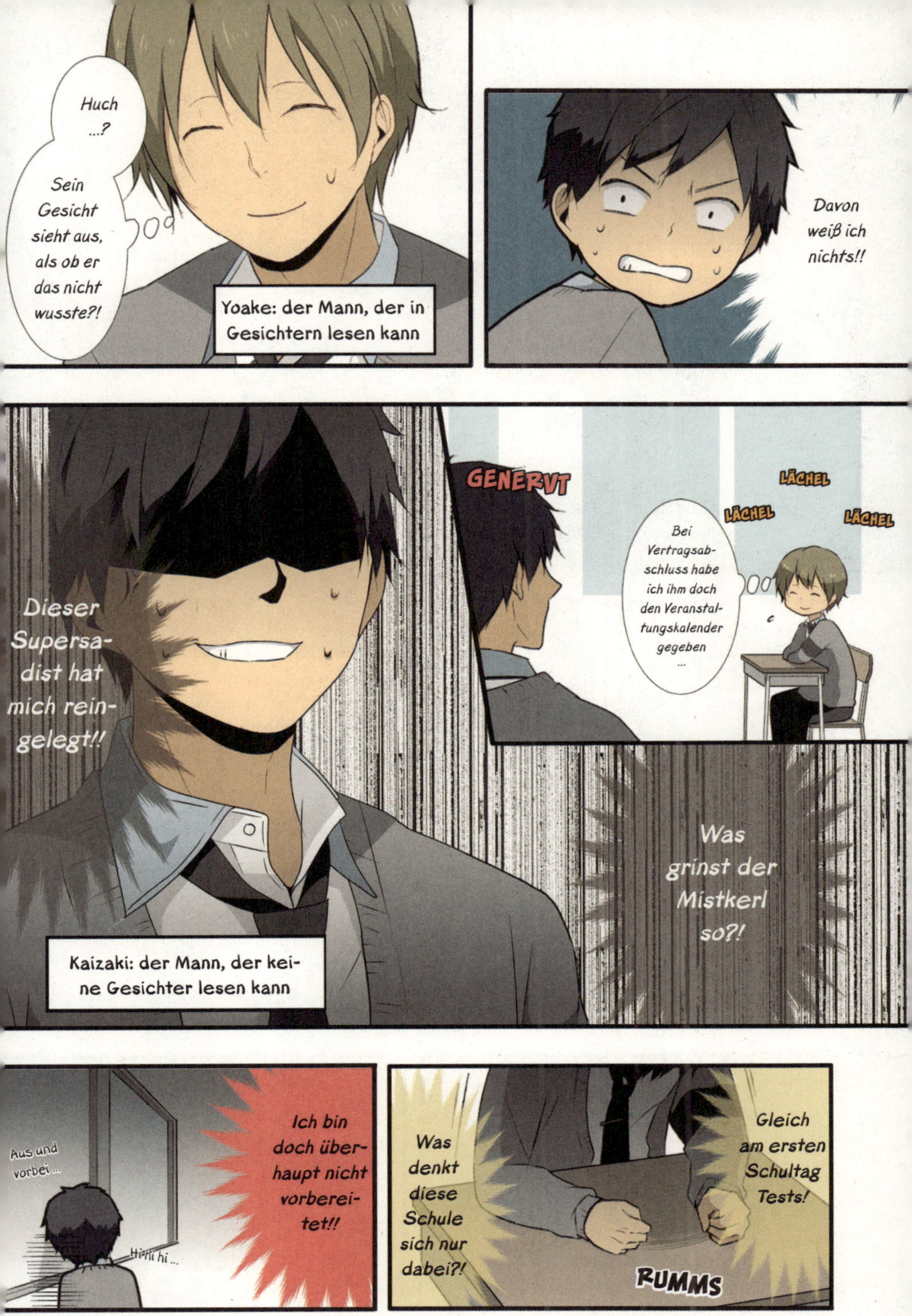
Davon weiß ich nichts!!
Huch ...?
Sein Gesicht sieht aus, als ob er das nicht wusste?!
Yoake: der Mann, der in Gesichtern lesen kann
GENERVT
LÄCHEL
LÄCHEL
LÄCHEL
Bei Vertragsabschluss habe ich ihm doch den Veranstaltungskalender gegeben ...
Was grinst der Mistkerl so?!
Dieser Supersadist hat mich reingelegt!!
Kaizaki: der Mann, der keine Gesichter lesen kann
Gleich am ersten Schultag Tests!
Was denkt diese Schule sich nur dabei?!
RUMMS
Ich bin doch überhaupt nicht vorbereitet!!
Aus und vorbei ...
Hihihi ...

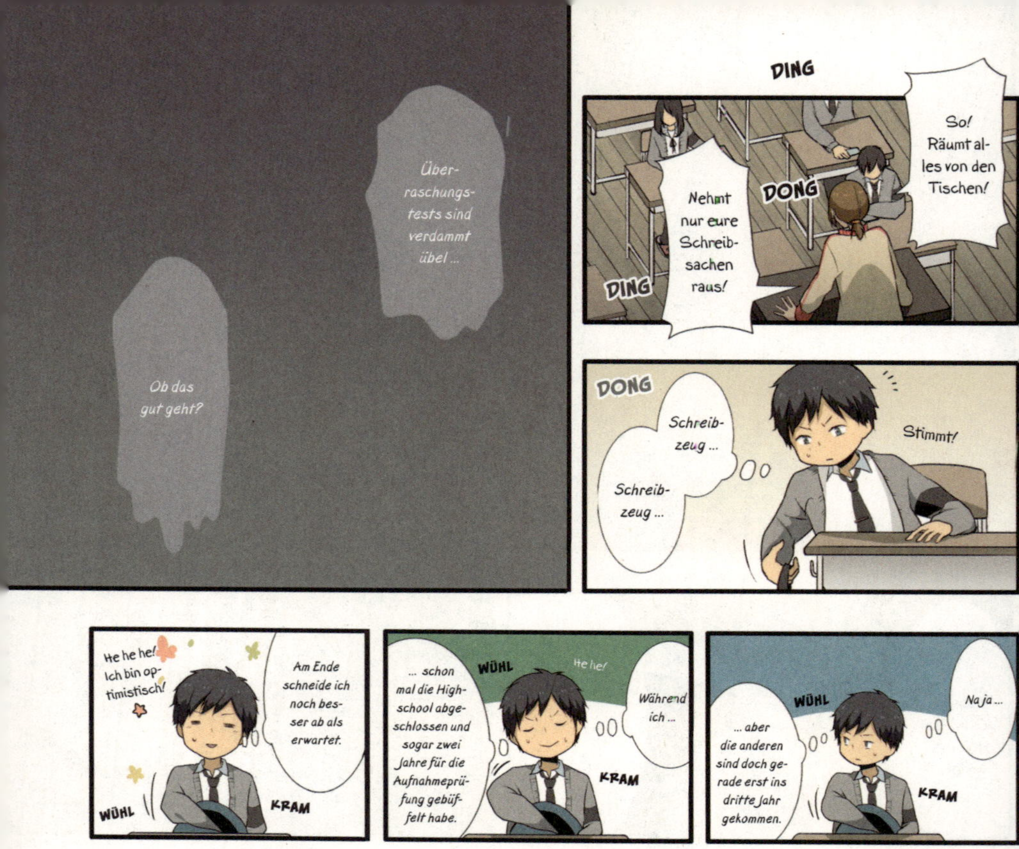

report 9 Andere Gewohnheiten

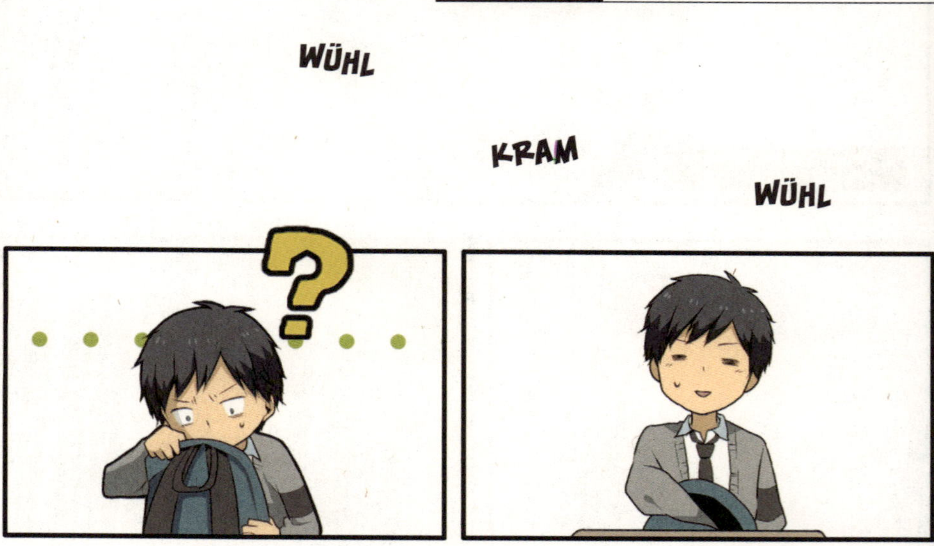

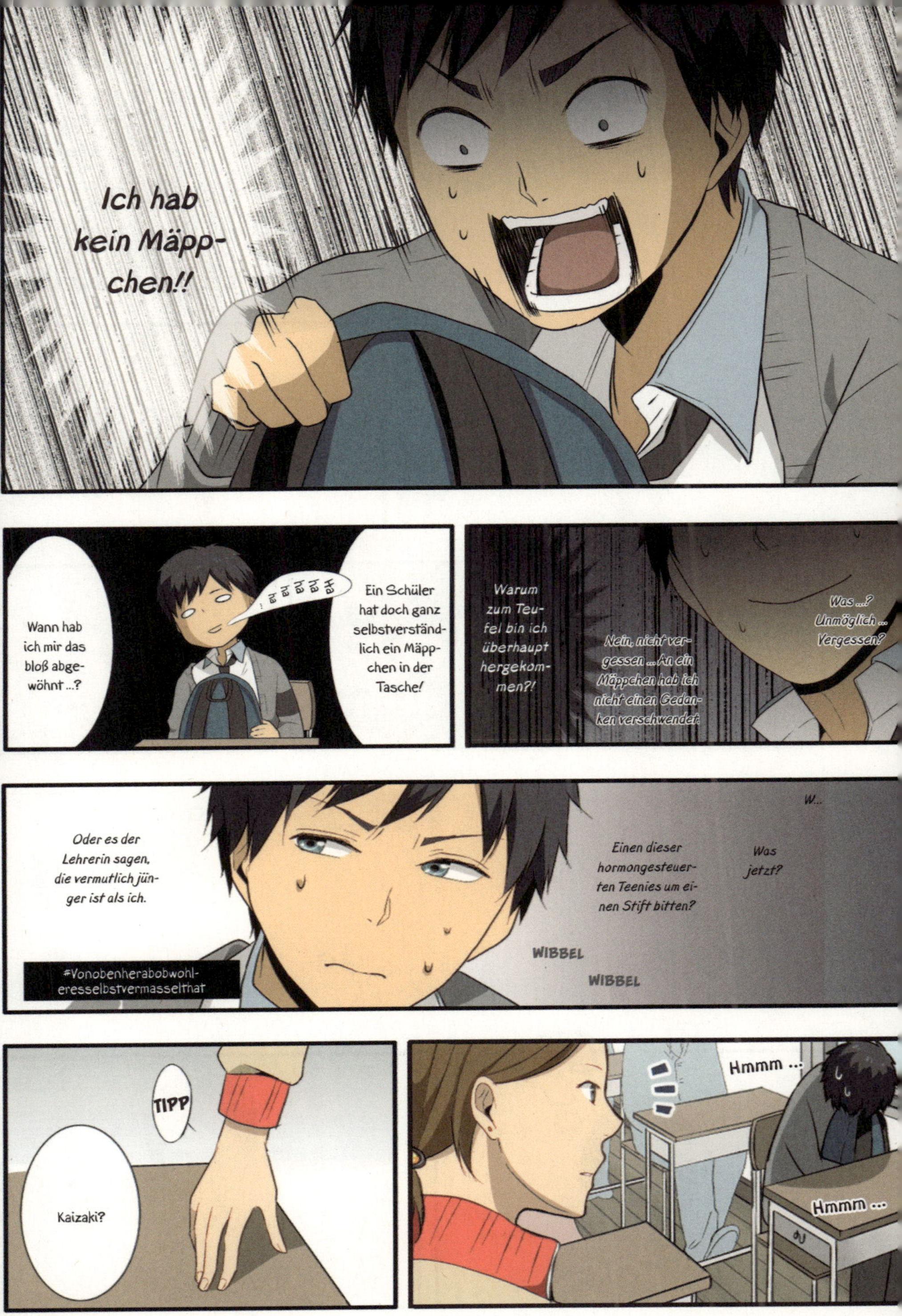
Ich hab kein Mäppchen!!
Was ...? Unmöglich ... Vergessen?
Nein, nicht vergessen ... An ein Mäppchen hab ich nicht einen Gedanken verschwendet.
Warum zum Teufel bin ich überhaupt hergekommen?!
Ein Schüler hat doch ganz selbstverständlich ein Mäppchen in der Tasche!
Ha ha ha ha ...
Wann hab ich mir das bloß abgewöhnt ...?
W...
Was jetzt?
Einen dieser hormongesteuerten Teenies um einen Stift bitten?
WIBBEL
WIBBEL
Oder es der Lehrerin sagen, die vermutlich jünger ist als ich.
#Vonobenherabobwohleresselbstvermasselthat
Hmmm ...
Hmmm ...
TIPP
Kaizaki?

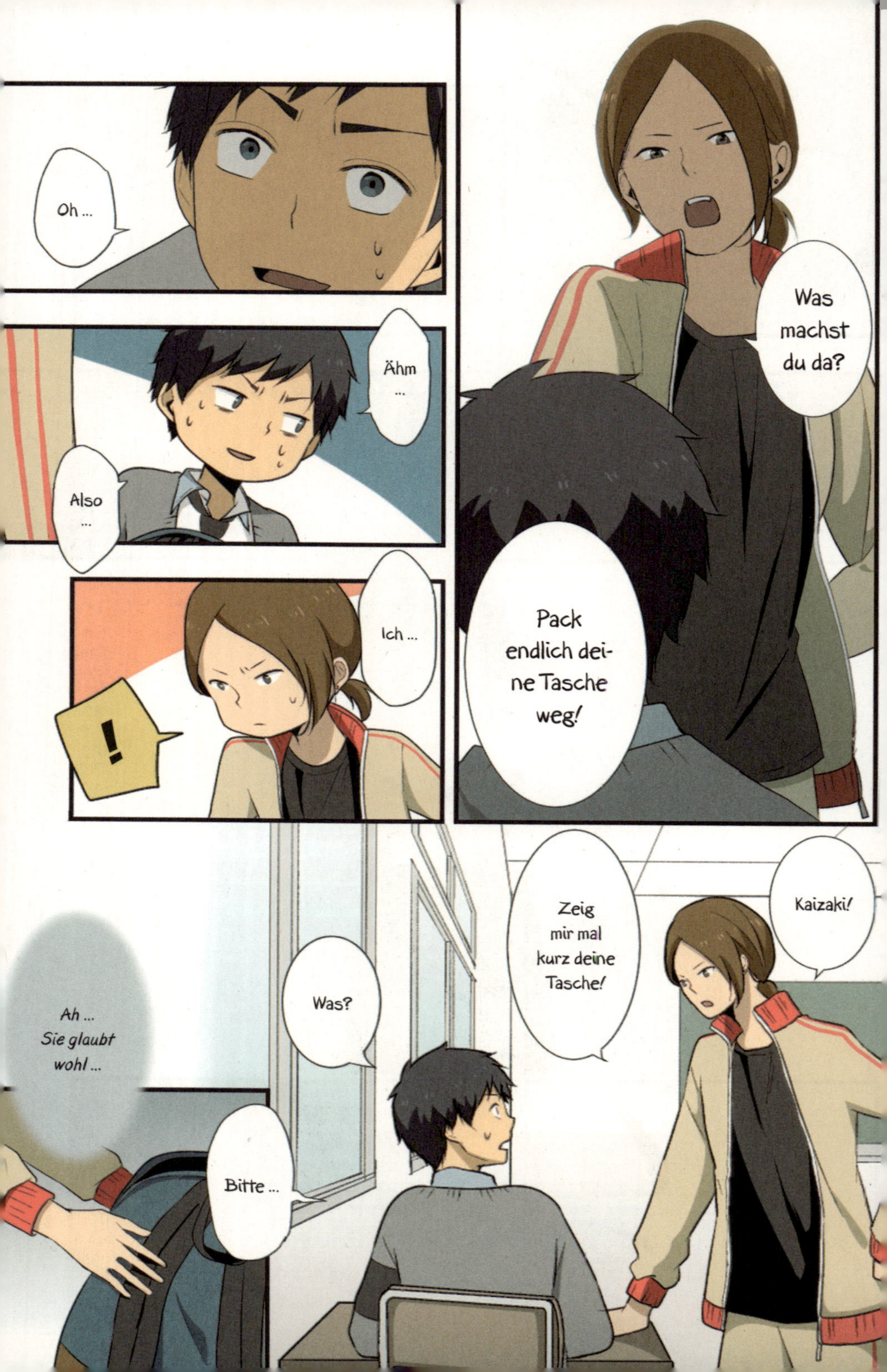
Was machst du da?
Pack endlich dei-ne Tasche weg!
Oh ...
Ähm ...
Also ...
Ich ...
!
Kaizaki!
Zeig mir mal kurz deine Tasche!
Was?
Ah ... Sie glaubt wohl ...
Bitte ...

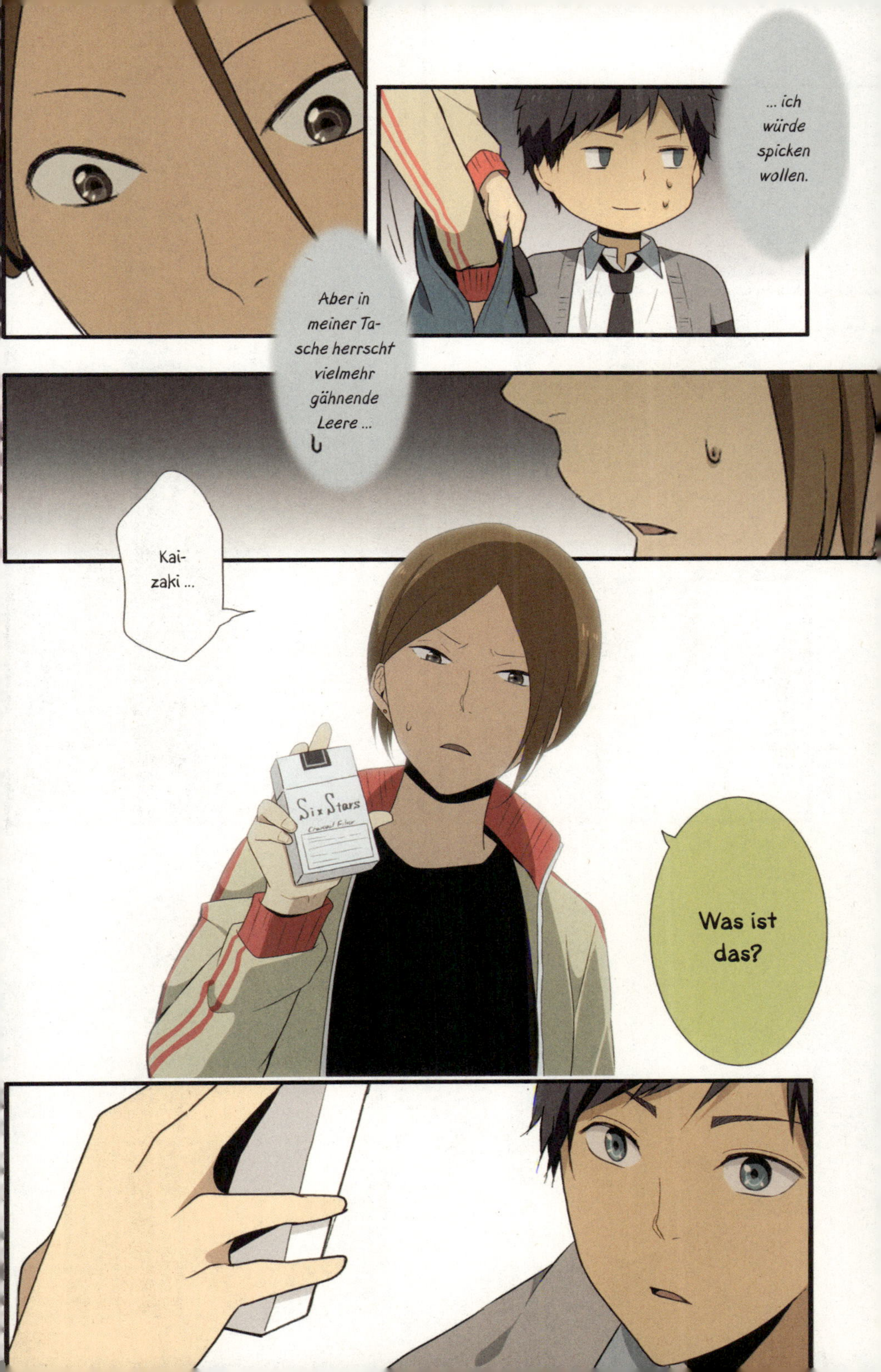
... ich würde spicken wollen.
Aber in meiner Tasche herrscht vielmehr gähnende Leere ...
Kai-zaki ...
Six Stars
Was ist das?

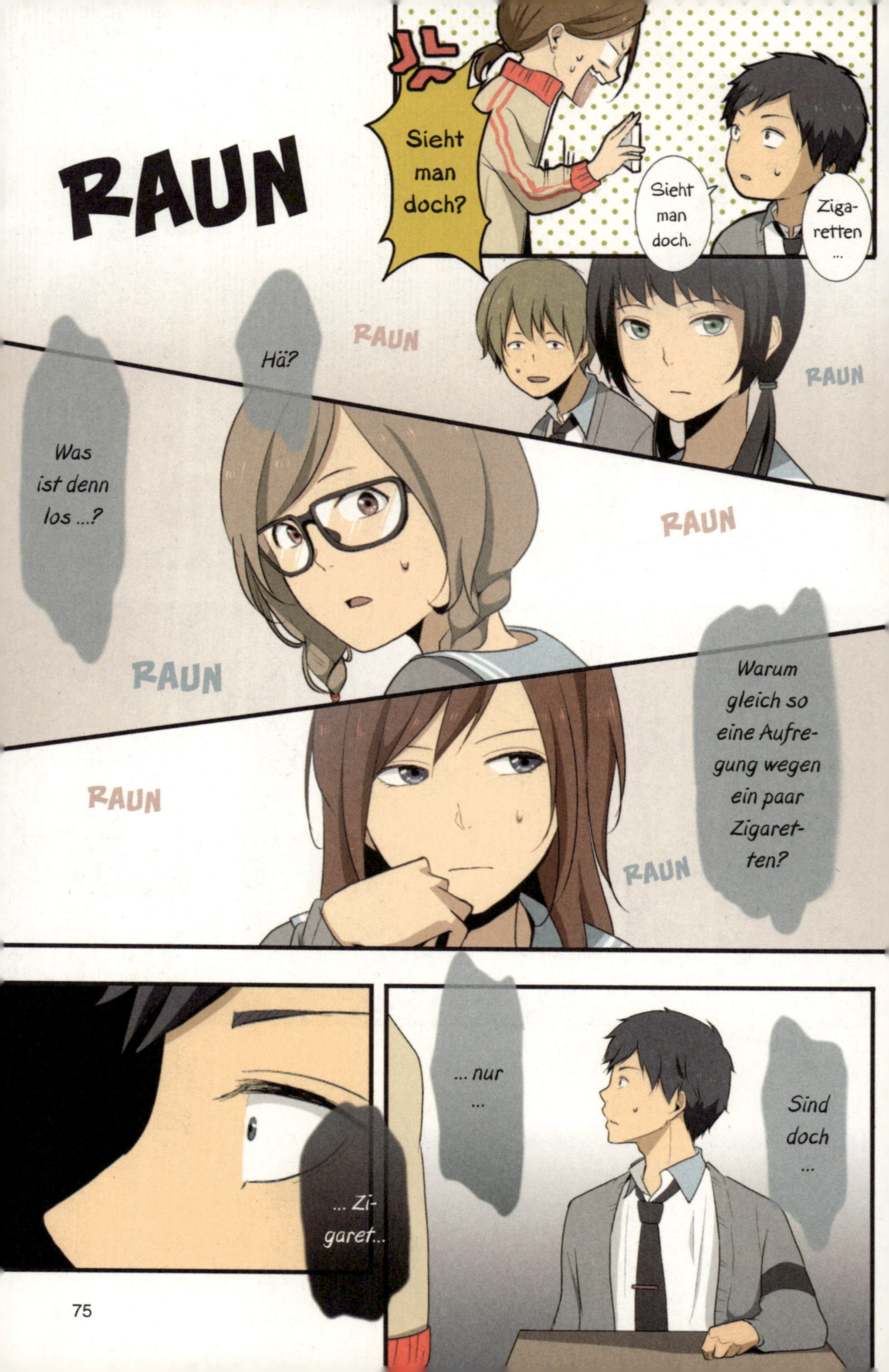
Sieht man doch?
Sieht man doch.
Ziga-retten ...
RAUN
RAUN
Hä?
RAUN
Was ist denn los ...?
RAUN
RAUN
Warum gleich so eine Aufre-gung wegen ein paar Zigaret-ten?
RAUN
RAUN
Sind doch ...
... nur ...
... Zi-garet...

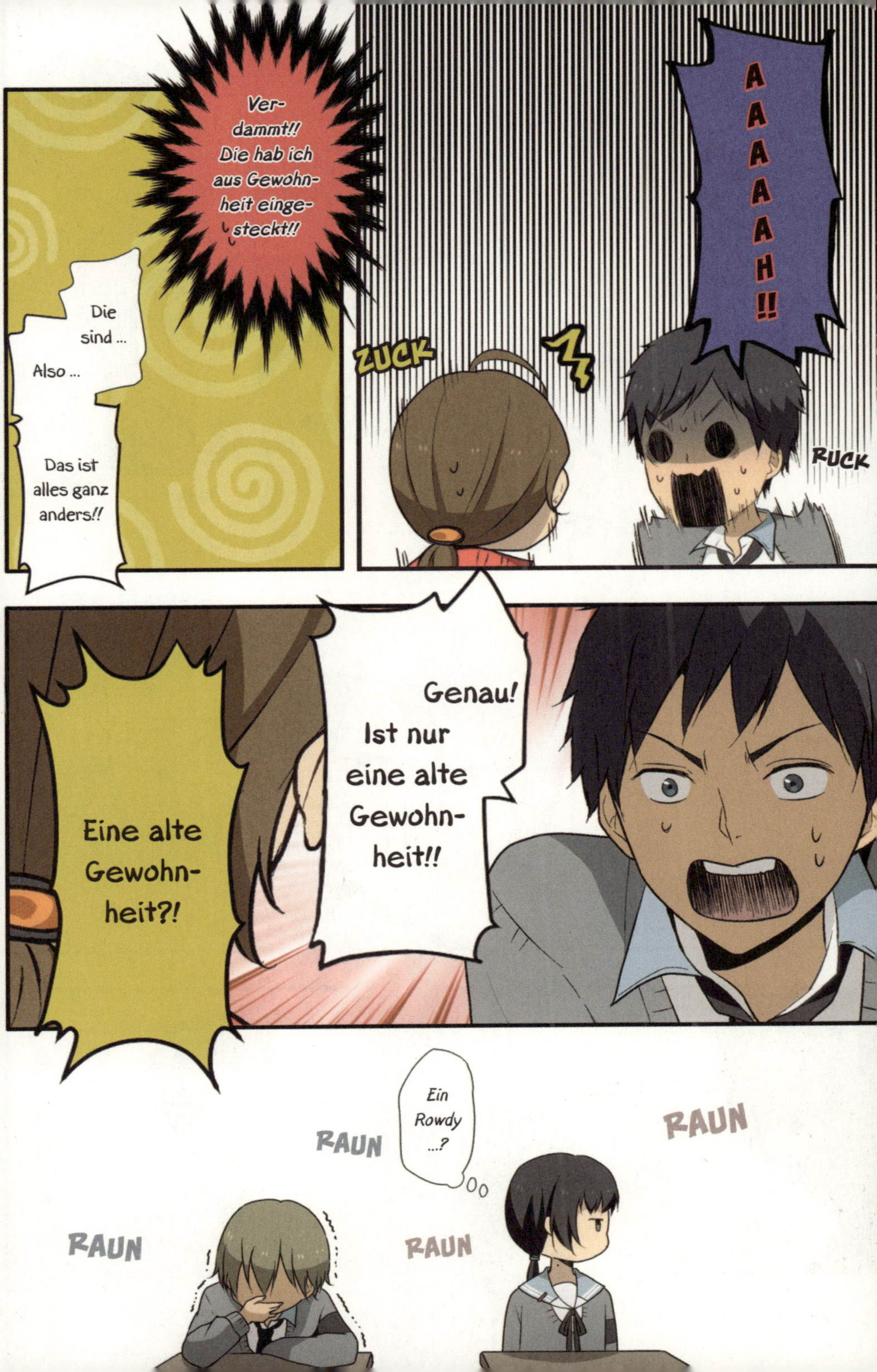

A A A A A H!!
ZUCK
RUCK
Verdammt!! Die hab ich aus Gewohnheit eingesteckt!!
Die sind ... Also ...
Das ist alles ganz anders!!
Genau! Ist nur eine alte Gewohnheit!!
Eine alte Gewohnheit?!
RAUN
Ein Rowdy ...?
RAUN
RAUN
RAUN

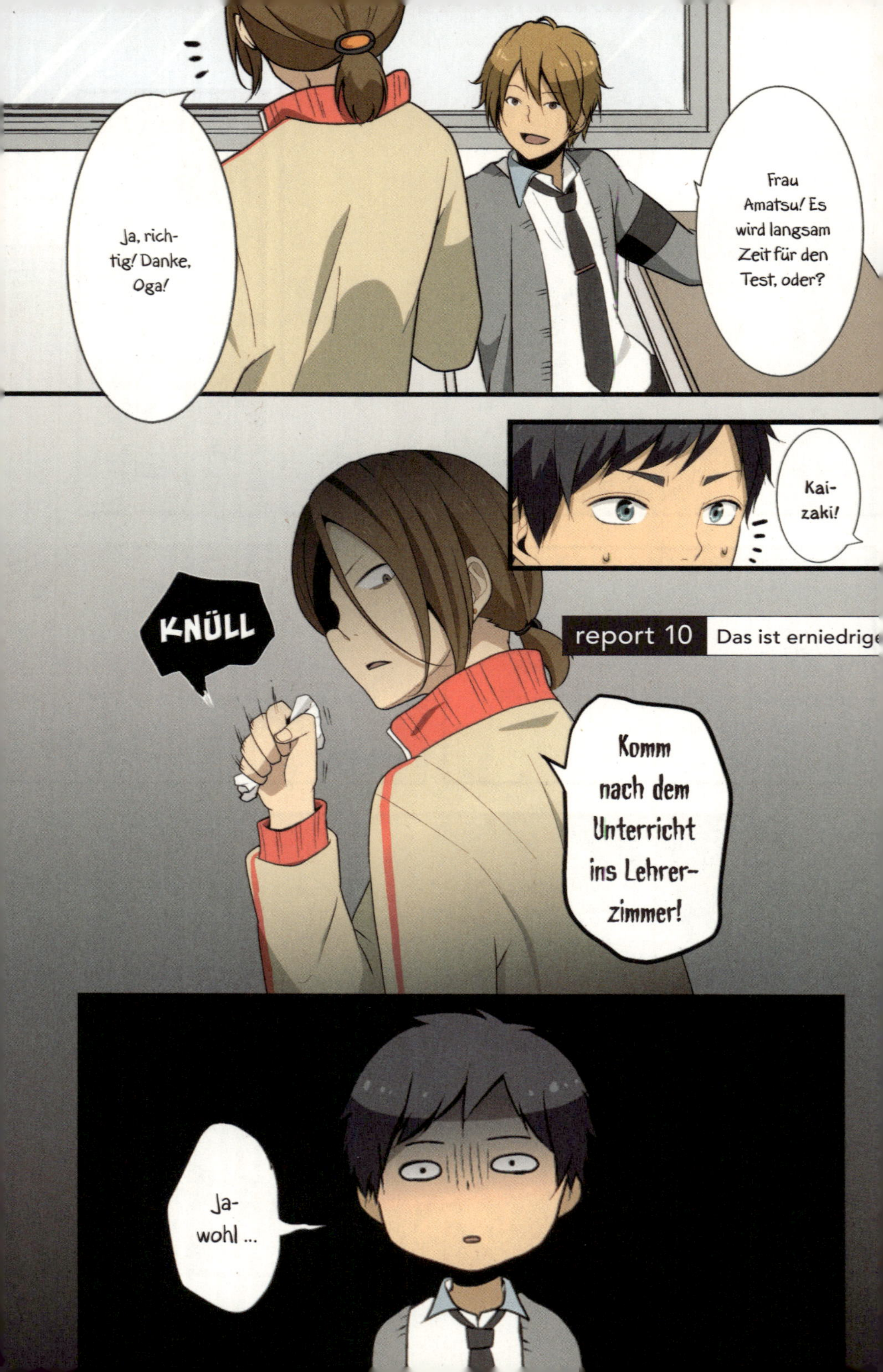
Frau Amatsu! Es wird langsam Zeit für den Test, oder?
Ja, richtig! Danke, Oga!
Kai-zaki!
KNÜLL
report 10 Das ist erniedrige
Komm nach dem Unterricht ins Lehrer-zimmer!
Ja-wohl ...

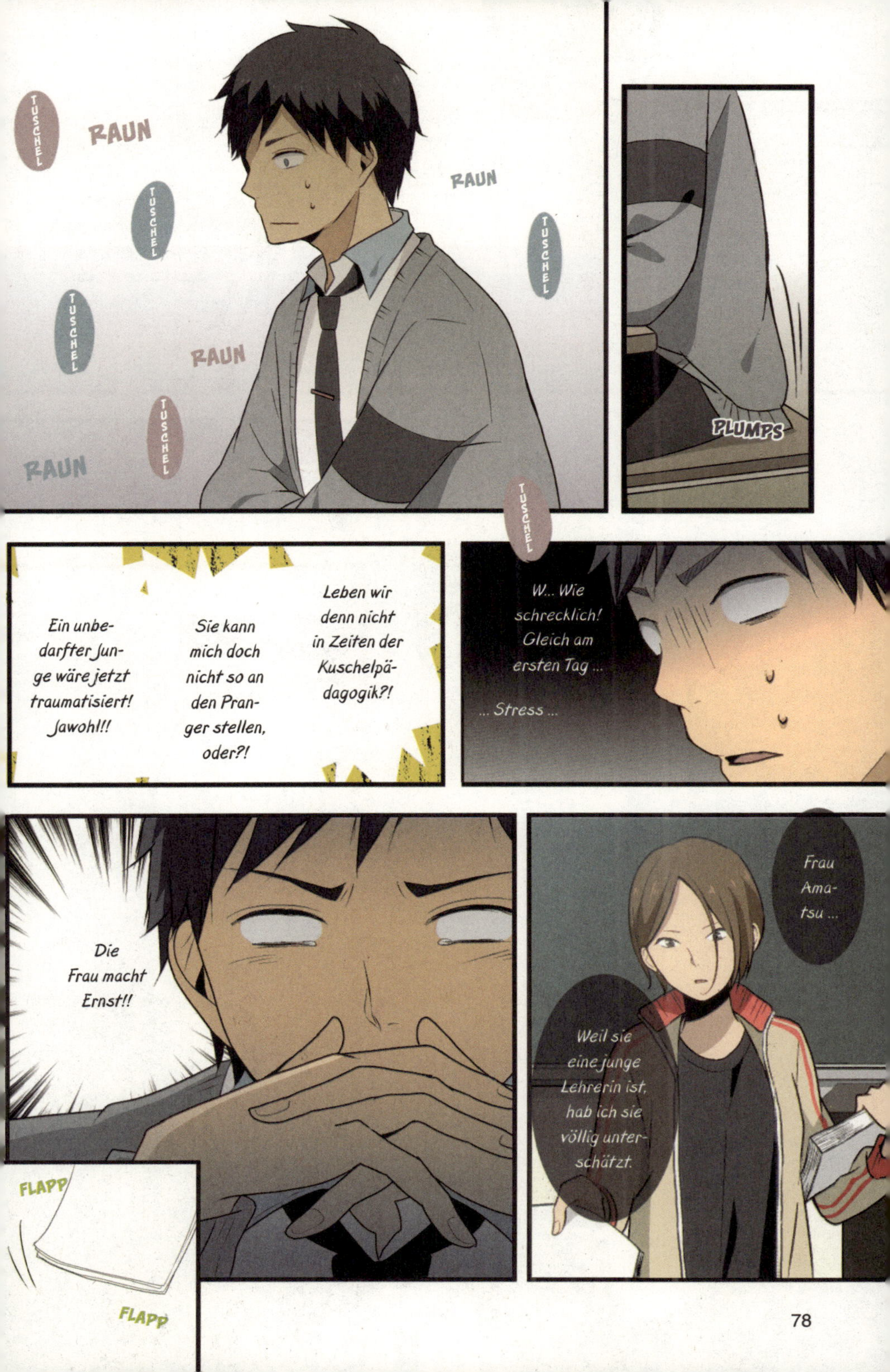
TUSCHEL
RAUN
TUSCHEL
RAUN
TUSCHEL
TUSCHEL
RAUN
TUSCHEL
RAUN
TUSCHEL
PLUMPS
Ein unbedarfter Junge wäre jetzt traumatisiert! Jawohl!!
Sie kann mich doch nicht so an den Pranger stellen, oder?!
Leben wir denn nicht in Zeiten der Kuschelpädagogik?!
W... Wie schrecklich! Gleich am ersten Tag ...
... Stress ...
Die Frau macht Ernst!!
Frau Amatsu ...
Weil sie eine junge Lehrerin ist, hab ich sie völlig unterschätzt.
FLAPP
FLAPP

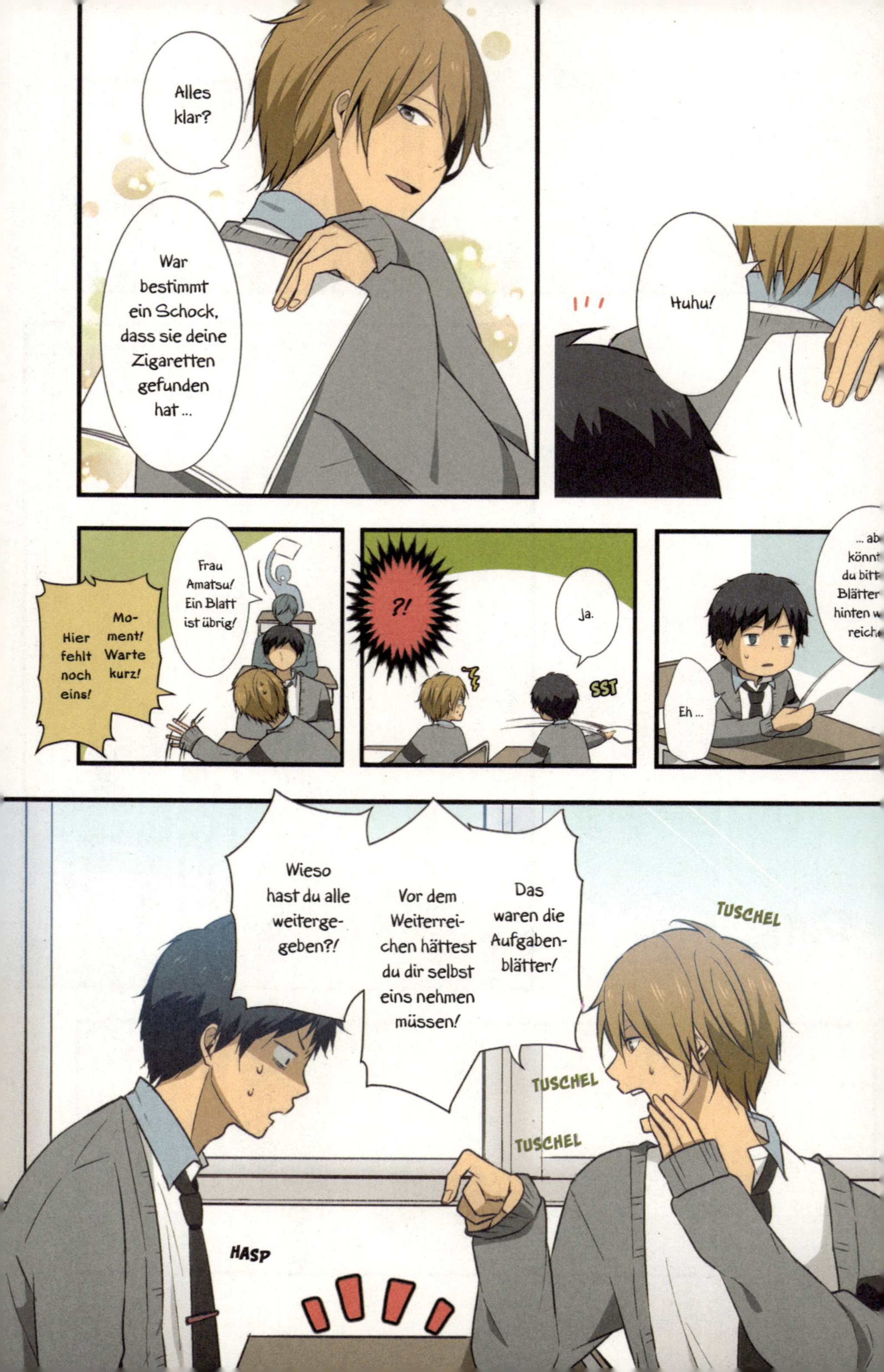
Huhu!
Alles klar?
War bestimmt ein Schock, dass sie deine Zigaretten gefunden hat ...
... ab könnt du bitt Blätter hinten w reich
Eh ...
Ja.
SST
?!
Frau Amatsu! Ein Blatt ist übrig!
Moment! Warte kurz!
Hier fehlt noch eins!
Das waren die Aufgabenblätter!
Vor dem Weiterreichen hättest du dir selbst eins nehmen müssen!
Wieso hast du alle weitergegeben?!
TUSCHEL
TUSCHEL
TUSCHEL
HASP

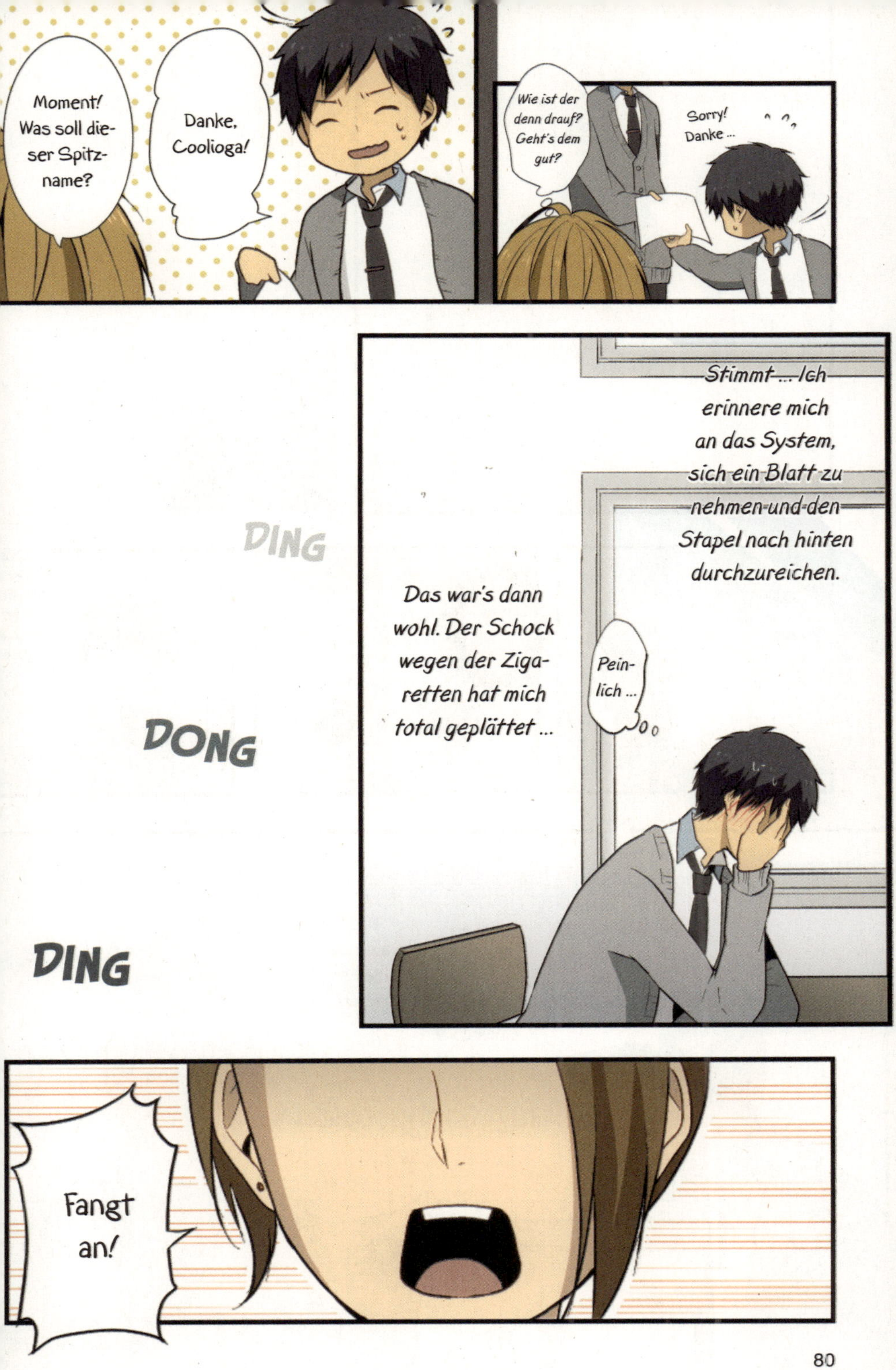

Sorry!
Danke ...
Wie ist der denn drauf? Geht's dem gut?
Danke, Coolioga!
Moment! Was soll dieser Spitzname?
Stimmt ... Ich erinnere mich an das System, sich ein Blatt zu nehmen und den Stapel nach hinten durchzureichen.
Peinlich ...
Das war's dann wohl. Der Schock wegen der Zigaretten hat mich total geplättet ...
DING
DONG
DING
Fangt an!

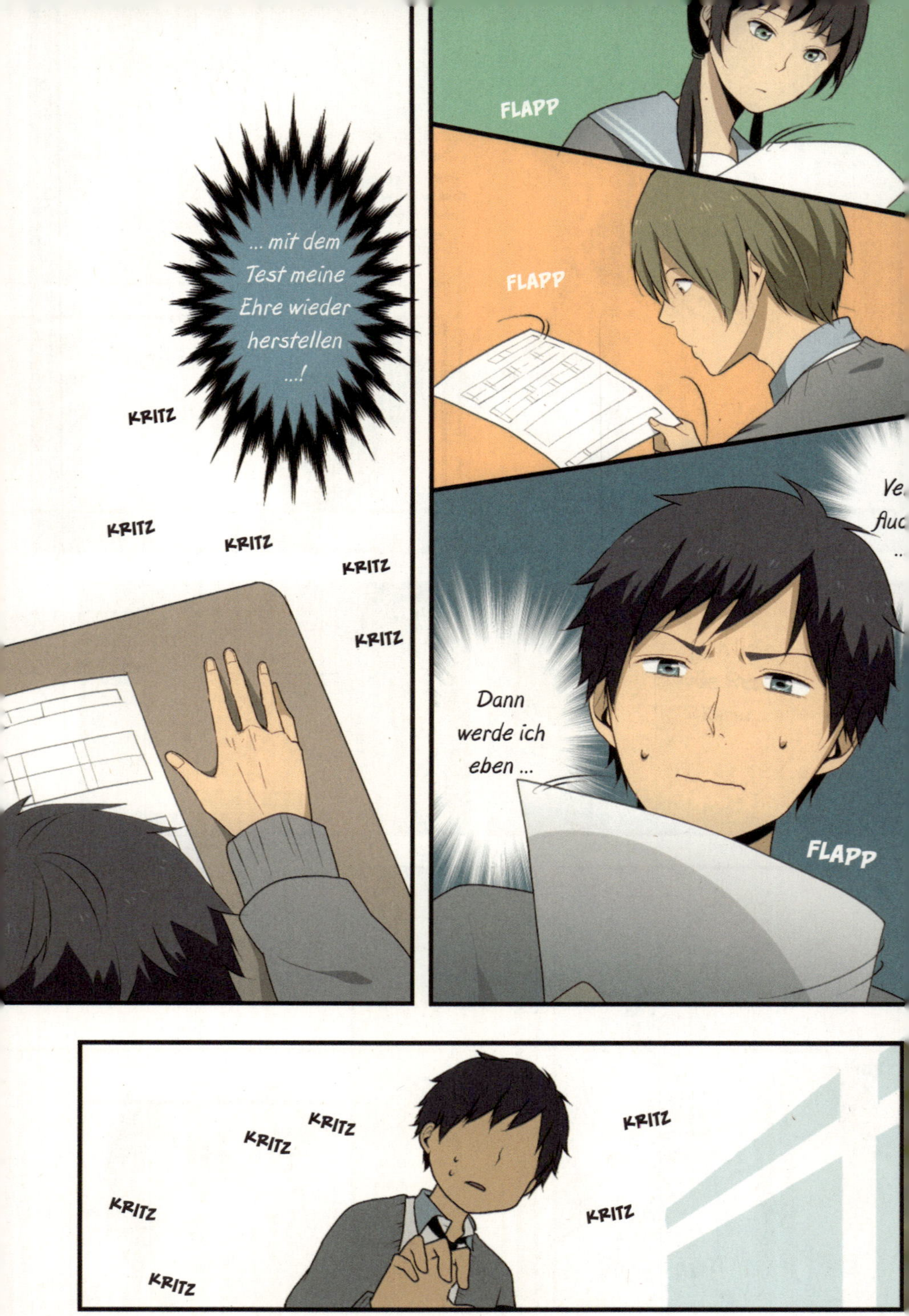
FLAPP
FLAPP
Dann werde ich eben ...
FLAPP
... mit dem Test meine Ehre wieder herstellen ...!
KRITZ
KRITZ
KRITZ
KRITZ
KRITZ
KRITZ
KRITZ
KRITZ
KRITZ
KRITZ
KRITZ

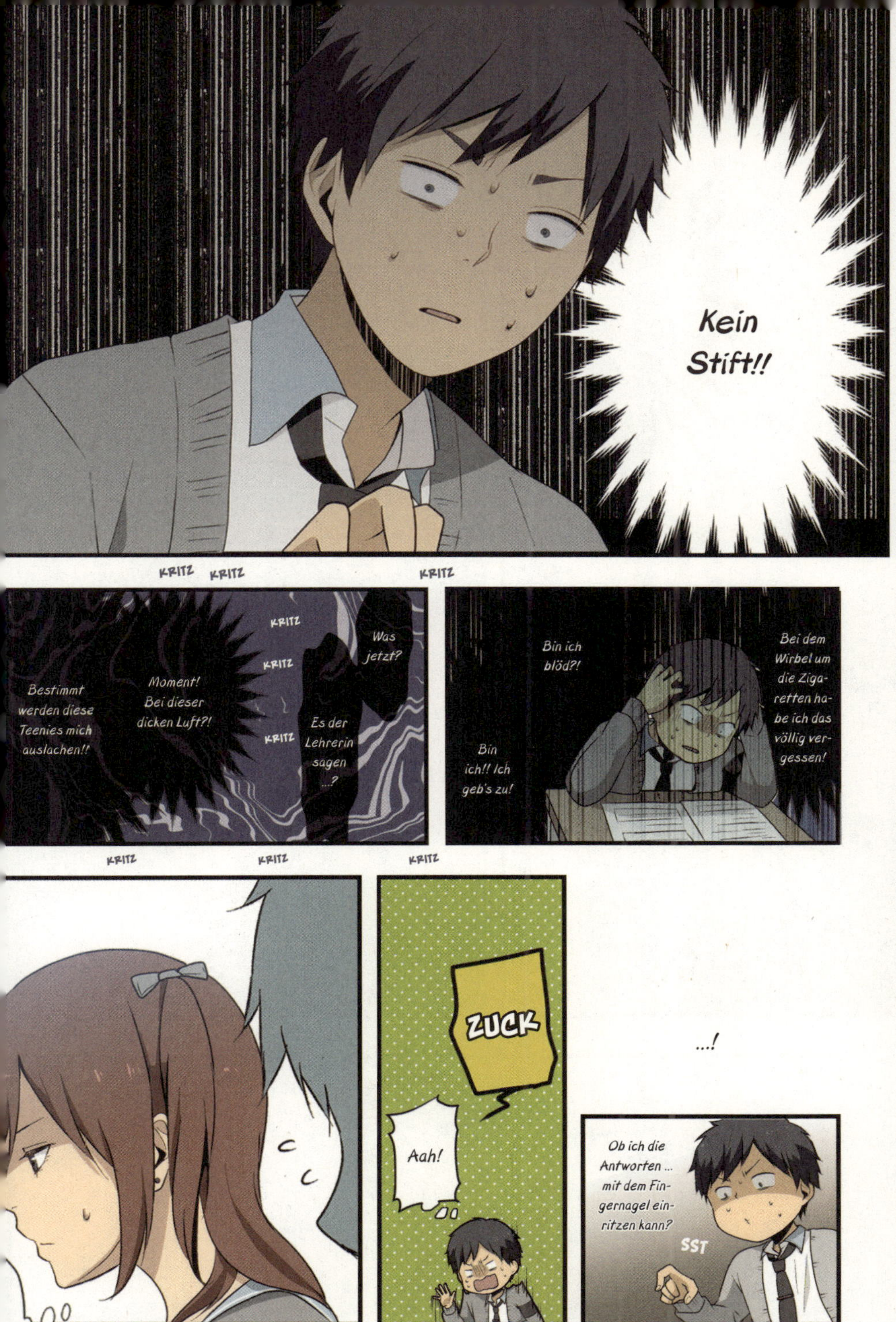
Kein Stift!!
KRITZ
KRITZ
KRITZ
Bei dem Wirbel um die Zigaretten habe ich das völlig vergessen!
Bin ich blöd?!
Bin ich!! Ich geb's zu!
Was jetzt?
Es der Lehrerin sagen ...?
KRITZ
KRITZ
KRITZ
Moment! Bei dieser dicken Luft?!
Bestimmt werden diese Teenies mich auslachen!!
KRITZ
KRITZ
KRITZ
...!
Ob ich die Antworten ... mit dem Fingernagel einritzen kann?
SST
ZUCK
Aah!

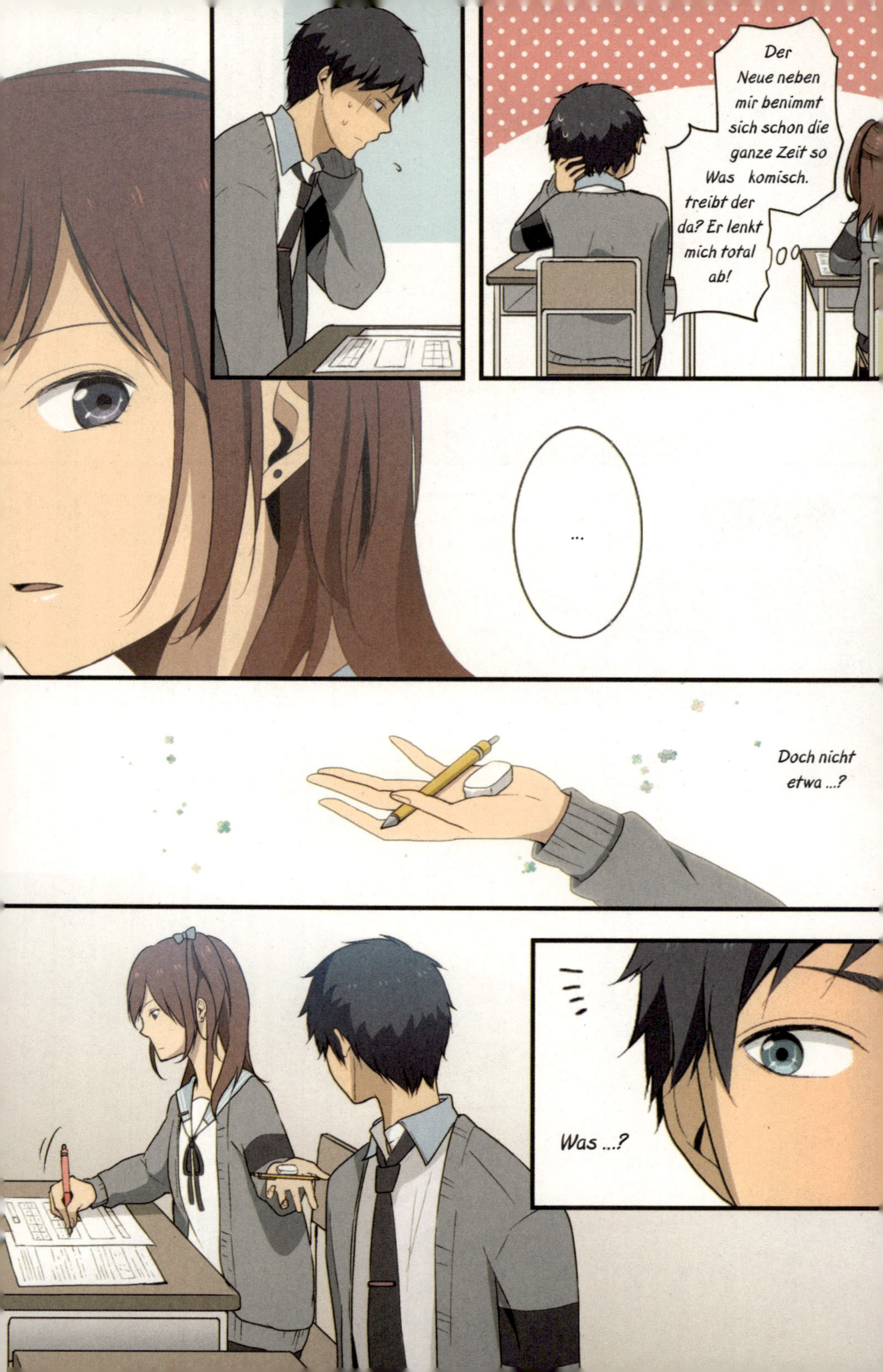

Der Neue neben mir benimmt sich schon die ganze Zeit so komisch.
Was treibt der da? Er lenkt mich total ab!
...
Doch nicht etwa ...?
Was ...?

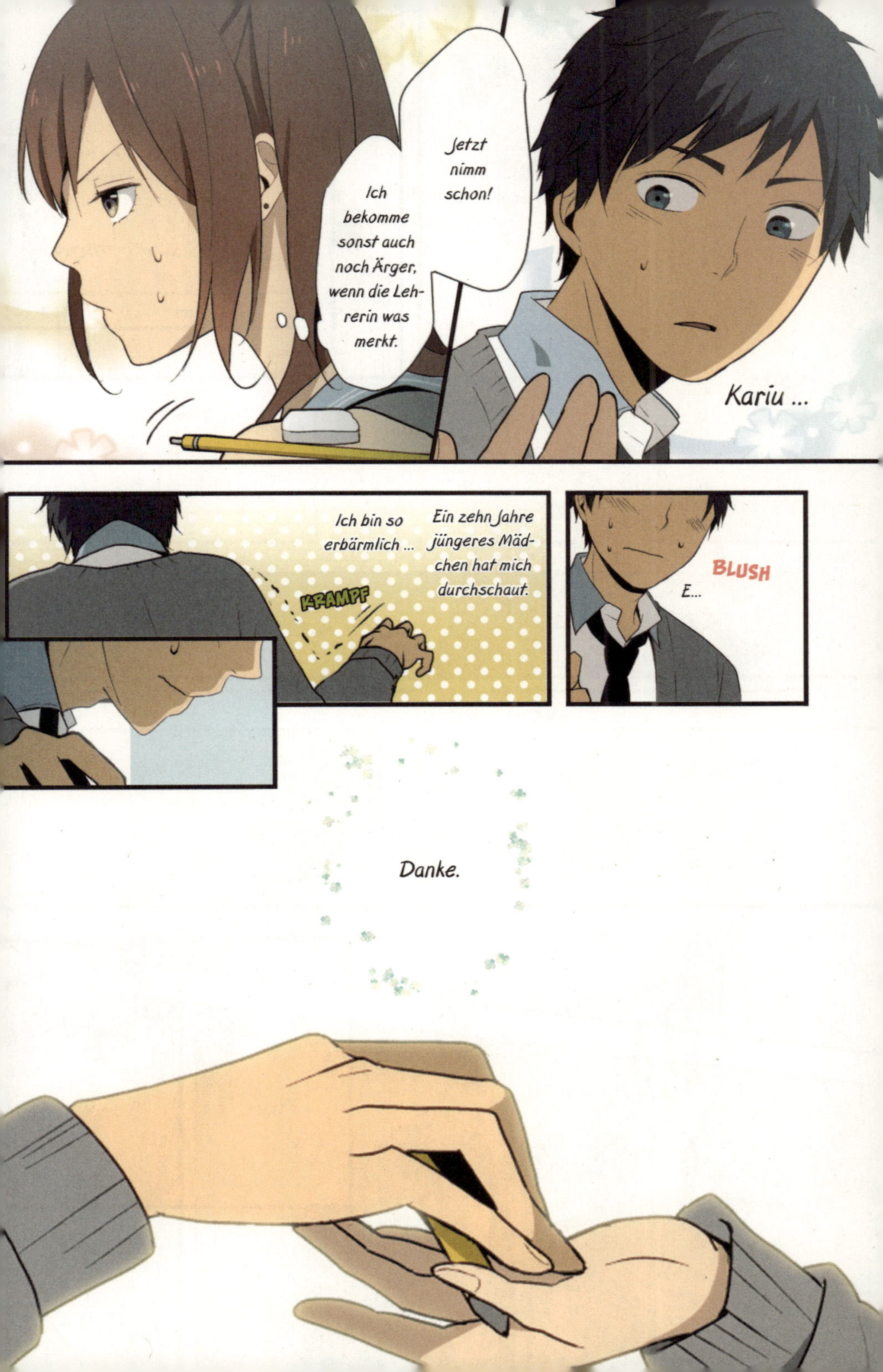
Kariu ...
Jetzt nimm schon!
Ich bekomme sonst auch noch Ärger, wenn die Lehrerin was merkt.
BLUSH
E...
Ein zehn Jahre jüngeres Mädchen hat mich durchschaut.
Ich bin so erbärmlich ...
KRAMPF
Danke.

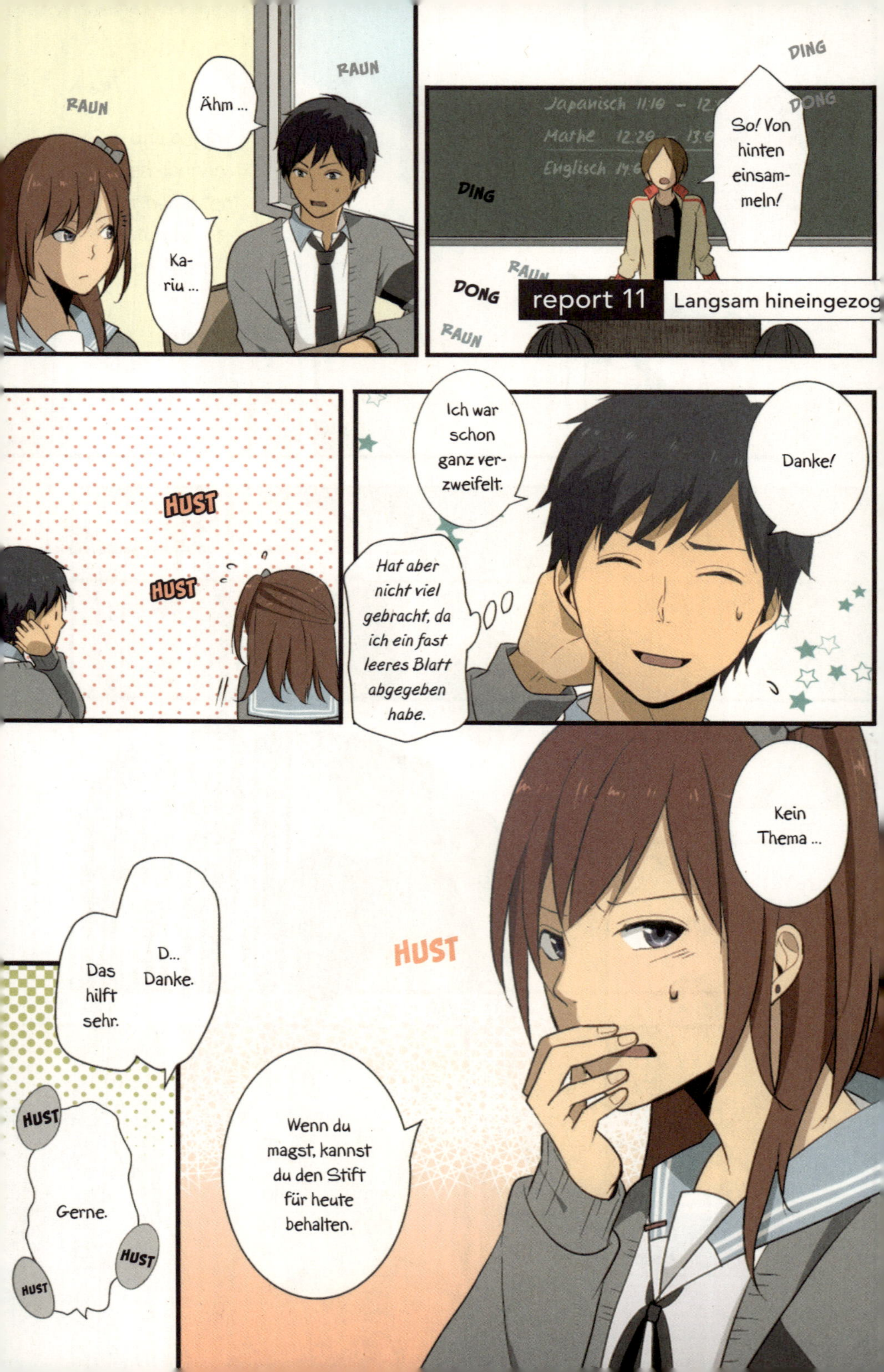
DING
DONG
So! Von hinten einsam-meln!
DING
DONG
RAUN
report 11
Langsam hineingezog
RAUN
RAUN
Ähm ...
RAUN
Ka-riu ...
Danke!
Ich war schon ganz ver-zweifelt.
Hat aber nicht viel gebracht, da ich ein fast leeres Blatt abgegeben habe.
HUST
HUST
Kein Thema ...
HUST
Wenn du magst, kannst du den Stift für heute behalten.
D... Danke.
Das hilft sehr.
Gerne.
HUST
HUST
HUST

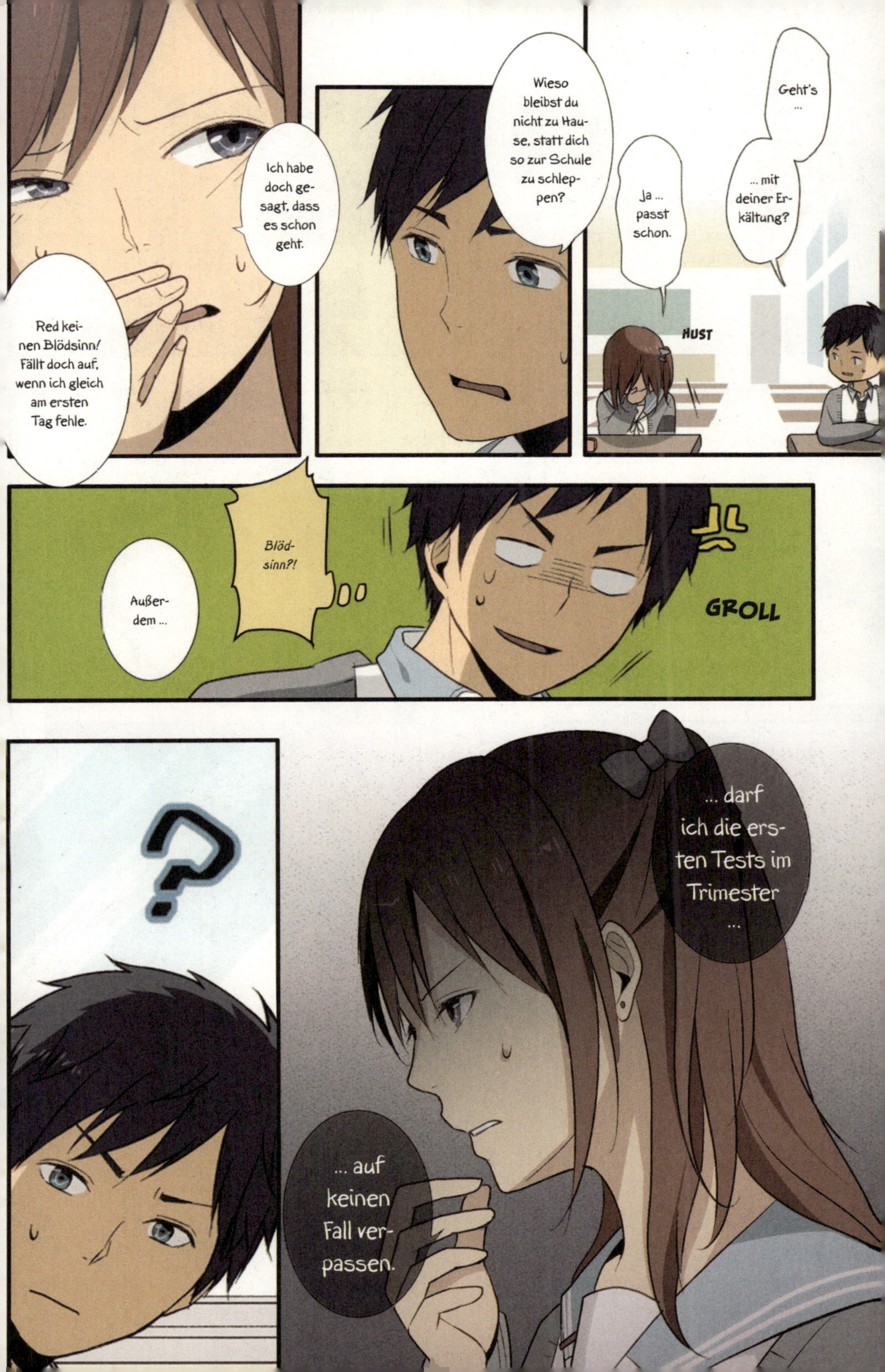
Geht's ...
... mit deiner Erkältung?
Ja ... passt schon.
HUST
Wieso bleibst du nicht zu Hause, statt dich so zur Schule zu schleppen?
Ich habe doch gesagt, dass es schon geht.
Red keinen Blödsinn! Fällt doch auf, wenn ich gleich am ersten Tag fehle.
GROLL
Blödsinn?!
Außerdem ...
... darf ich die ersten Tests im Trimester ...
... auf keinen Fall verpassen.
?

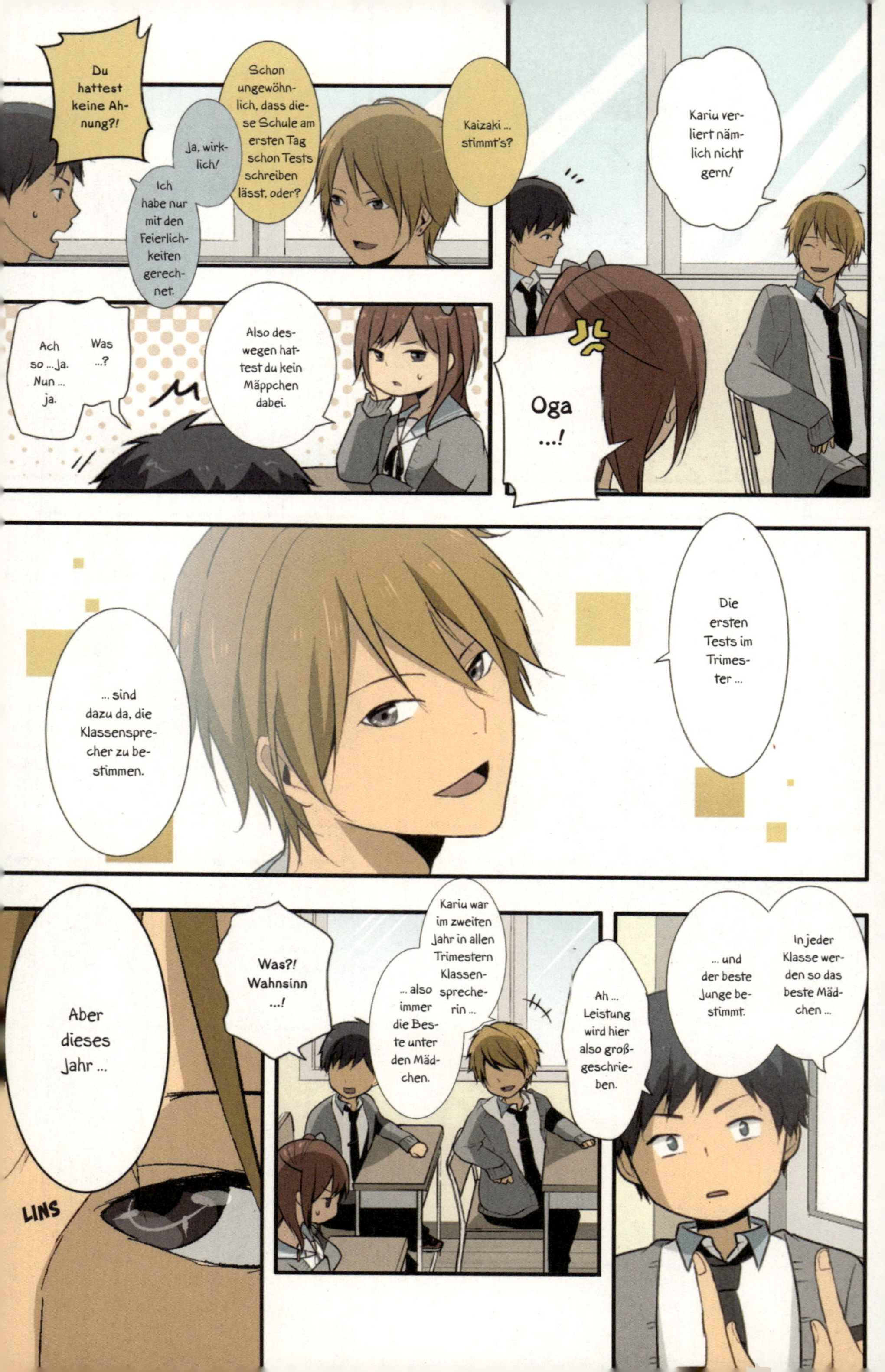
Kariu verliert nämlich nicht gern!
Oga ...!
Kaizaki ... stimmt's?
Schon ungewöhnlich, dass diese Schule am ersten Tag schon Tests schreiben lässt, oder?
Ja, wirklich!
Du hattest keine Ahnung?!
Ich habe nur mit den Feierlichkeiten gerechnet.
Also deswegen hattest du kein Mäppchen dabei.
Was ...?
Ach so ... Ja. Nun ... ja.
Die ersten Tests im Trimester ...
... sind dazu da, die Klassensprecher zu bestimmen.
In jeder Klasse werden so das beste Mädchen ...
... und der beste Junge bestimmt.
Ah ... Leistung wird hier also großgeschrieben.
Kariu war im zweiten Jahr in allen Trimestern Klassensprecherin ...
... also immer die Beste unter den Mädchen.
Was?! Wahnsinn ...!
Aber dieses Jahr ...
LINS

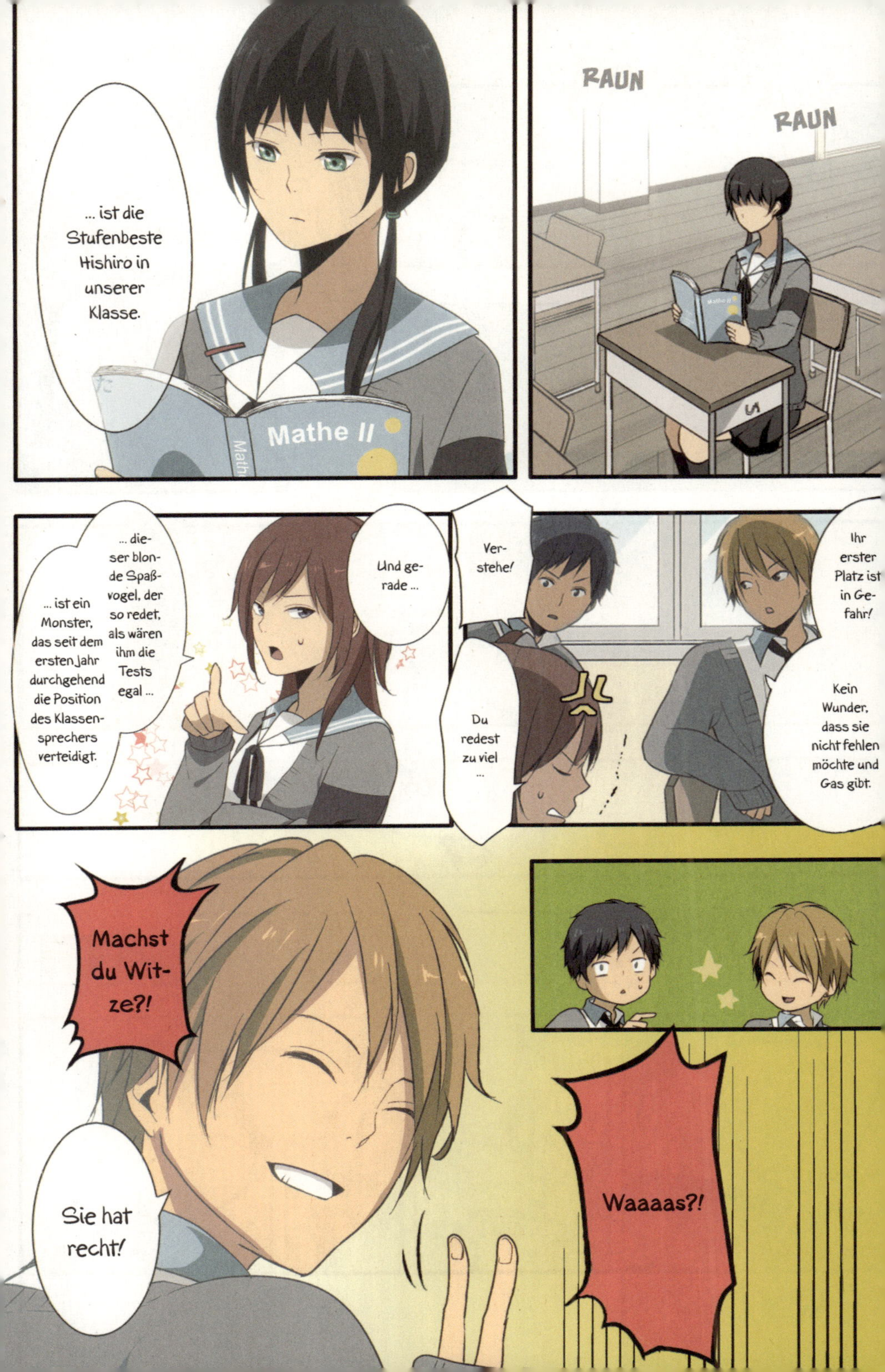
RAUN
RAUN
... ist die Stufenbeste Hishiro in unserer Klasse.
Mathe II
Ihr erster Platz ist in Gefahr!
Ver-stehe!
Kein Wunder, dass sie nicht fehlen möchte und Gas gibt.
Du redest zu viel ...
Und ge-rade ...
... die-ser blon-de Spaß-vogel, der so redet, als wären ihm die Tests egal ...
... ist ein Monster, das seit dem ersten Jahr durchgehend die Position des Klassen-sprechers verteidigt.
Machst du Wit-ze?!
Waaaas?!
Sie hat recht!

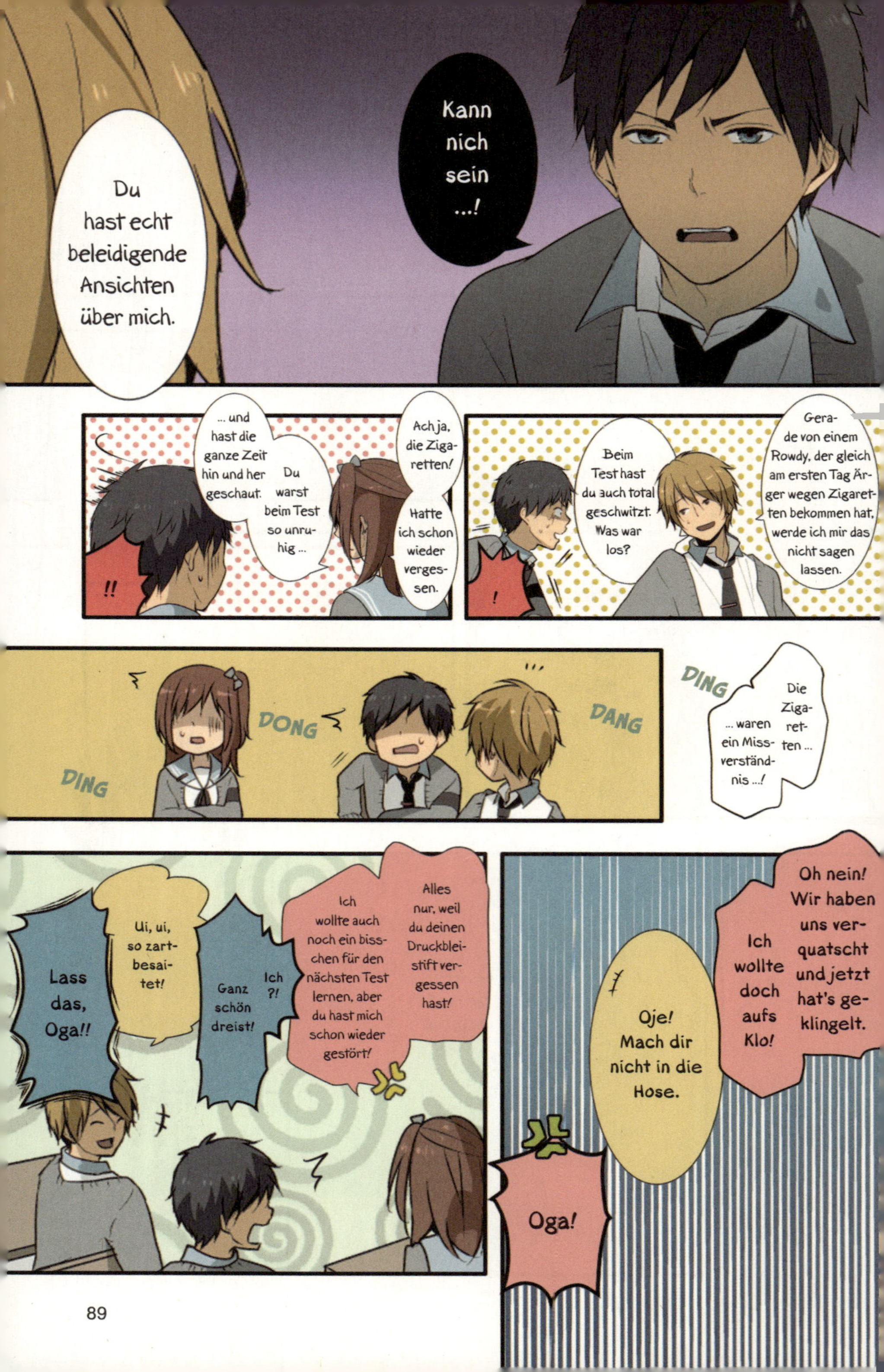

Kann nich sein ...!
Du hast echt beleidigende Ansichten über mich.
Gerade von einem Rowdy, der gleich am ersten Tag Ärger wegen Zigaretten bekommen hat, werde ich mir das nicht sagen lassen.
Beim Test hast du auch total geschwitzt. Was war los?
!
Ach ja, die Zigaretten!
Hatte ich schon wieder vergessen.
Du warst beim Test so unruhig ...
... und hast die ganze Zeit hin und her geschaut.
!!
Die Zigaretten ...
... waren ein Missverständnis ...!
DING
DANG
DONG
DING
Oh nein! Wir haben uns verquatscht und jetzt hat's geklingelt.
Ich wollte doch aufs Klo!
Oje! Mach dir nicht in die Hose.
Oga!
Alles nur, weil du deinen Druckbleistift vergessen hast!
Ich wollte auch noch ein bisschen für den nächsten Test lernen, aber du hast mich schon wieder gestört!
Ich ?!
Ganz schön dreist!
Ui, ui, so zartbesaitet!
Lass das, Oga!!

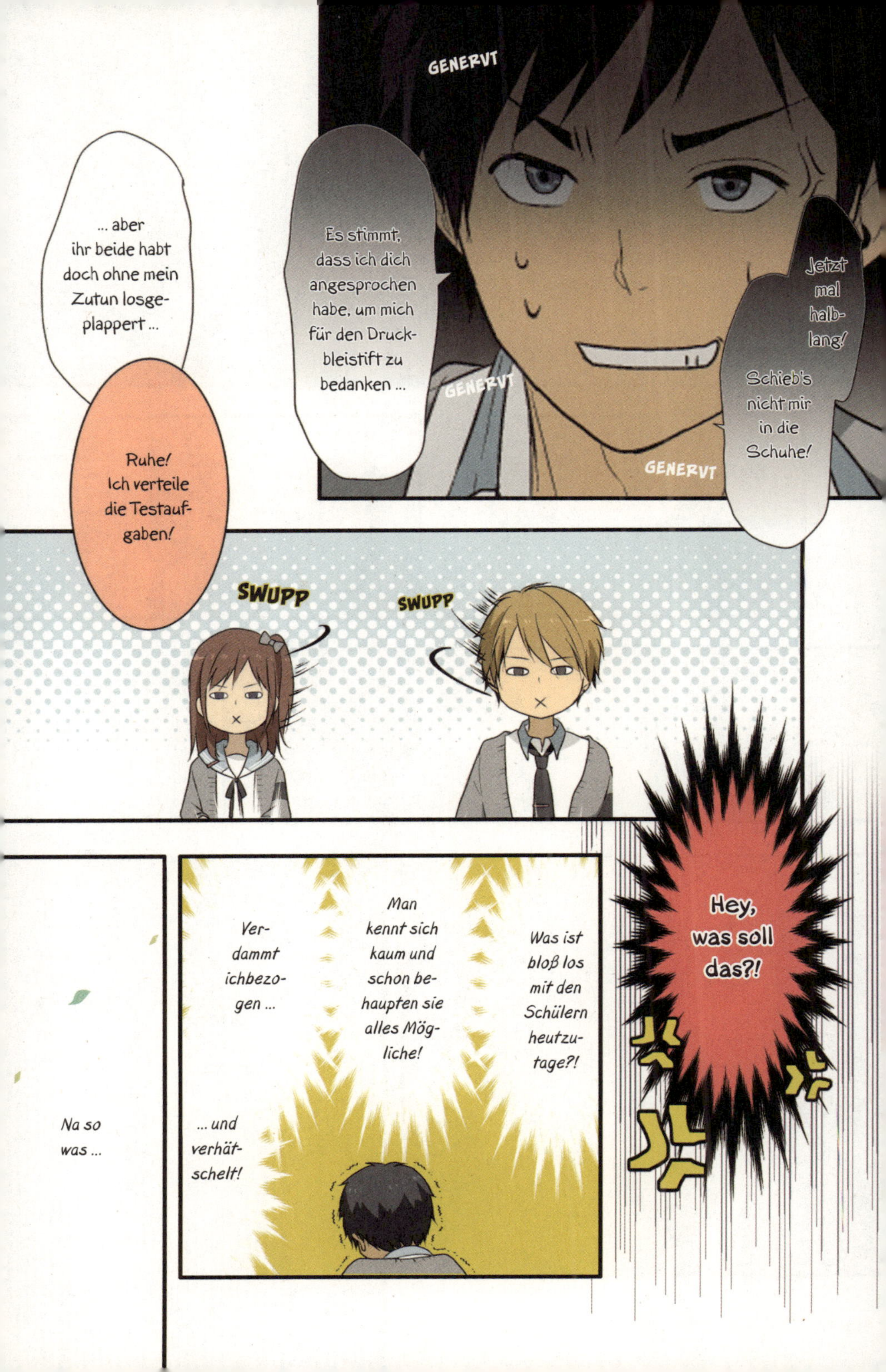
GENERVT
GENERVT
GENERVT
Jetzt mal halb-lang!
Schieb's nicht mir in die Schuhe!
Es stimmt, dass ich dich angesprochen habe, um mich für den Druckbleistift zu bedanken ...
... aber ihr beide habt doch ohne mein Zutun losgeplappert ...
Ruhe! Ich verteile die Testaufgaben!
SWUPP
SWUPP
Hey, was soll das?!
Was ist bloß los mit den Schülern heutzutage?!
Man kennt sich kaum und schon behaupten sie alles Mögliche!
Verdammt ichbezogen ...
... und verhätschelt!
Na so was ...

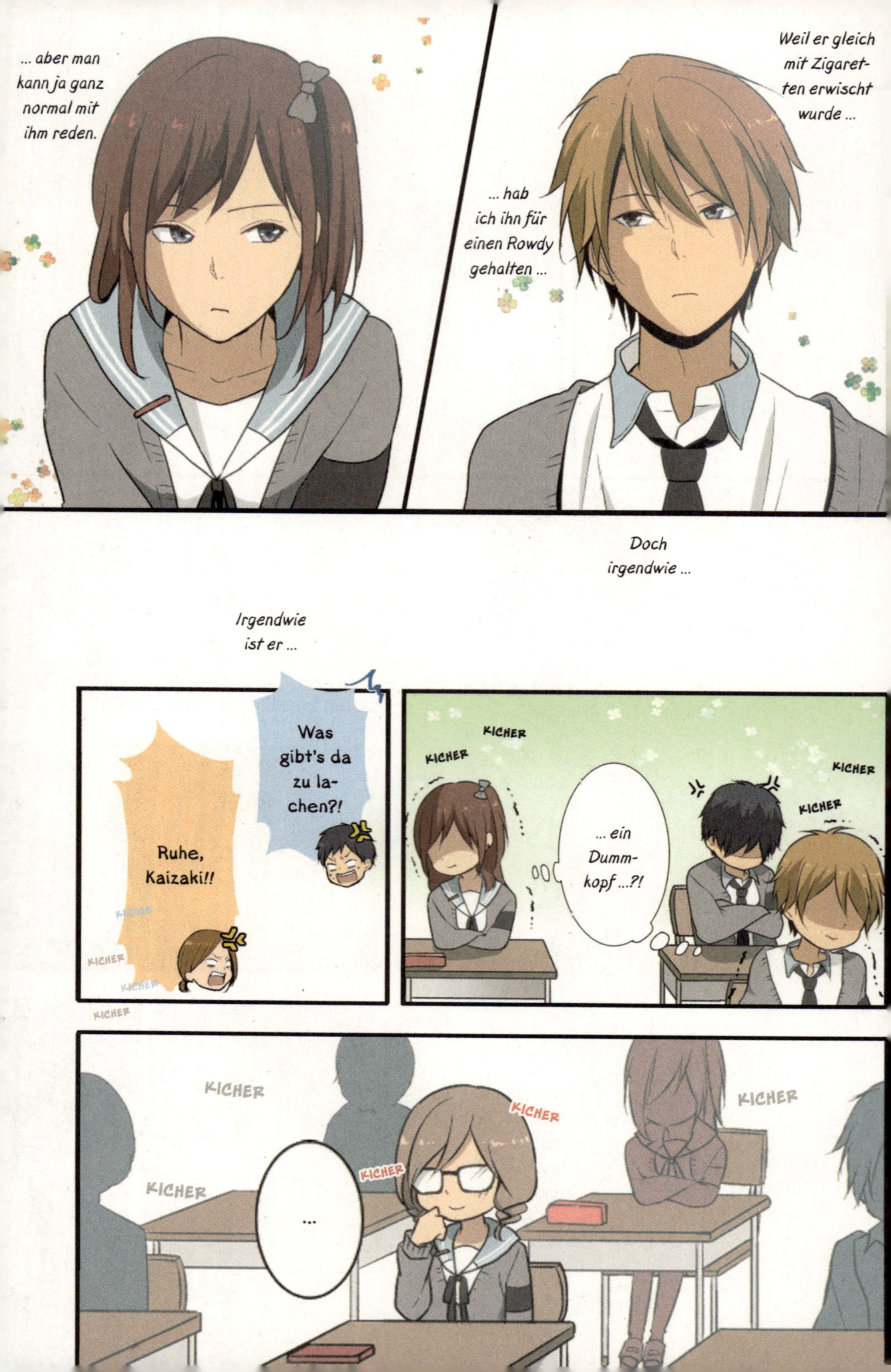
Weil er gleich mit Zigaretten erwischt wurde ...
... hab ich ihn für einen Rowdy gehalten ...
... aber man kann ja ganz normal mit ihm reden.
Doch irgendwie ...
Irgendwie ist er ...
KICHER
KICHER
KICHER
KICHER
... ein Dummkopf ...?!
Was gibt's da zu lachen?!
Ruhe, Kaizaki!!
KICHER
KICHER
KICHER
KICHER
KICHER
KICHER
KICHER
KICHER
KICHER
...

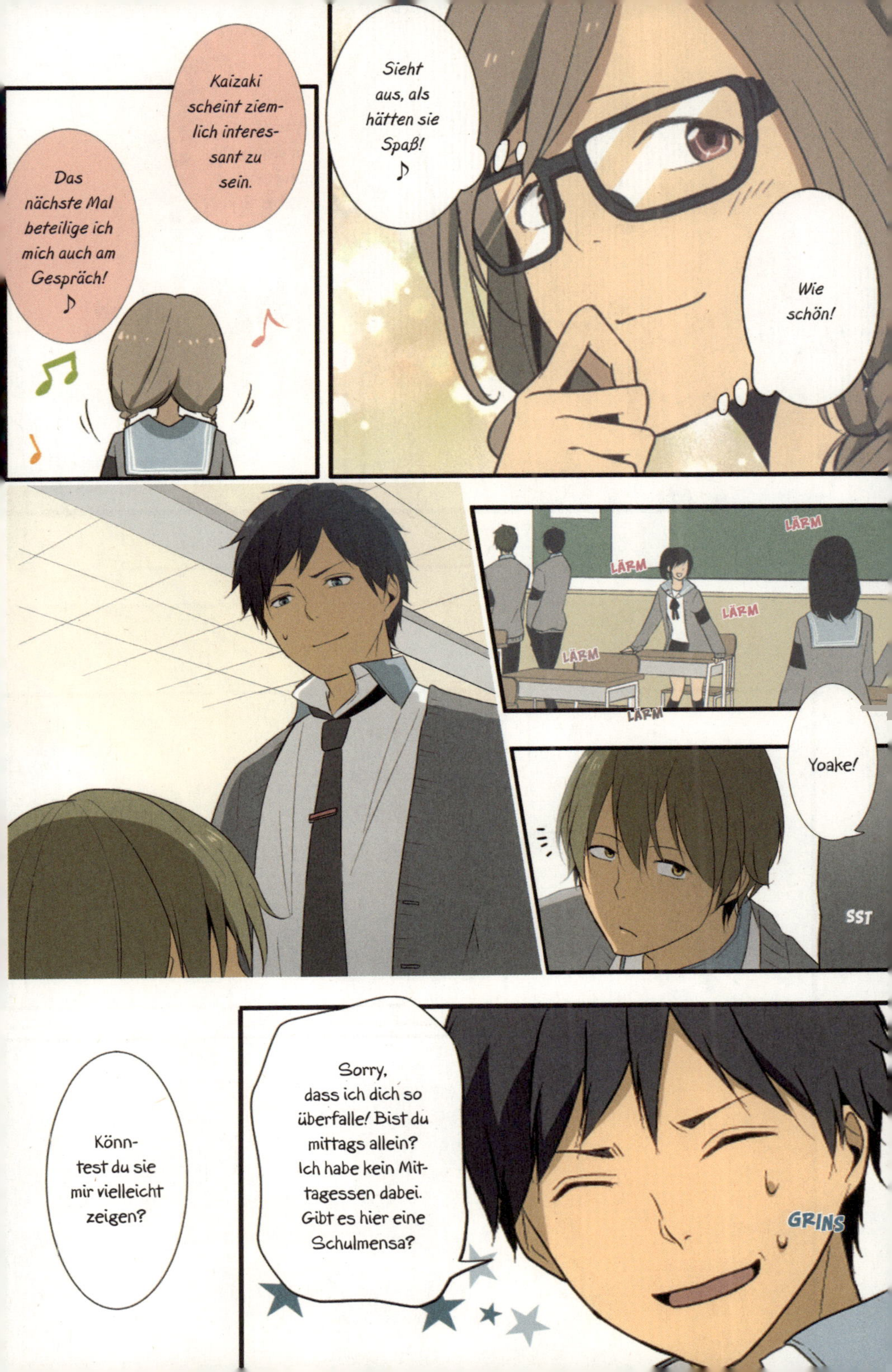
Sieht aus, als hätten sie Spaß! ♪
Wie schön!
Kaizaki scheint ziemlich interessant zu sein.
Das nächste Mal beteilige ich mich auch am Gespräch! ♪
LÄRM
LÄRM
LÄRM
LÄRM
LÄRM
Yoake!
SST
Sorry, dass ich dich so überfalle! Bist du mittags allein? Ich habe kein Mittagessen dabei. Gibt es hier eine Schulmensa?
GRINS
Könntest du sie mir vielleicht zeigen?

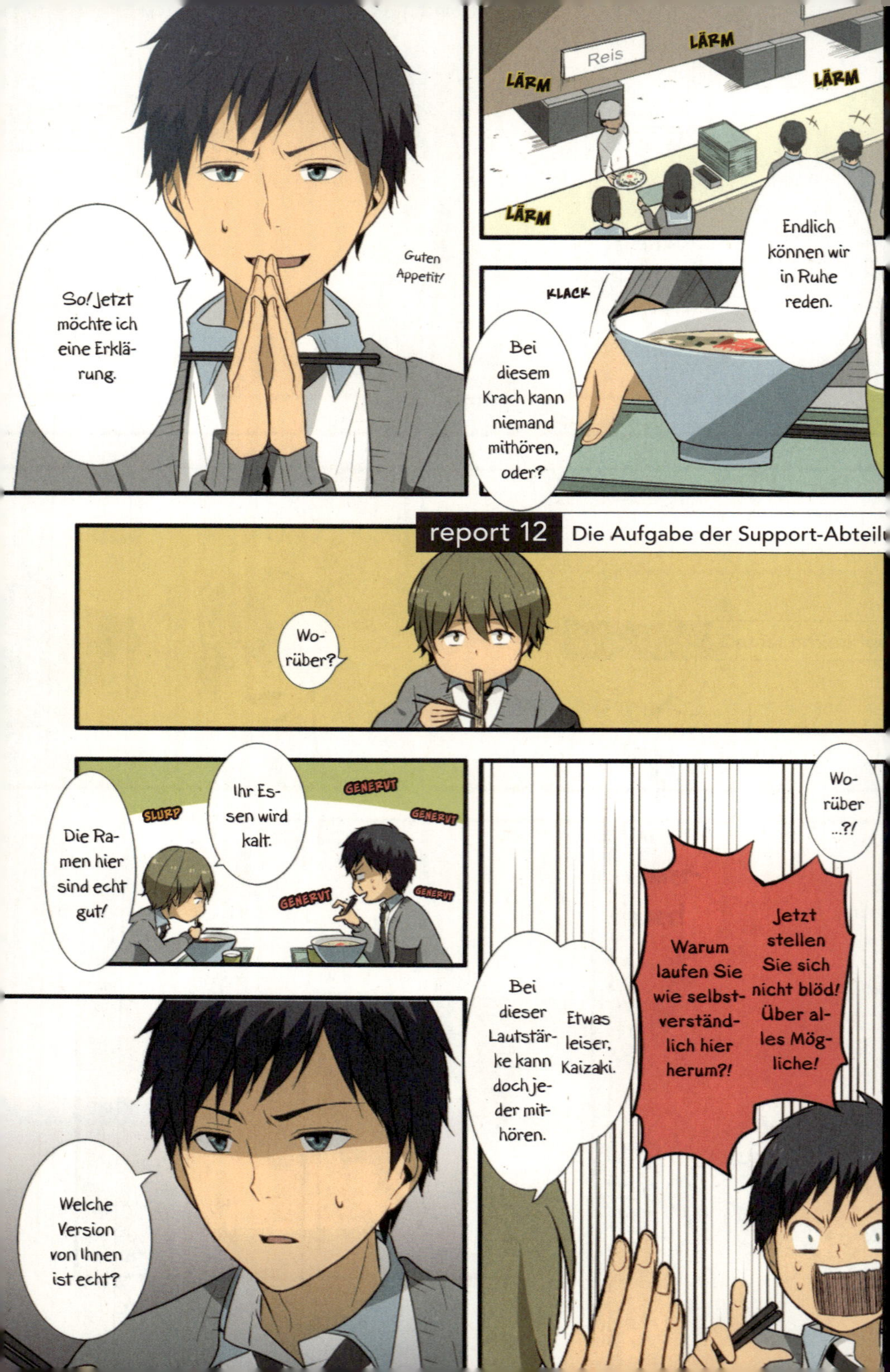
Reis
LÄRM
LÄRM
LÄRM
LÄRM
Endlich können wir in Ruhe reden.
KLACK
Bei diesem Krach kann niemand mithören, oder?
Guten Appetit!
So! Jetzt möchte ich eine Erklärung.
report 12 Die Aufgabe der Support-Abteil
Wo-rüber?
Wo-rüber ...?!
Jetzt stellen Sie sich nicht blöd! Über alles Mögliche!
Warum laufen Sie wie selbstverständlich hier herum?!
Etwas leiser, Kaizaki.
Bei dieser Lautstärke kann doch jeder mithören.
GENERVT
GENERVT
GENERVT
GENERVT
SLURP
Ihr Essen wird kalt.
Die Ramen hier sind echt gut!
Welche Version von Ihnen ist echt?

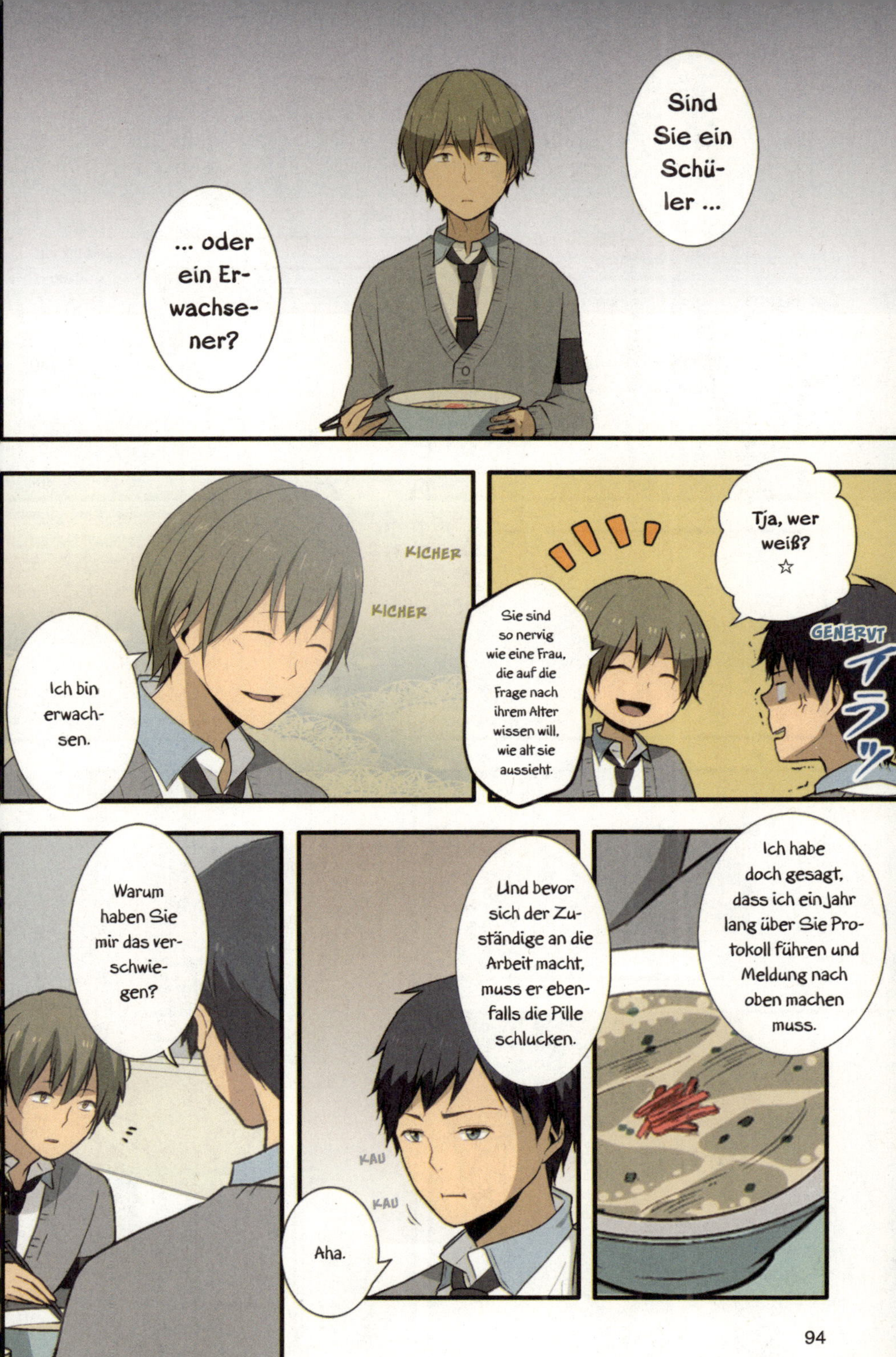

Sind Sie ein Schüler ...
... oder ein Erwachsener?
Tja, wer weiß? ☆
GENERVT
Sie sind so nervig wie eine Frau, die auf die Frage nach ihrem Alter wissen will, wie alt sie aussieht.
KICHER
KICHER
Ich bin erwachsen.
Ich habe doch gesagt, dass ich ein Jahr lang über Sie Protokoll führen und Meldung nach oben machen muss.
Und bevor sich der Zuständige an die Arbeit macht, muss er ebenfalls die Pille schlucken.
KAU
KAU
Aha.
Warum haben Sie mir das verschwiegen?

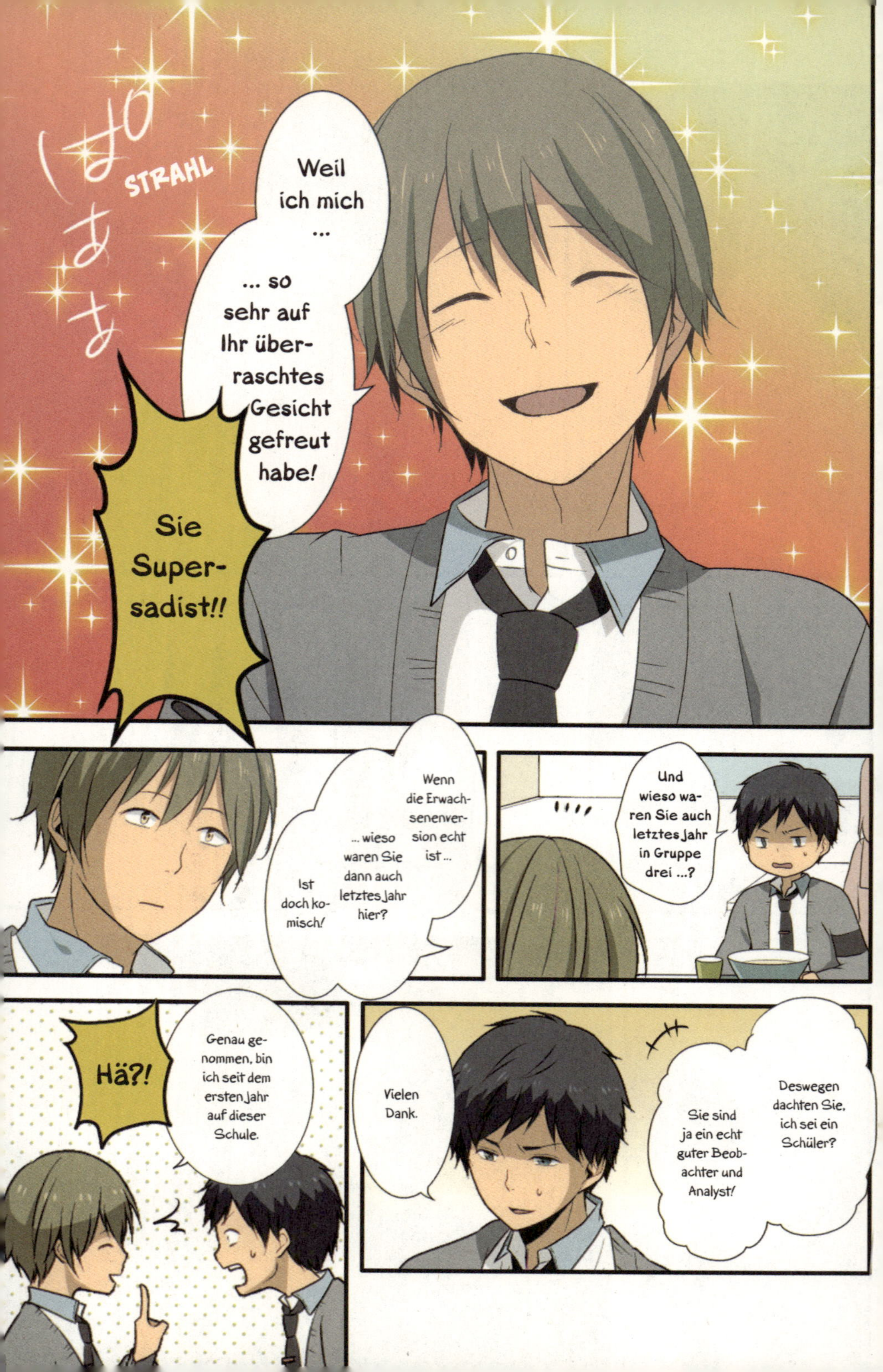

Weil ich mich ...
... so sehr auf Ihr überraschtes Gesicht gefreut habe!
STRAHL
Sie Supersadist!!
Und wieso waren Sie auch letztes Jahr in Gruppe drei ...?
Wenn die Erwachsenenversion echt ist ...
... wieso waren Sie dann auch letztes Jahr hier?
Ist doch komisch!
Deswegen dachten Sie, ich sei ein Schüler?
Sie sind ja ein echt guter Beobachter und Analyst!
Vielen Dank.
Genau genommen, bin ich seit dem ersten Jahr auf dieser Schule.
Hä?!

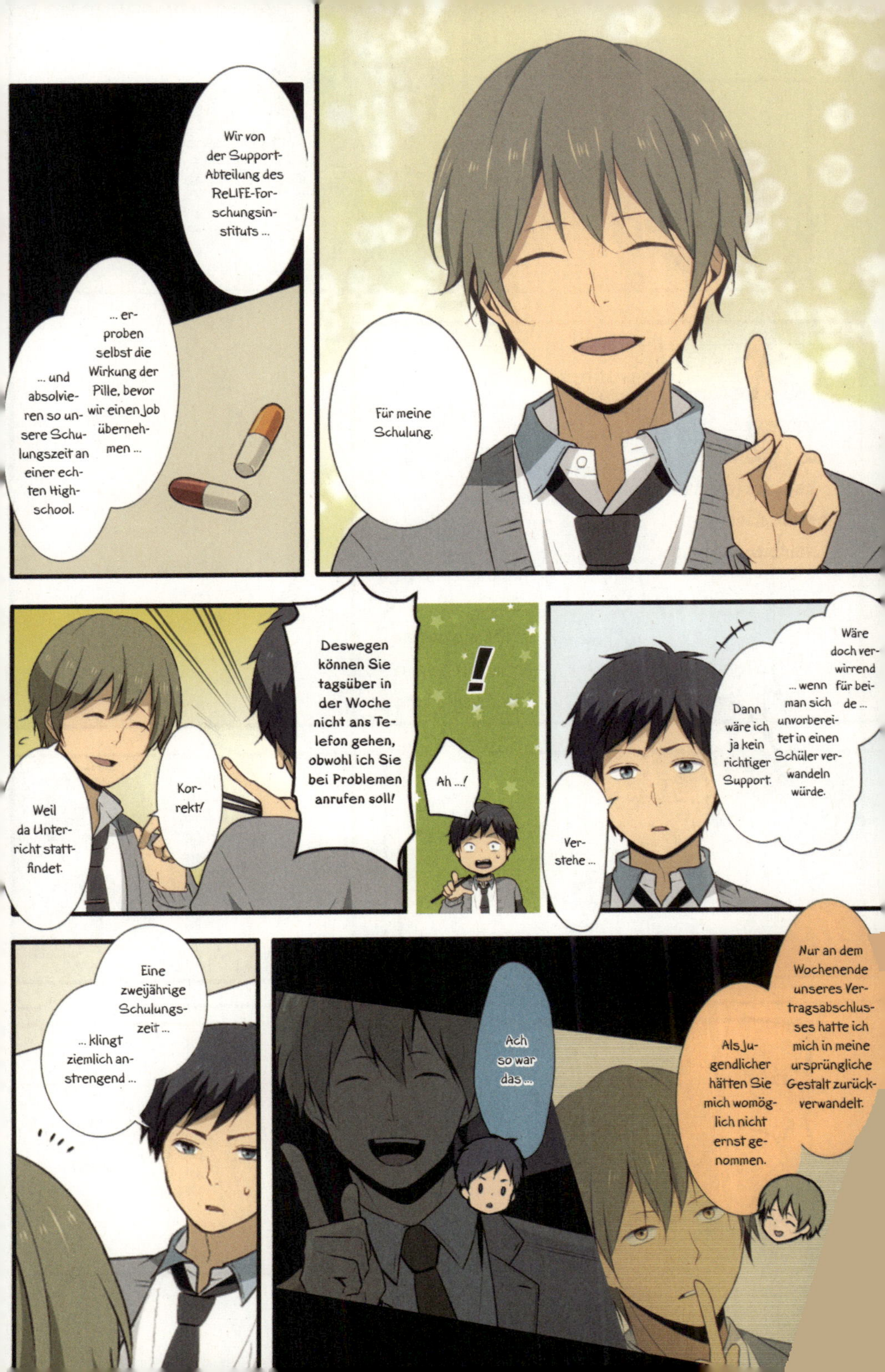

Für meine Schulung.
Wir von der Support-Abteilung des ReLIFE-Forschungsinstituts ...
... erproben selbst die Wirkung der Pille, bevor wir einen Job übernehmen ...
... und absolvieren so unsere Schulungszeit an einer echten Highschool.
Wäre doch verwirrend für beide ...
... wenn man sich unvorbereitet in einen Schüler verwandeln würde.
Dann wäre ich ja kein richtiger Support.
Verstehe ...
!
Ah ...!
Deswegen können Sie tagsüber in der Woche nicht ans Telefon gehen, obwohl ich Sie bei Problemen anrufen soll!
Korrekt!
Weil da Unterricht stattfindet.
Nur an dem Wochenende unseres Vertragsabschlusses hatte ich mich in meine ursprüngliche Gestalt zurückverwandelt.
Als Jugendlicher hätten Sie mich womöglich nicht ernst genommen.
Ach so war das ...
Eine zweijährige Schulungszeit ...
... klingt ziemlich anstrengend ...

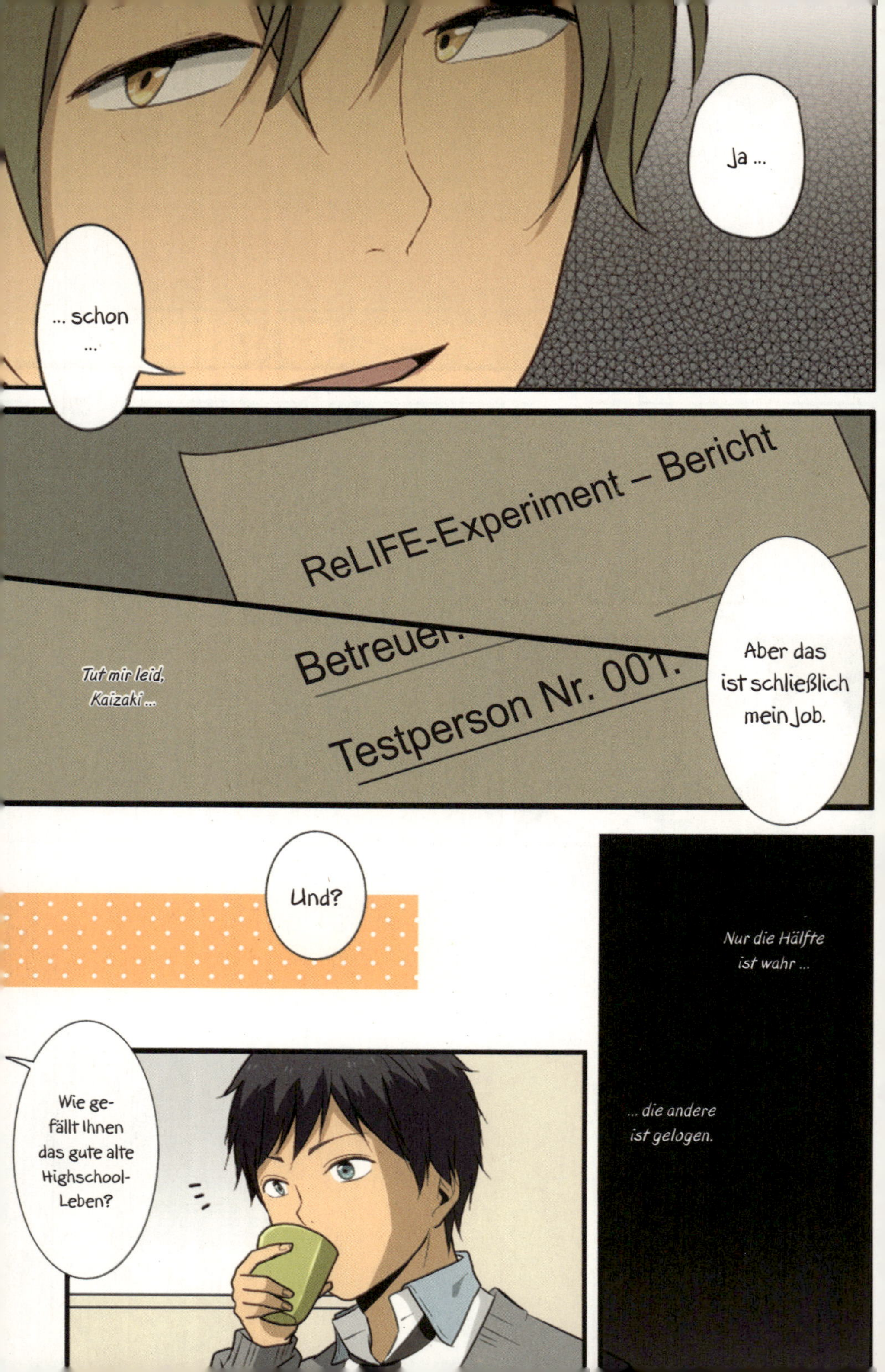

Ja ...
... schon ...
ReLIFE-Experiment – Bericht
Betreuer
Testperson Nr. 001.
Aber das ist schließlich mein Job.
Tut mir leid, Kaizaki ...
Nur die Hälfte ist wahr ...
... die andere ist gelogen.
Und?
Wie gefällt Ihnen das gute alte Highschool-Leben?

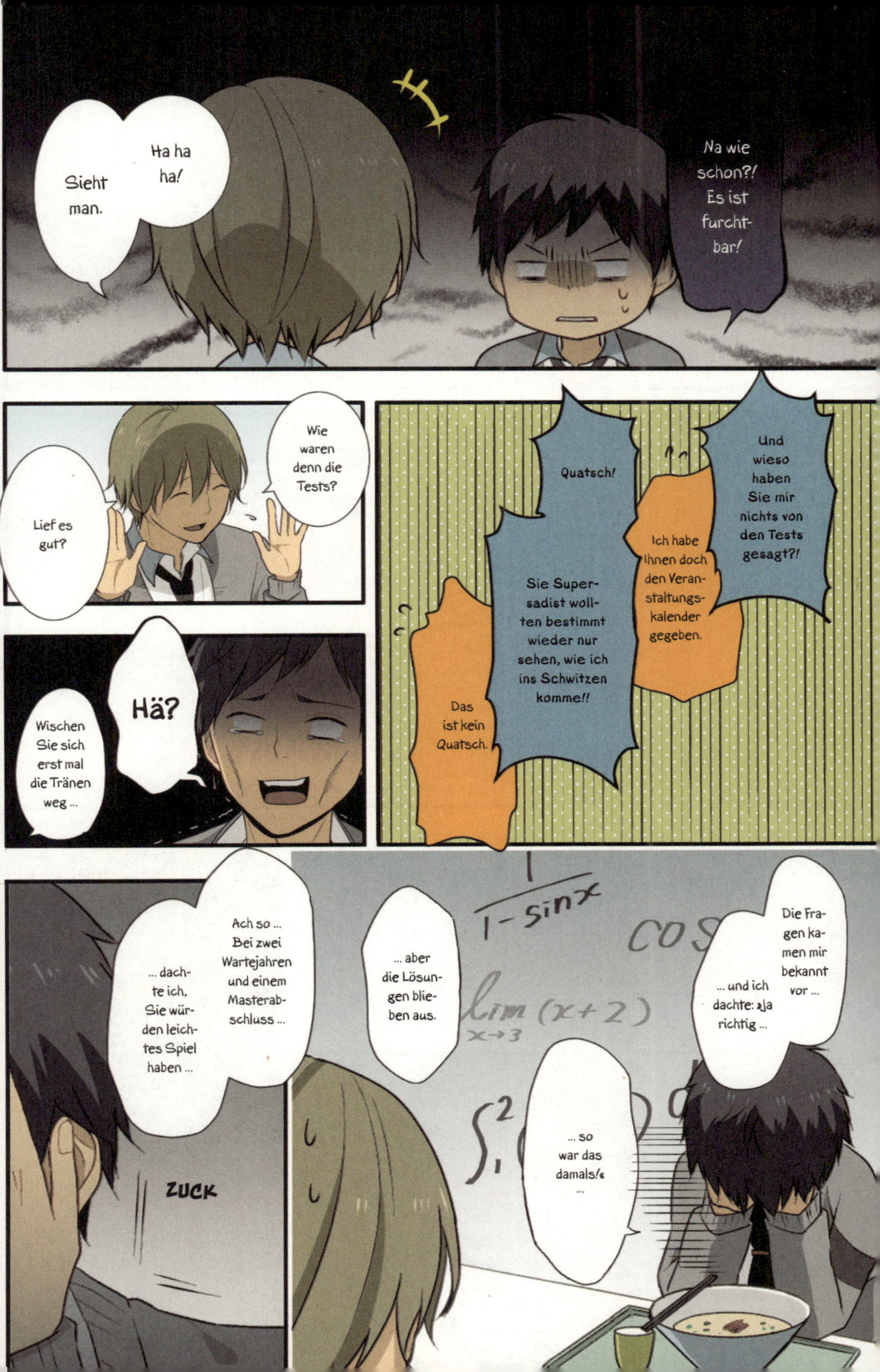

Na wie schon?! Es ist furchtbar!
Ha ha ha!
Sieht man.
Und wieso haben Sie mir nichts von den Tests gesagt?!
Ich habe Ihnen doch den Veranstaltungskalender gegeben.
Quatsch!
Sie Supersadist wollten bestimmt wieder nur sehen, wie ich ins Schwitzen komme!!
Das ist kein Quatsch.
Wie waren denn die Tests?
Lief es gut?
Hä?
Wischen Sie sich erst mal die Tränen weg ...
Die Fragen kamen mir bekannt vor ...
... und ich dachte: »Ja richtig ...
... so war das damals!« ...
... aber die Lösungen blieben aus.
Ach so ... Bei zwei Wartejahren und einem Masterabschluss ...
... dachte ich, Sie würden leichtes Spiel haben ...
ZUCK

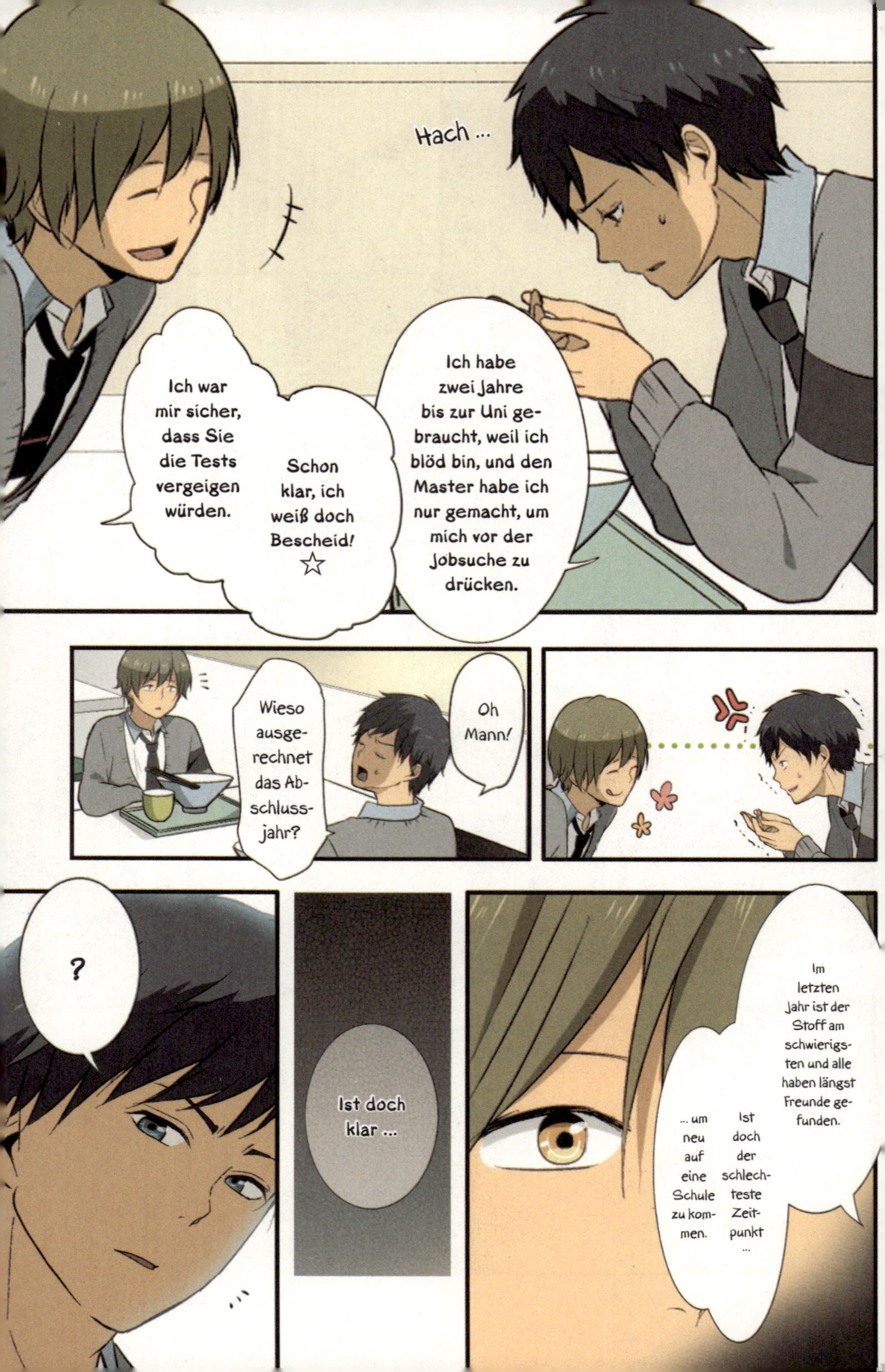

Hach ...
Ich habe zwei Jahre bis zur Uni gebraucht, weil ich blöd bin, und den Master habe ich nur gemacht, um mich vor der Jobsuche zu drücken.
Ich war mir sicher, dass Sie die Tests vergeigen würden.
Schon klar, ich weiß doch Bescheid! ☆
Oh Mann!
Wieso ausgerechnet das Abschlussjahr?
Im letzten Jahr ist der Stoff am schwierigsten und alle haben längst Freunde gefunden.
Ist doch der schlechteste Zeitpunkt ...
... um neu auf eine Schule zu kommen.
Ist doch klar ...
?

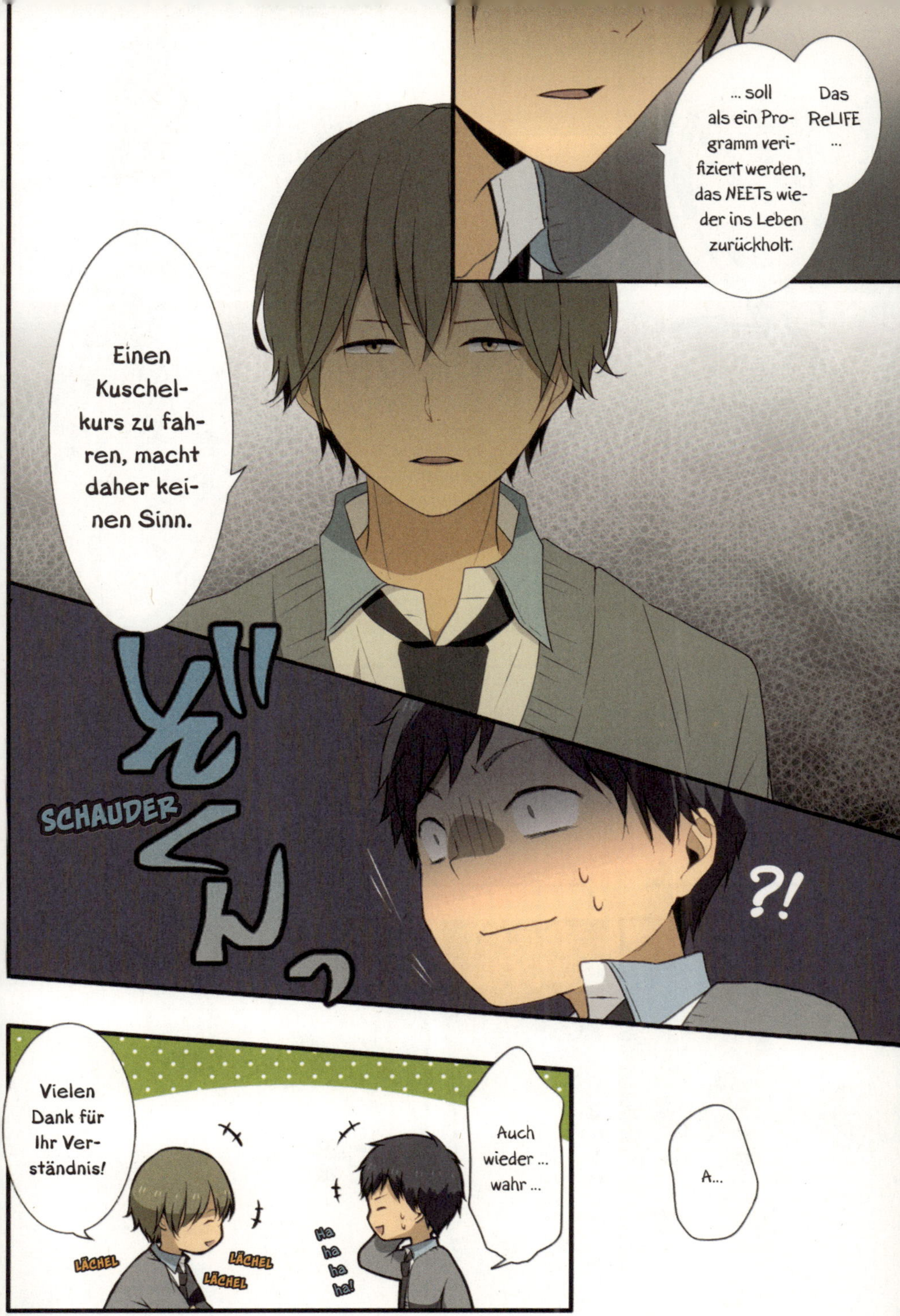
Das ReLIFE ...
... soll als ein Programm verifiziert werden, das NEETs wieder ins Leben zurückholt.
Einen Kuschelkurs zu fahren, macht daher keinen Sinn.
SCHAUDER
?!
A...
Auch wieder ... wahr ...
Ha ha ha ha!
Vielen Dank für Ihr Verständnis!
LÄCHEL
LÄCHEL
LÄCHEL

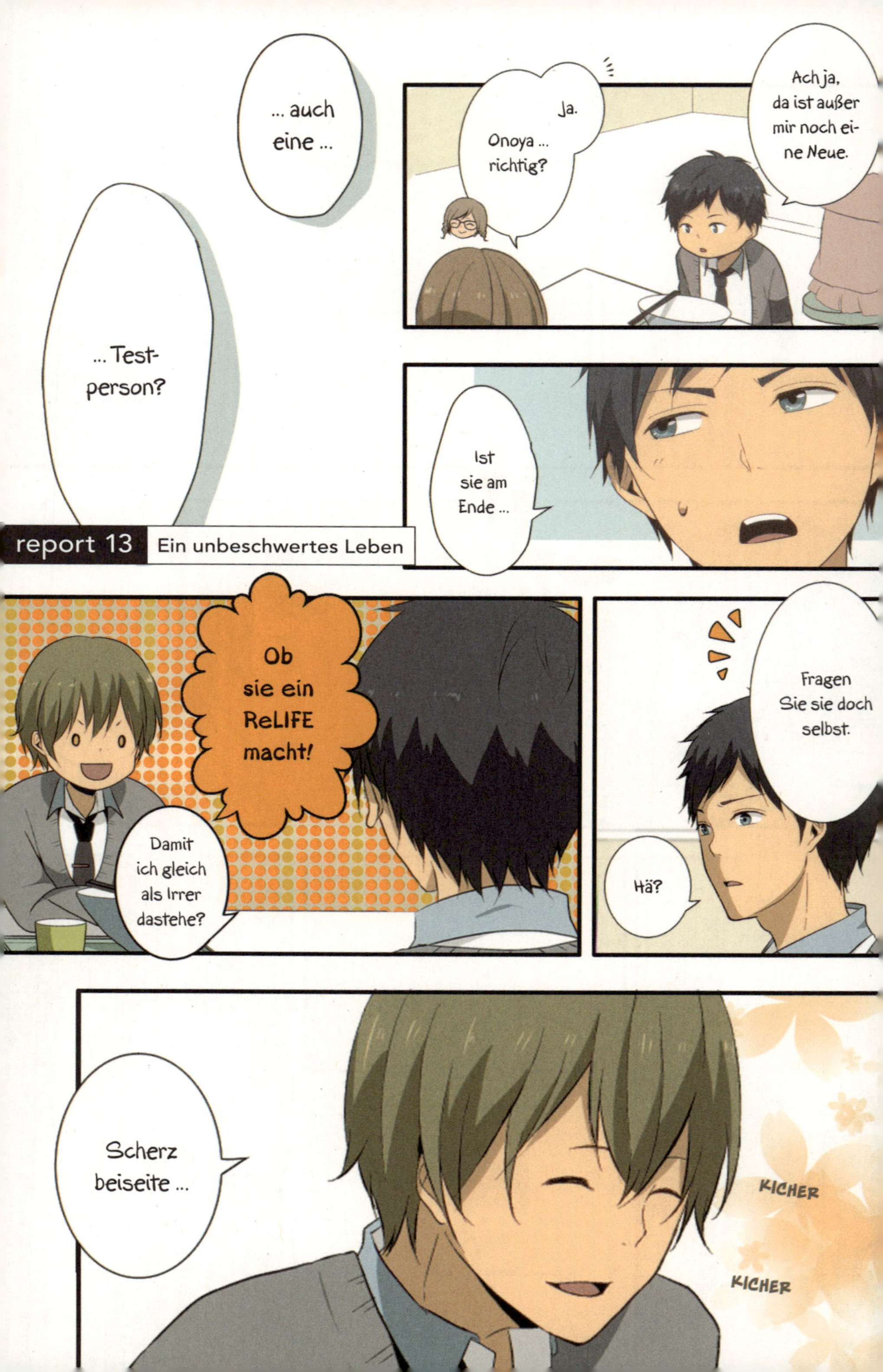
Ach ja, da ist außer mir noch eine Neue.
Ja.
Onoya ... richtig?
Ist sie am Ende ...
... auch eine ...
... Testperson?
report 13 Ein unbeschwertes Leben
Fragen Sie sie doch selbst.
Hä?
Ob sie ein ReLIFE macht!
Damit ich gleich als Irrer dastehe?
Scherz beiseite ...
KICHER
KICHER

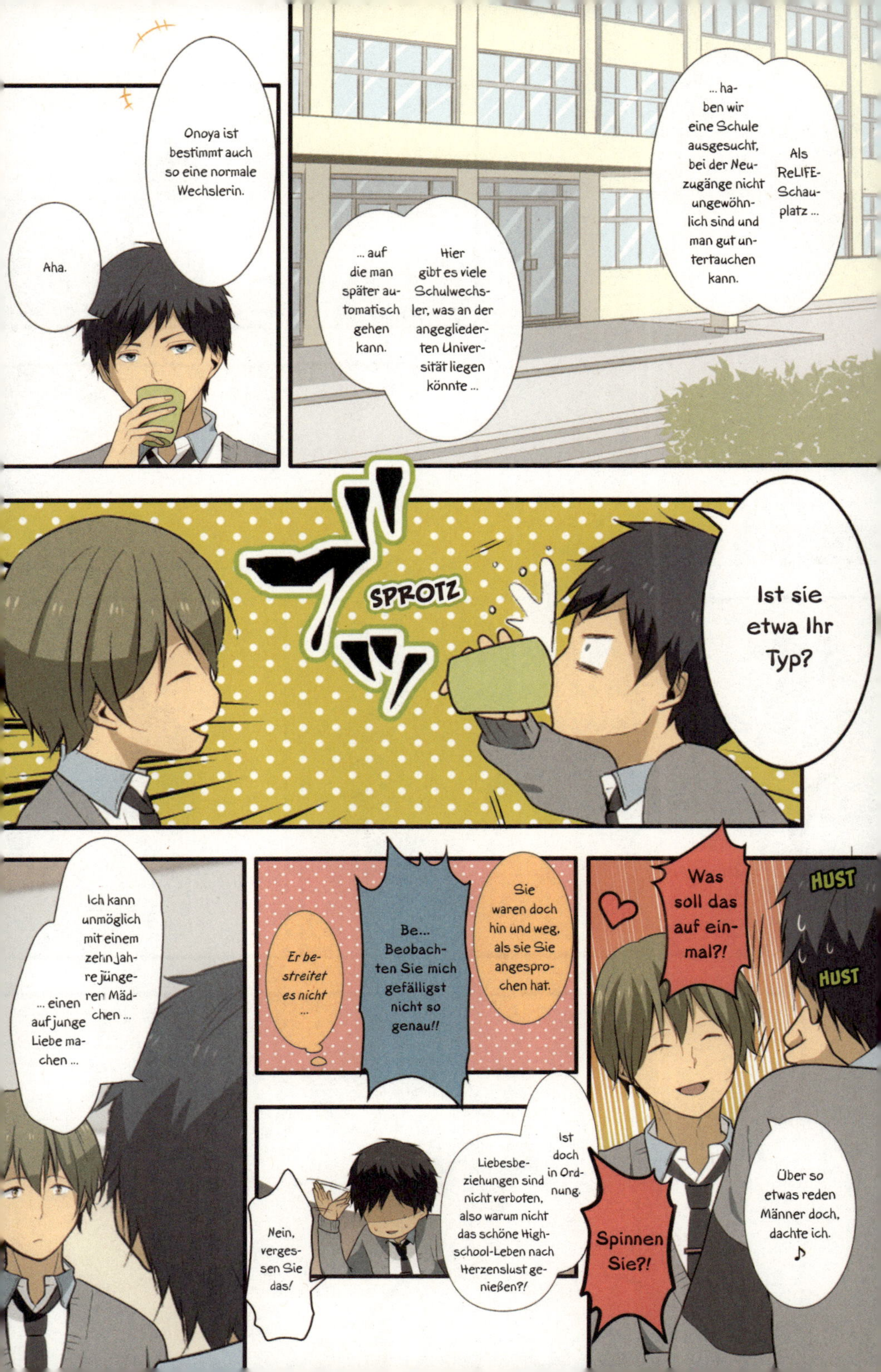
Als ReLIFE-Schauplatz ...
... haben wir eine Schule ausgesucht, bei der Neuzugänge nicht ungewöhnlich sind und man gut untertauchen kann.
Hier gibt es viele Schulwechsler, was an der angegliederten Universität liegen könnte ...
... auf die man später automatisch gehen kann.
Onoya ist bestimmt auch so eine normale Wechslerin.
Aha.
Ist sie etwa Ihr Typ?
SPROTZ
HUST
HUST
Was soll das auf einmal?!
Über so etwas reden Männer doch, dachte ich. ♪
Spinnen Sie?!
Sie waren doch hin und weg, als sie Sie angesprochen hat.
Be... Beobachten Sie mich gefälligst nicht so genau!!
Er bestreitet es nicht ...
Ist doch in Ordnung.
Liebesbeziehungen sind nicht verboten, also warum nicht das schöne Highschool-Leben nach Herzenslust genießen?!
Nein, vergessen Sie das!
Ich kann unmöglich mit einem zehn Jahre jüngeren Mädchen ...
... einen auf junge Liebe machen ...

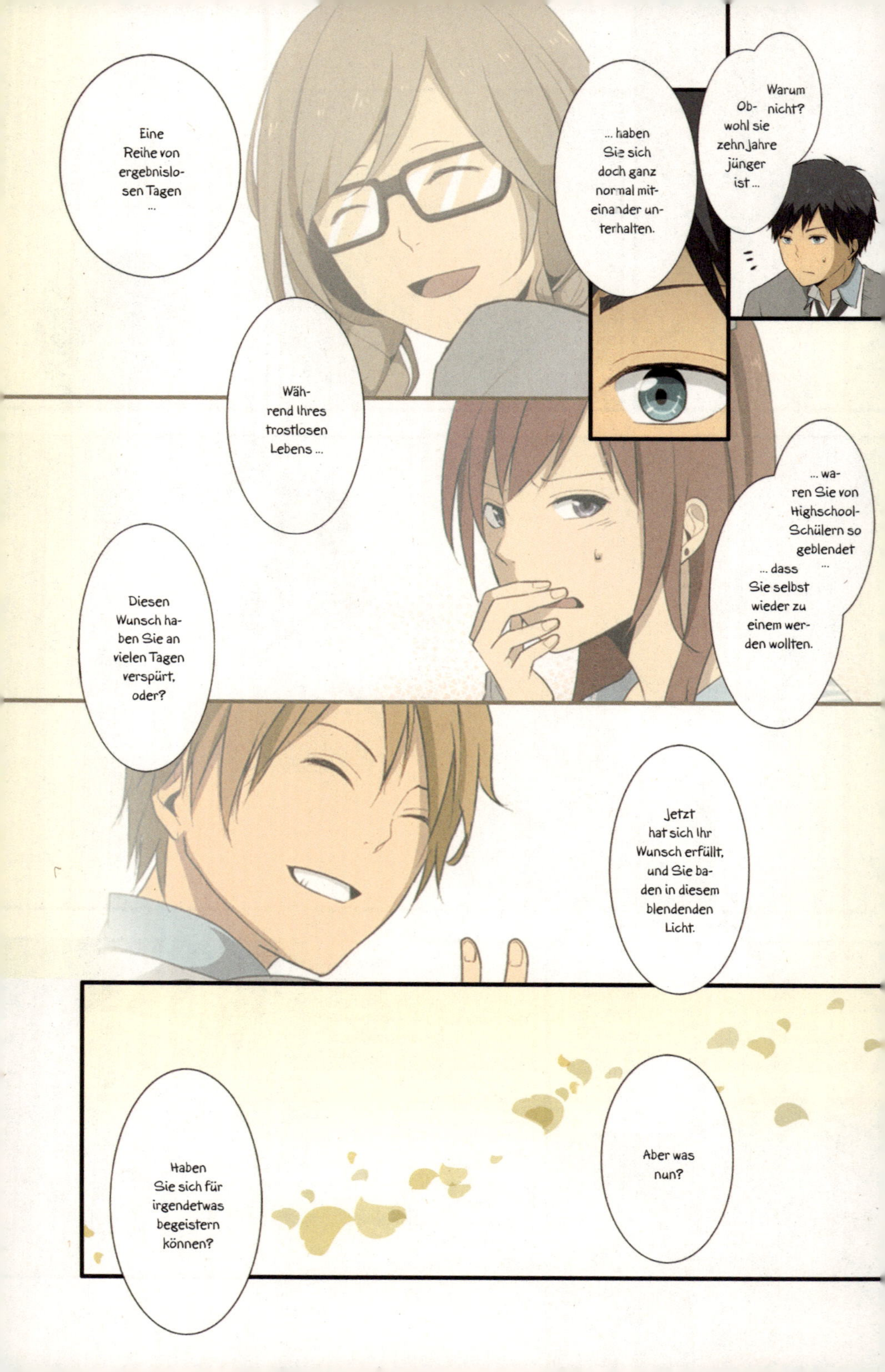

Warum nicht? Obwohl sie zehn Jahre jünger ist ...
... haben Sie sich doch ganz normal miteinander unterhalten.
Eine Reihe von ergebnislosen Tagen ...
Während Ihres trostlosen Lebens ...
... waren Sie von Highschool-Schülern so geblendet ...
... dass Sie selbst wieder zu einem werden wollten.
Diesen Wunsch haben Sie an vielen Tagen verspürt, oder?
Jetzt hat sich Ihr Wunsch erfüllt, und Sie baden in diesem blendenden Licht.
Aber was nun?
Haben Sie sich für irgendetwas begeistern können?

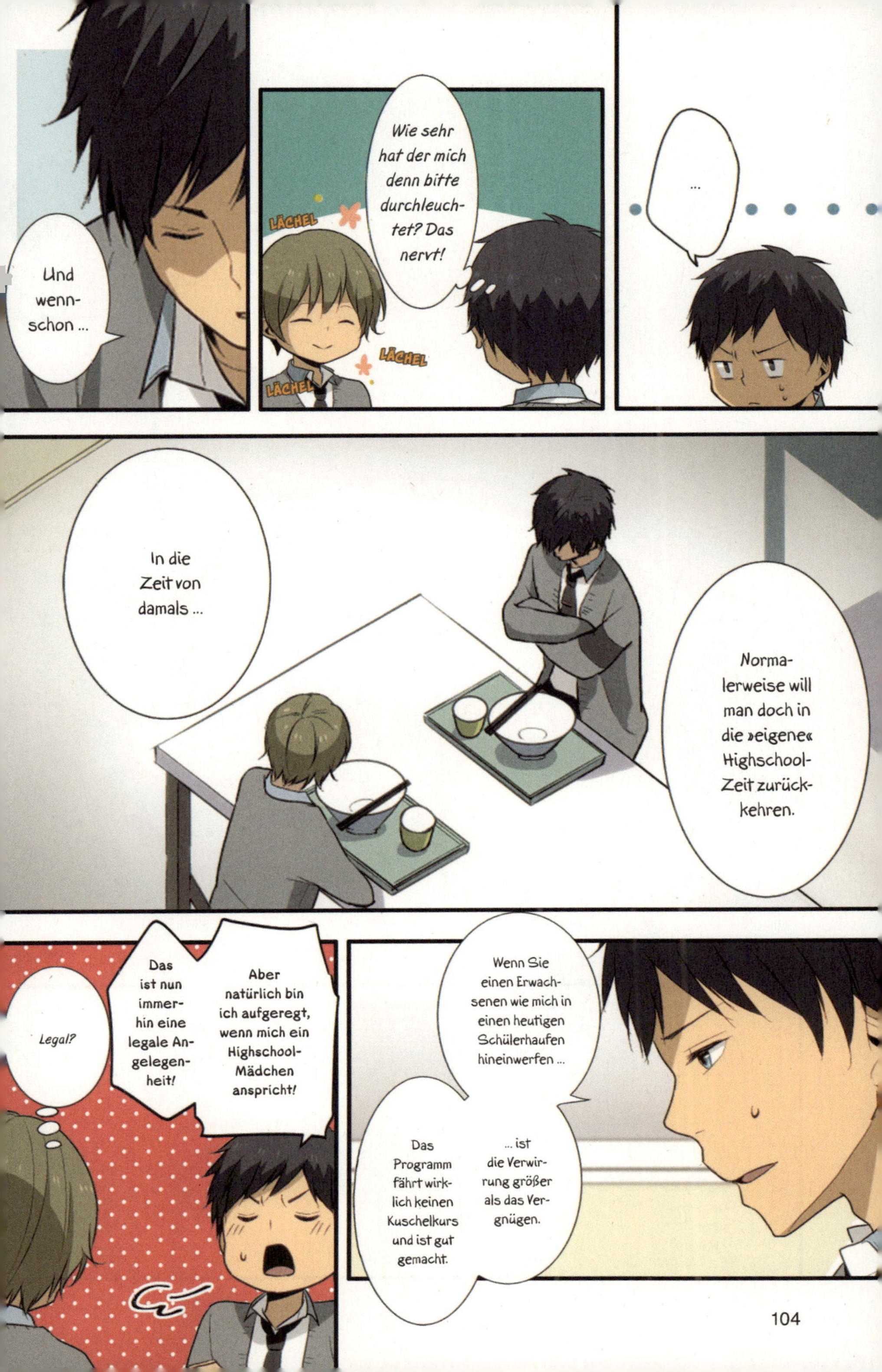
Und wenn-schon ...
Wie sehr hat der mich denn bitte durchleucht-tet? Das nervt!
LÄCHEL
LÄCHEL
LÄCHEL
...
In die Zeit von damals ...
Norma-lerweise will man doch in die »eigene« Highschool-Zeit zurück-kehren.
Legal?
Das ist nun immer-hin eine legale An-gelegen-heit!
Aber natürlich bin ich aufgeregt, wenn mich ein Highschool-Mädchen anspricht!
Wenn Sie einen Erwach-senen wie mich in einen heutigen Schülerhaufen hineinwerfen ...
... ist die Verwir-rung größer als das Ver-gnügen.
Das Programm fährt wirk-lich keinen Kuschelkurs und ist gut gemacht.

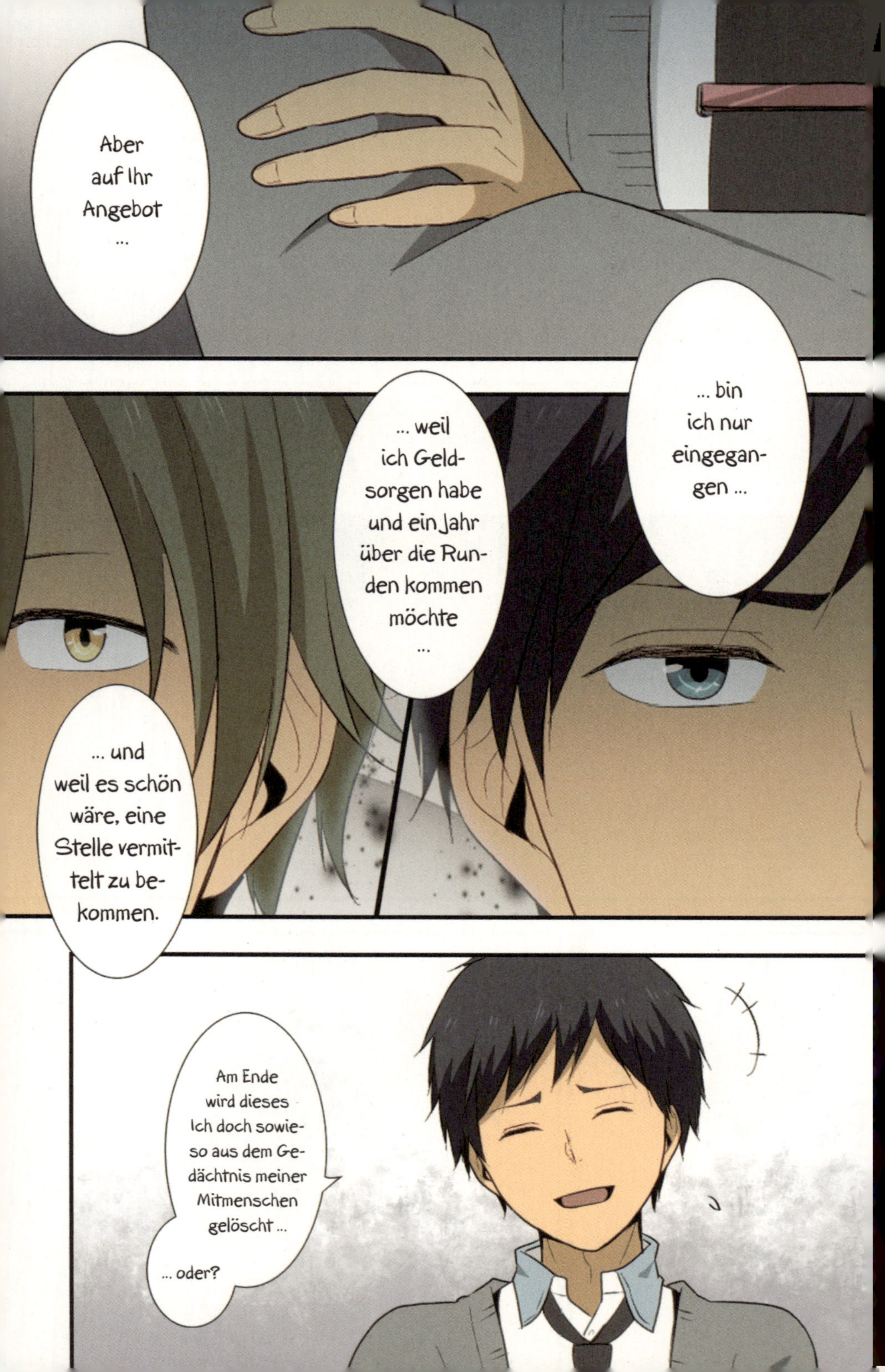

Aber auf Ihr Angebot ...
... bin ich nur eingegangen ...
... weil ich Geldsorgen habe und ein Jahr über die Runden kommen möchte ...
... und weil es schön wäre, eine Stelle vermittelt zu bekommen.
Am Ende wird dieses Ich doch sowieso aus dem Gedächtnis meiner Mitmenschen gelöscht ...
... oder?

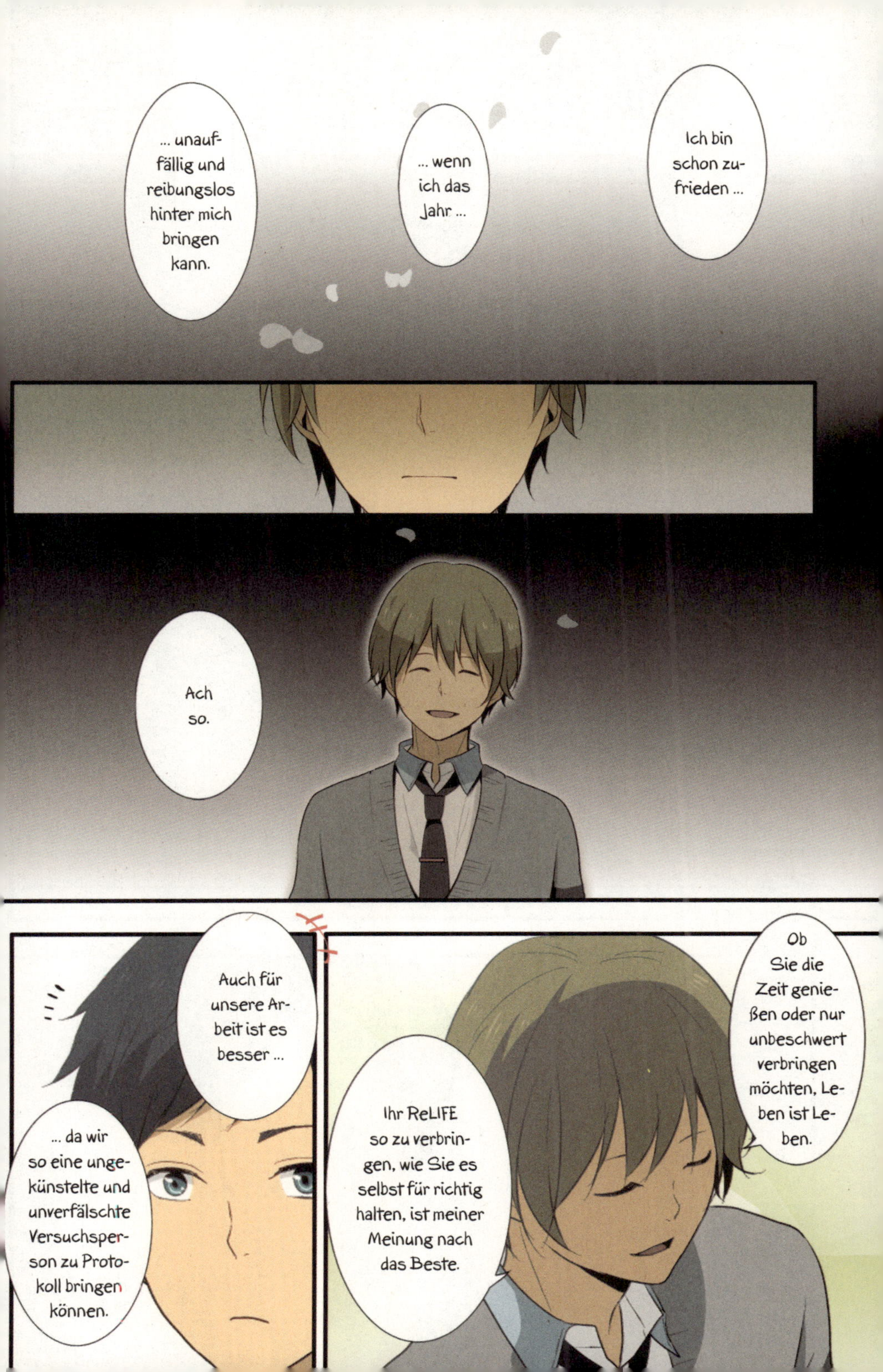
Ich bin schon zufrieden ...
... wenn ich das Jahr ...
... unauffällig und reibungslos hinter mich bringen kann.
Ach so.
Ob Sie die Zeit genießen oder nur unbeschwert verbringen möchten, Leben ist Leben.
Ihr ReLIFE so zu verbringen, wie Sie es selbst für richtig halten, ist meiner Meinung nach das Beste.
Auch für unsere Arbeit ist es besser ...
... da wir so eine ungekünstelte und unverfälschte Versuchsperson zu Protokoll bringen können.

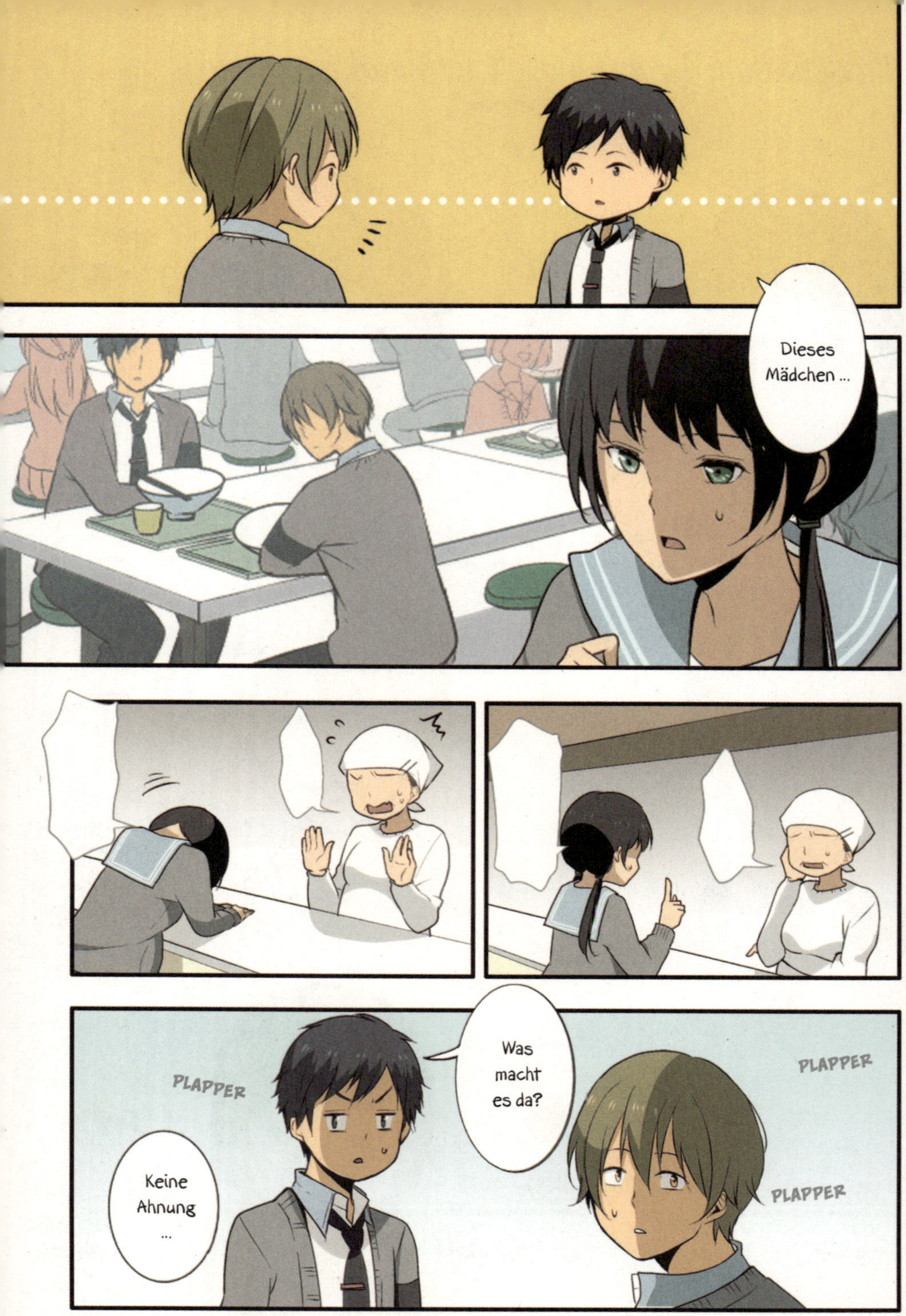
Dieses Mädchen ...
Was macht es da?
Keine Ahnung ...
PLAPPER
PLAPPER
PLAPPER

Präsentation der anfänglichen Charakterentwürfe

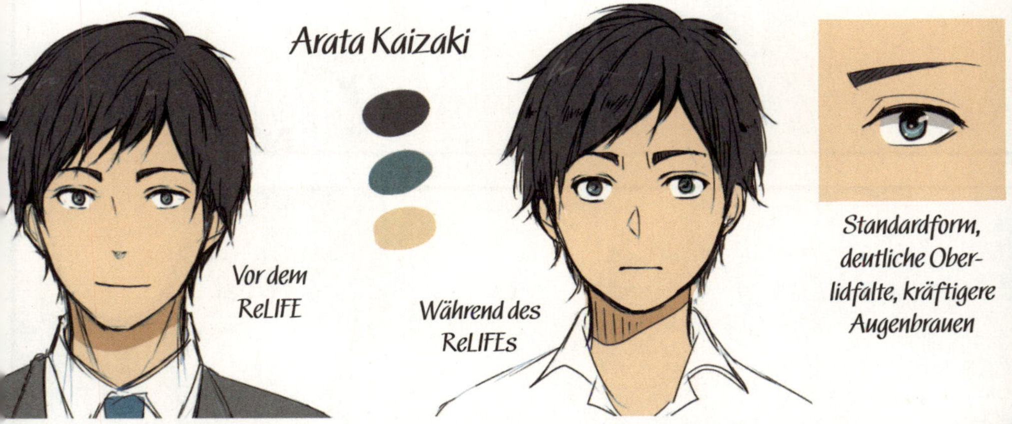

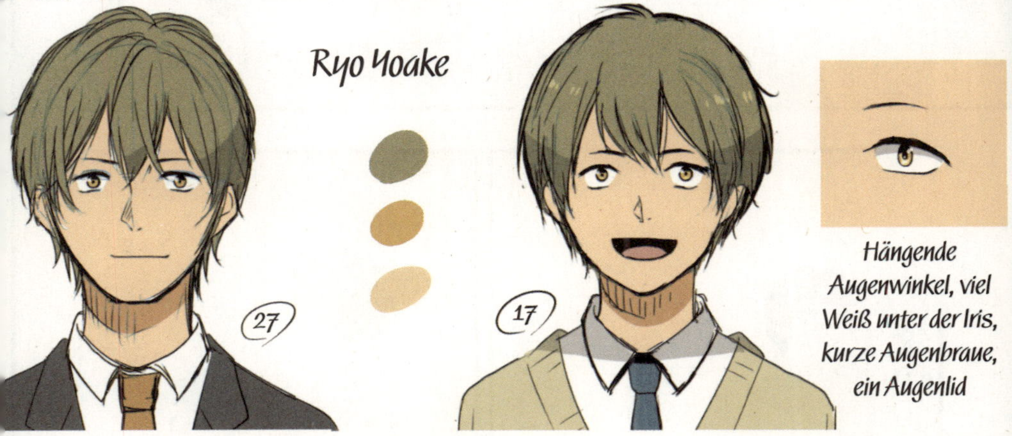

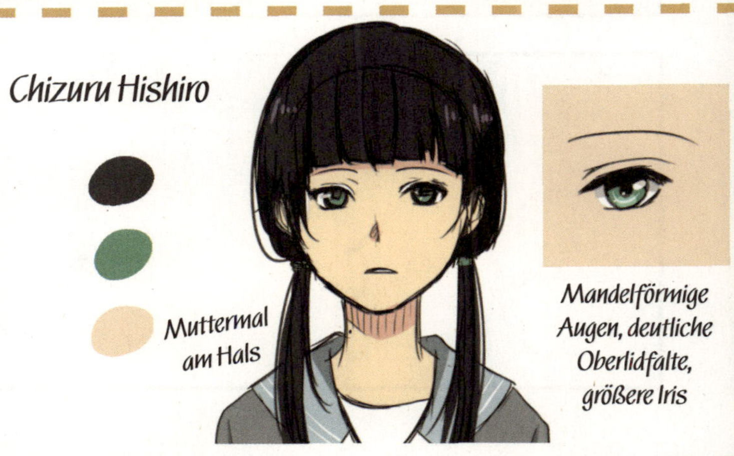

report 14 Eiskalt erwischt

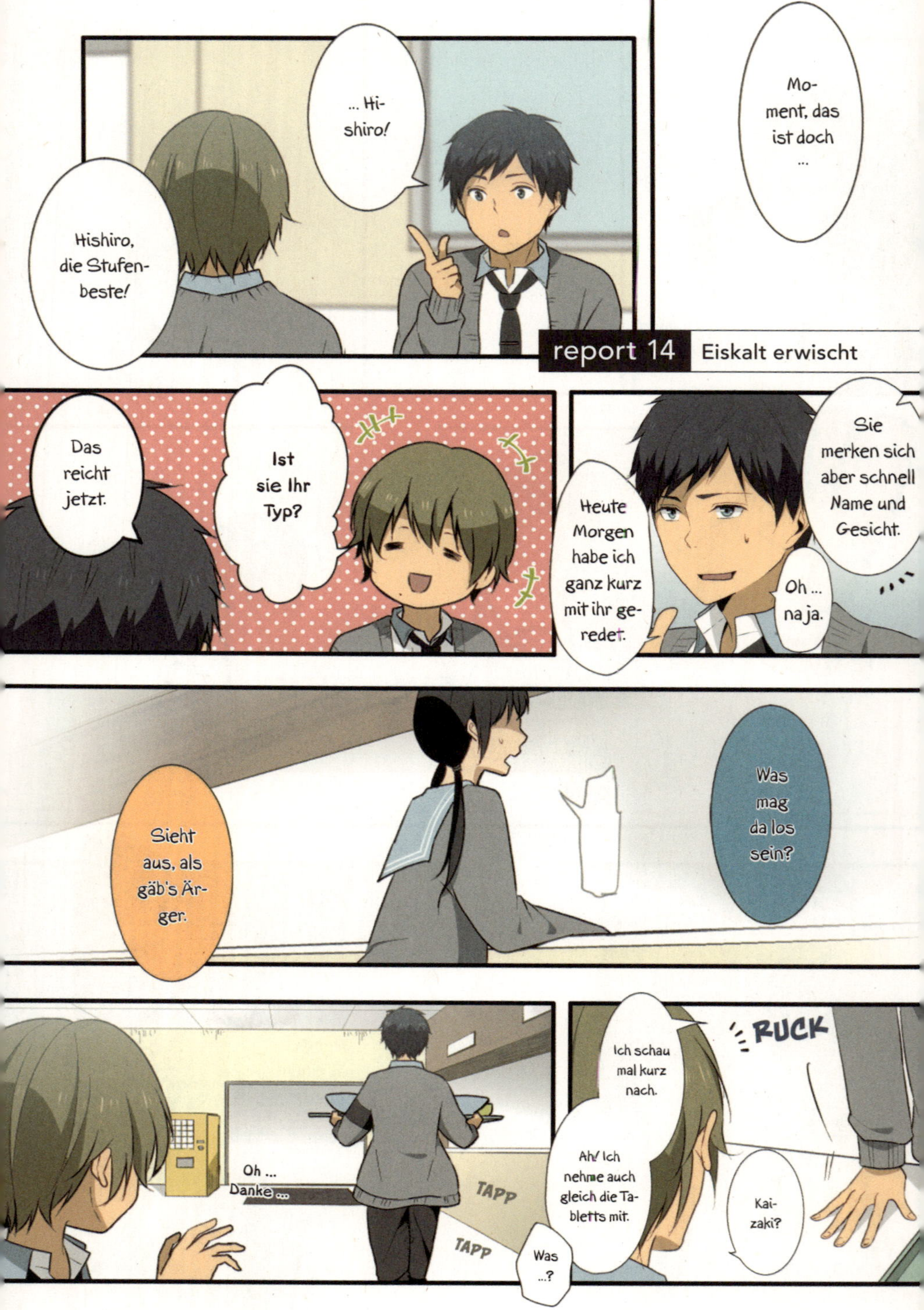

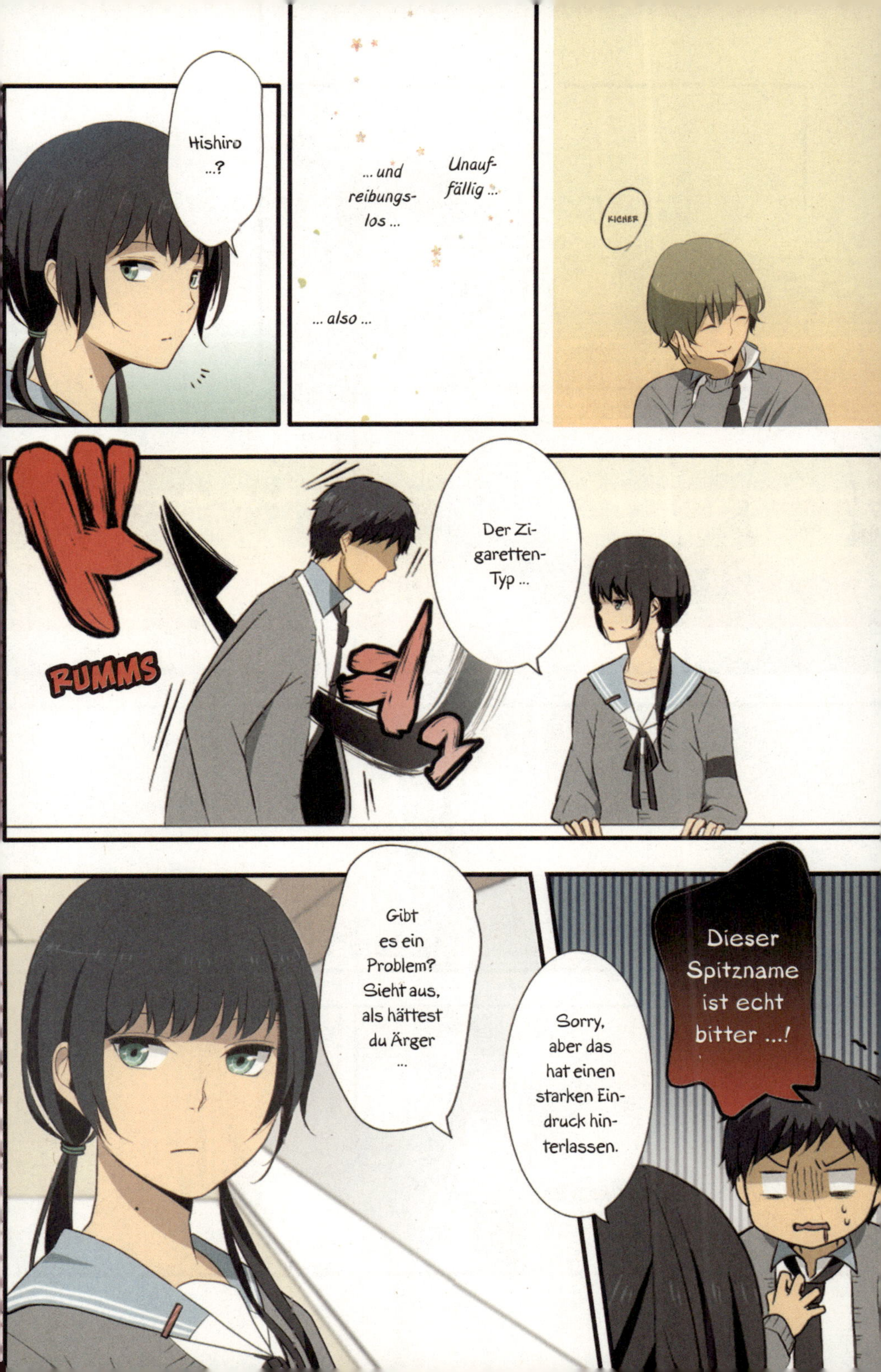

KICHER
Unauffällig ...
... und reibungslos ...
... also ...
Hishiro ...?
Der Zigaretten-Typ ...
RUMMS
Dieser Spitzname ist echt bitter ...!
Sorry, aber das hat einen starken Eindruck hinterlassen.
Gibt es ein Problem? Sieht aus, als hättest du Ärger ...

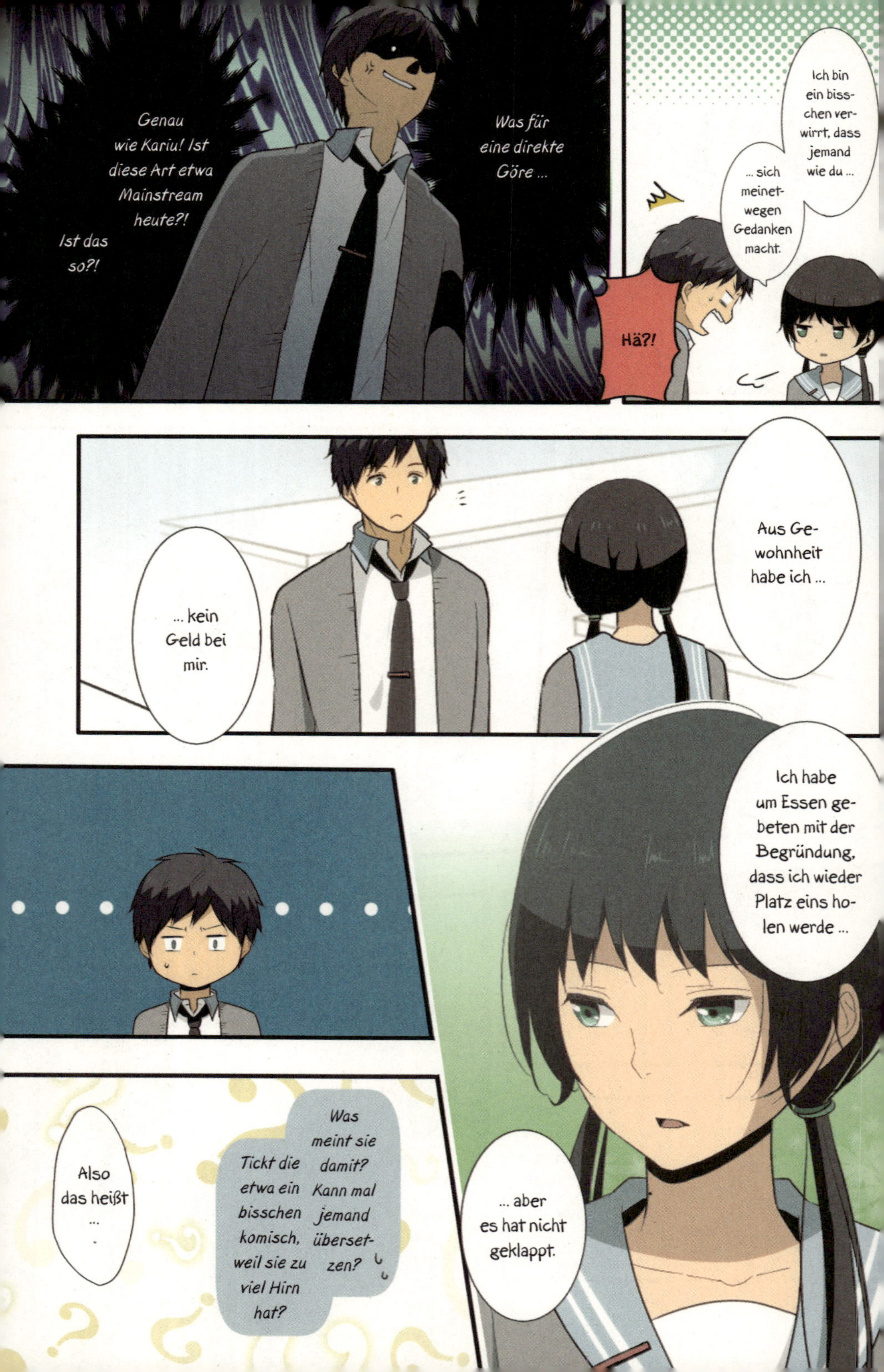
Ich bin ein bisschen verwirrt, dass jemand wie du ...
... sich meinetwegen Gedanken macht.
Hä?!
Was für eine direkte Göre ...
Genau wie Kariu! Ist diese Art etwa Mainstream heute?!
Ist das so?!
Aus Gewohnheit habe ich ...
... kein Geld bei mir.
Ich habe um Essen gebeten mit der Begründung, dass ich wieder Platz eins holen werde ...
... aber es hat nicht geklappt.
Was meint sie damit? Kann mal jemand übersetzen?
Tickt die etwa ein bisschen komisch, weil sie zu viel Hirn hat?
Also das heißt ...

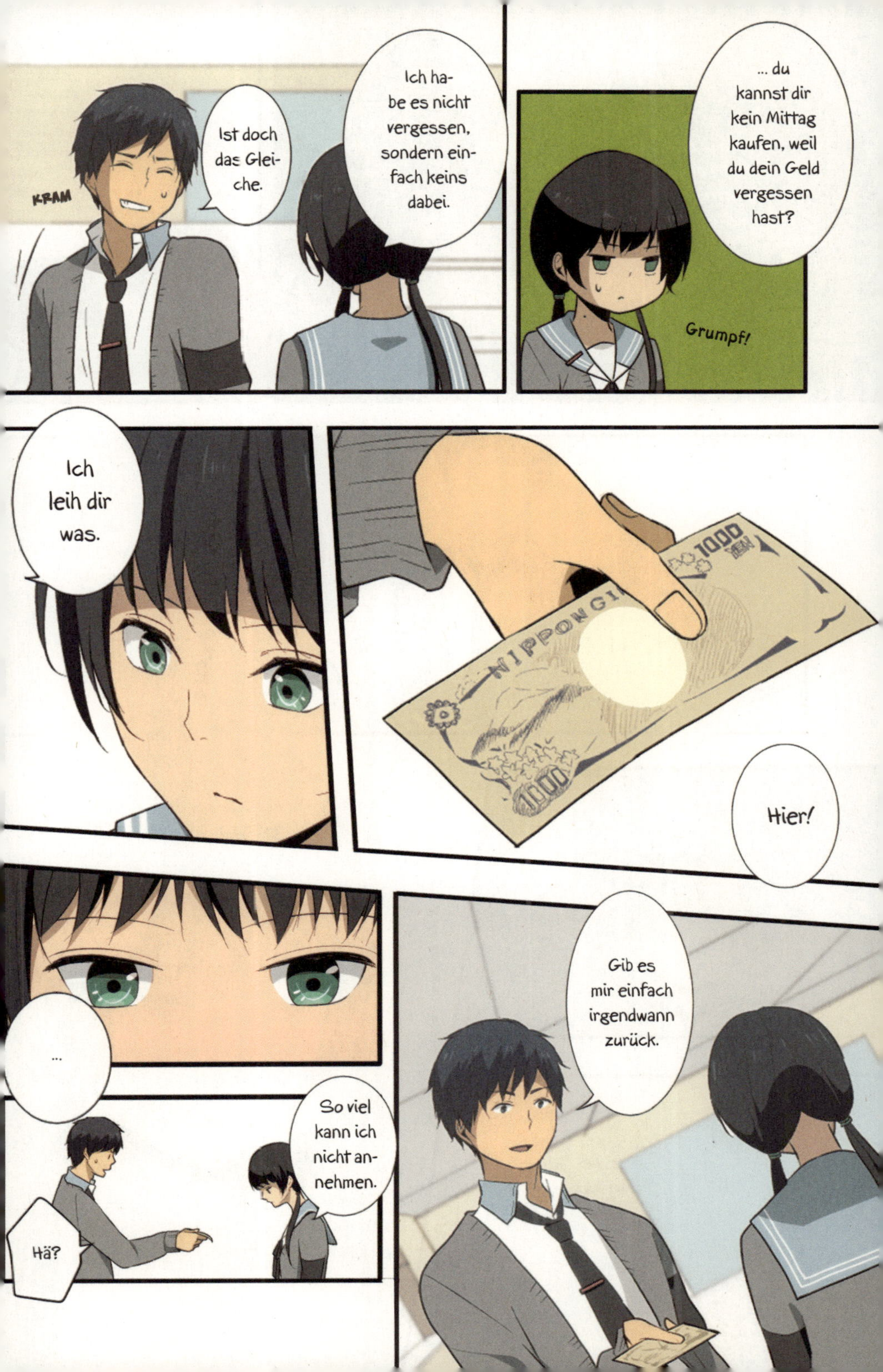
KRAM
Ist doch das Glei-che.
Ich ha-be es nicht vergessen, sondern ein-fach keins dabei.
... du kannst dir kein Mittag kaufen, weil du dein Geld vergessen hast?
Grumpf!
Ich leih dir was.
Hier!
1000
NIPPON GI
...
So viel kann ich nicht an-nehmen.
Hä?
Gib es mir einfach irgendwann zurück.

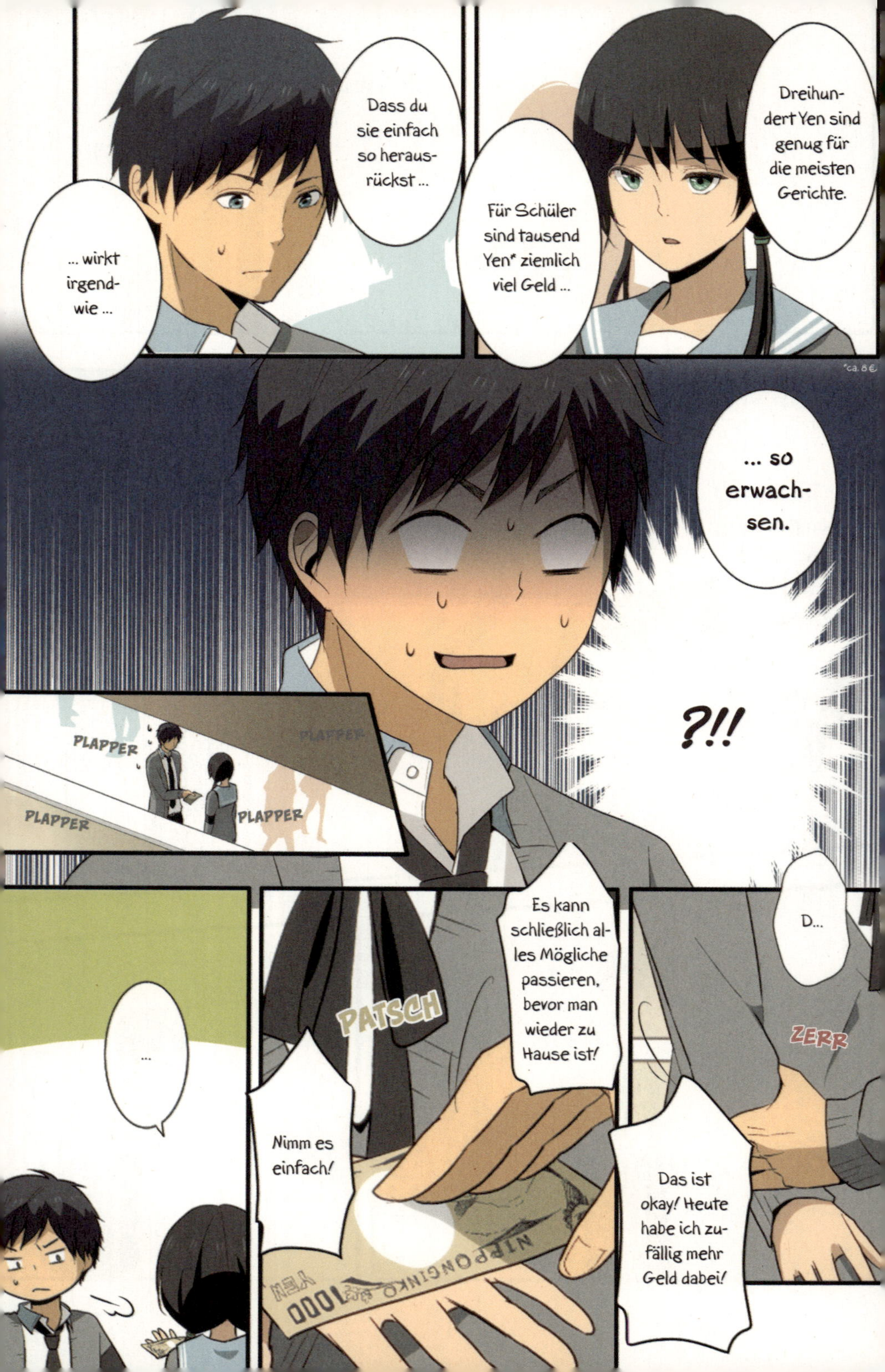

Dreihundert Yen sind genug für die meisten Gerichte.
Für Schüler sind tausend Yen* ziemlich viel Geld ...
Dass du sie einfach so herausrückst ...
... wirkt irgendwie ...
... so erwachsen.
?!!
PLAPPER
PLAPPER
PLAPPER
PLAPPER
D...
ZERR
Das ist okay! Heute habe ich zufällig mehr Geld dabei!
Es kann schließlich alles Mögliche passieren, bevor man wieder zu Hause ist!
PATSCH
Nimm es einfach!
...

*ca. 8 €

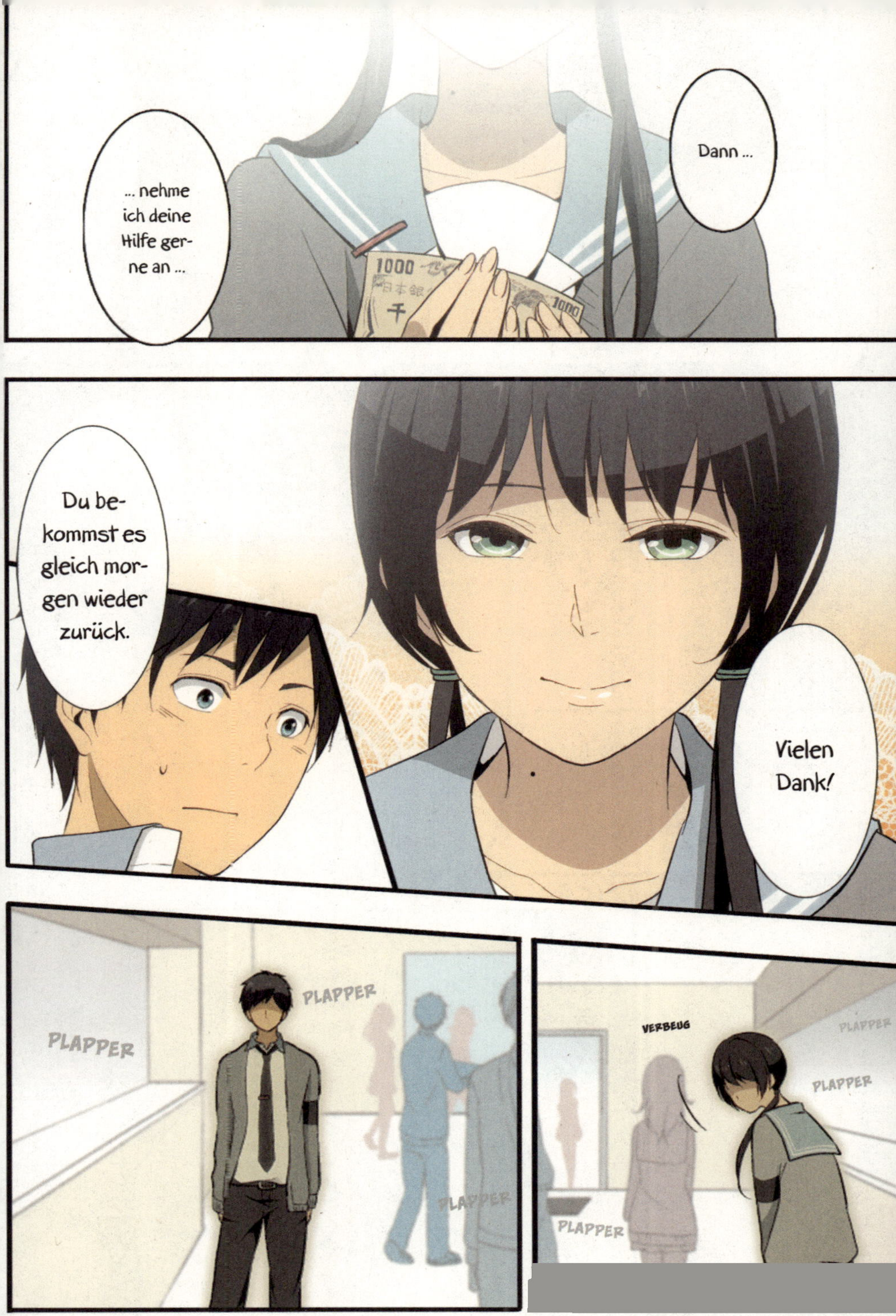
Dann ...
... nehme ich deine Hilfe gerne an ...
Vielen Dank!
Du bekommst es gleich morgen wieder zurück.
PLAPPER
PLAPPER
PLAPPER
PLAPPER
VERBEUG
PLAPPER
PLAPPER
PLAPPER

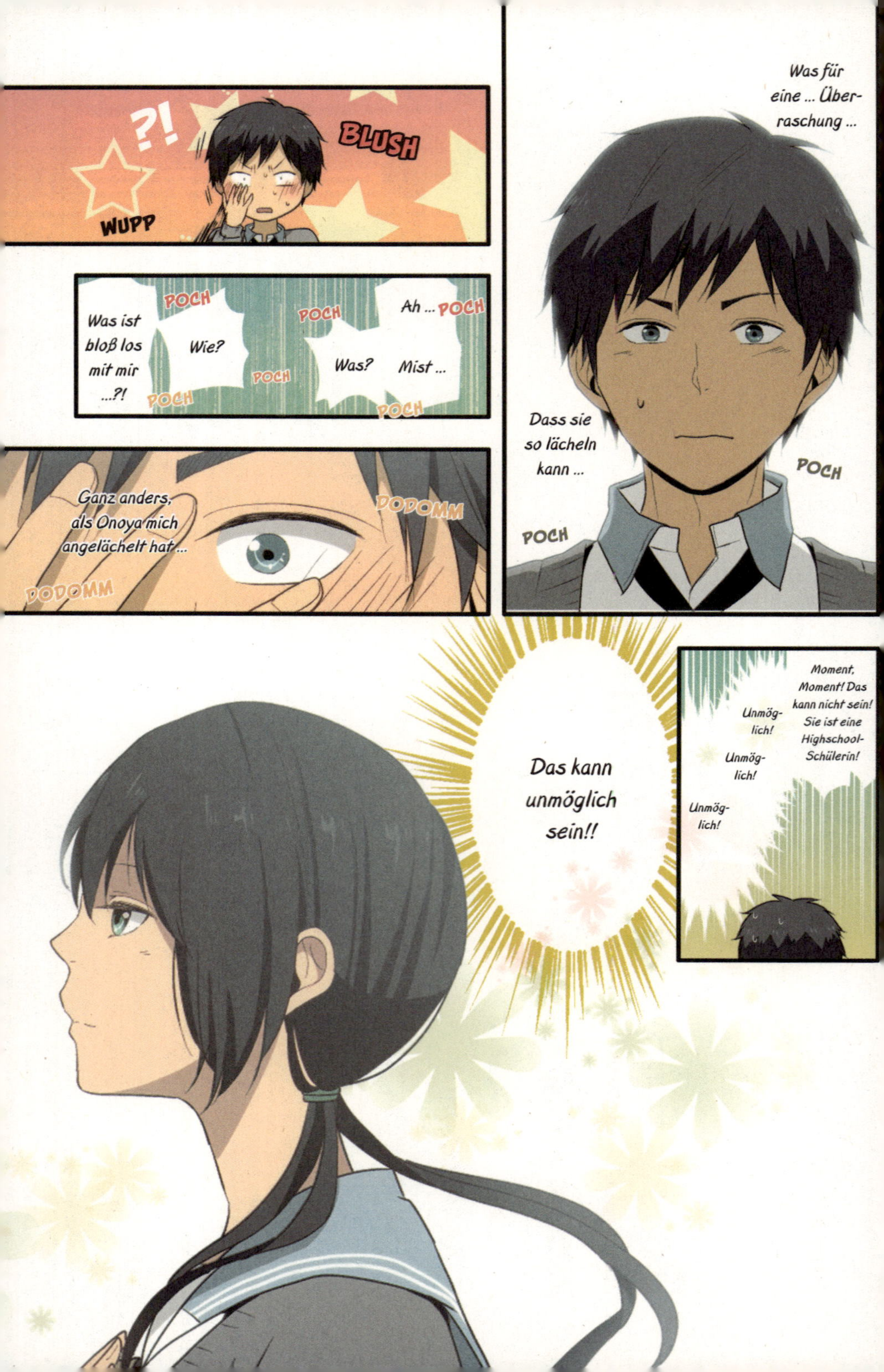
Was für eine ... Überraschung ...
Dass sie so lächeln kann ...
POCH
POCH
?!
BLUSH
WUPP
Ah ... POCH
Mist ...
Was?
POCH
POCH
Wie?
POCH
Was ist bloß los mit mir ...?!
POCH
POCH
DODOMM
Ganz anders, als Onoya mich angelächelt hat ...
DODOMM
Moment, Moment! Das kann nicht sein! Sie ist eine Highschool-Schülerin!
Unmöglich!
Unmöglich!
Unmöglich!
Das kann unmöglich sein!!

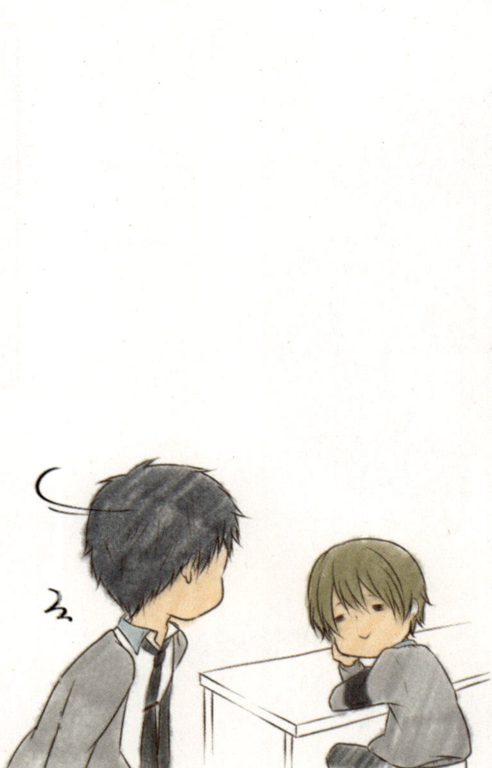

ReLIFE

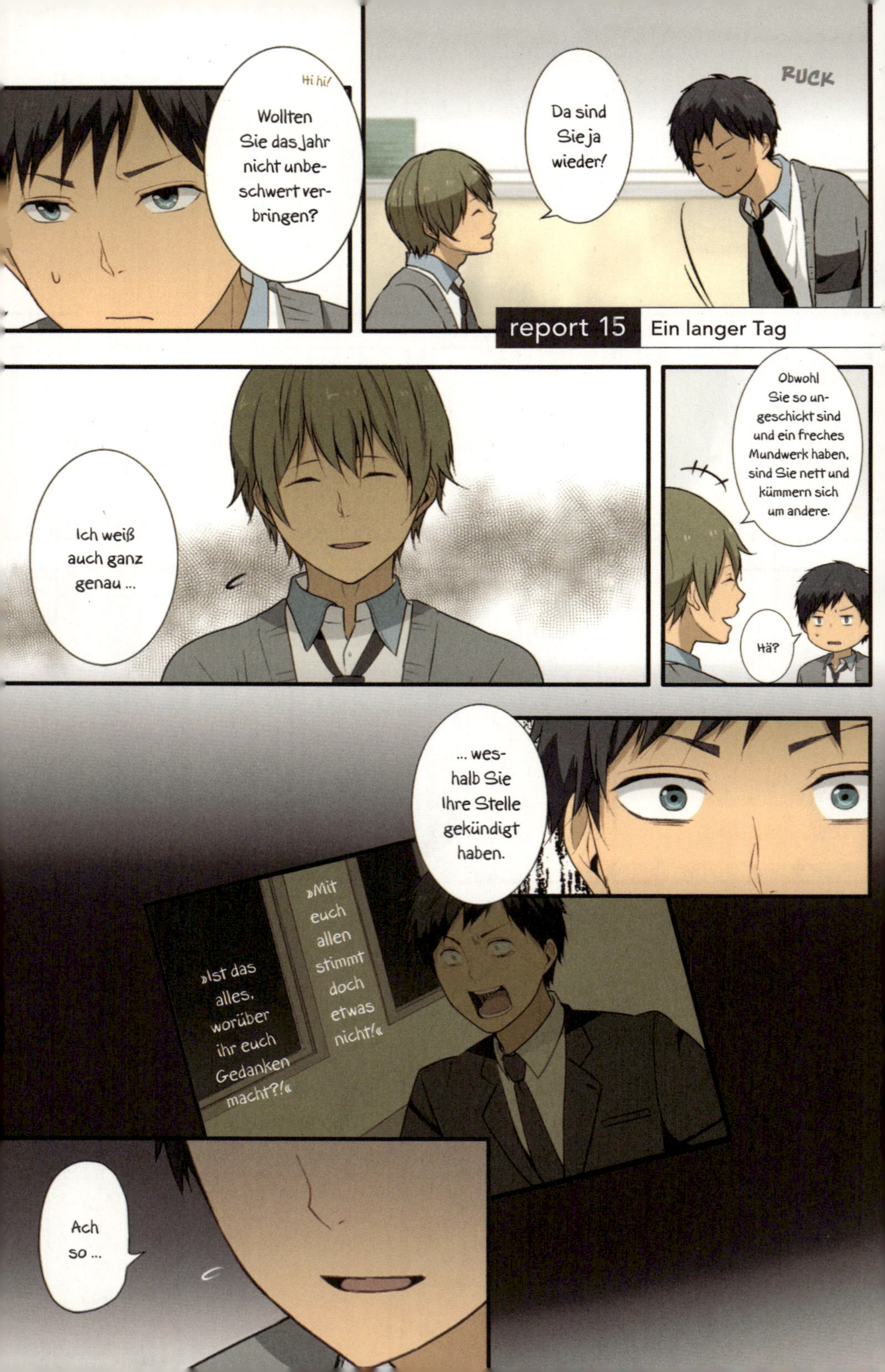
RUCK
Da sind Sie ja wieder!
Hi hi!
Wollten Sie das Jahr nicht unbeschwert verbringen?
report 15 Ein langer Tag
Obwohl Sie so ungeschickt sind und ein freches Mundwerk haben, sind Sie nett und kümmern sich um andere.
Hä?
Ich weiß auch ganz genau ...
... weshalb Sie Ihre Stelle gekündigt haben.
»Mit euch allen stimmt doch etwas nicht!«
»Ist das alles, worüber ihr euch Gedanken macht?!«
Ach so ...

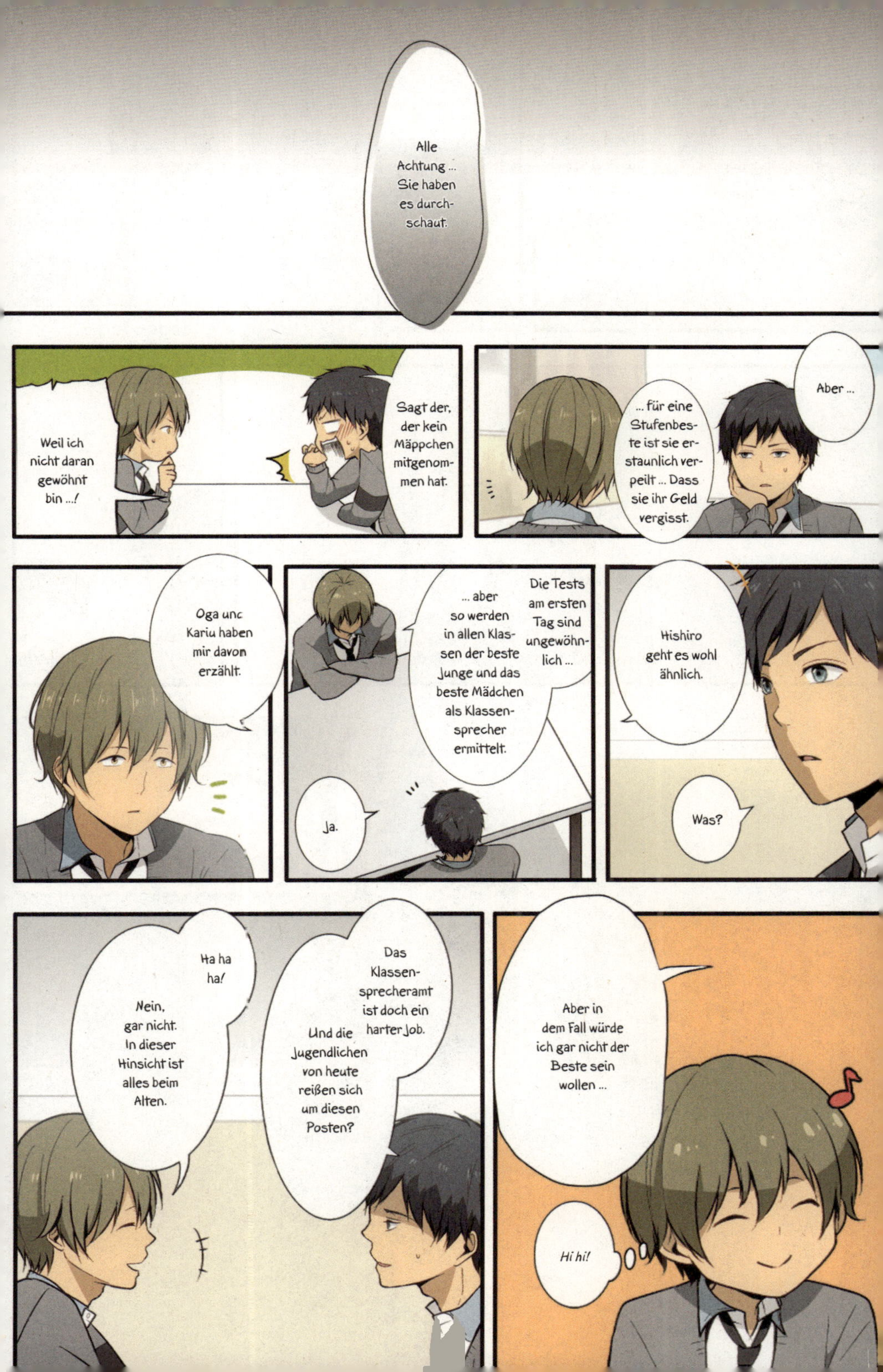
Alle Achtung ... Sie haben es durchschaut.
Aber ...
... für eine Stufenbeste ist sie erstaunlich verpeilt ... Dass sie ihr Geld vergisst.
Sagt der, der kein Mäppchen mitgenommen hat.
Weil ich nicht daran gewöhnt bin ...!
Hishiro geht es wohl ähnlich.
Was?
Die Tests am ersten Tag sind ungewöhnlich ...
... aber so werden in allen Klassen der beste Junge und das beste Mädchen als Klassensprecher ermittelt.
Ja.
Oga unc Kariu haben mir davon erzählt.
Aber in dem Fall würde ich gar nicht der Beste sein wollen ...
Hi hi!
Das Klassensprecheramt ist doch ein harter Job.
Und die Jugendlichen von heute reißen sich um diesen Posten?
Ha ha ha!
Nein, gar nicht. In dieser Hinsicht ist alles beim Alten.

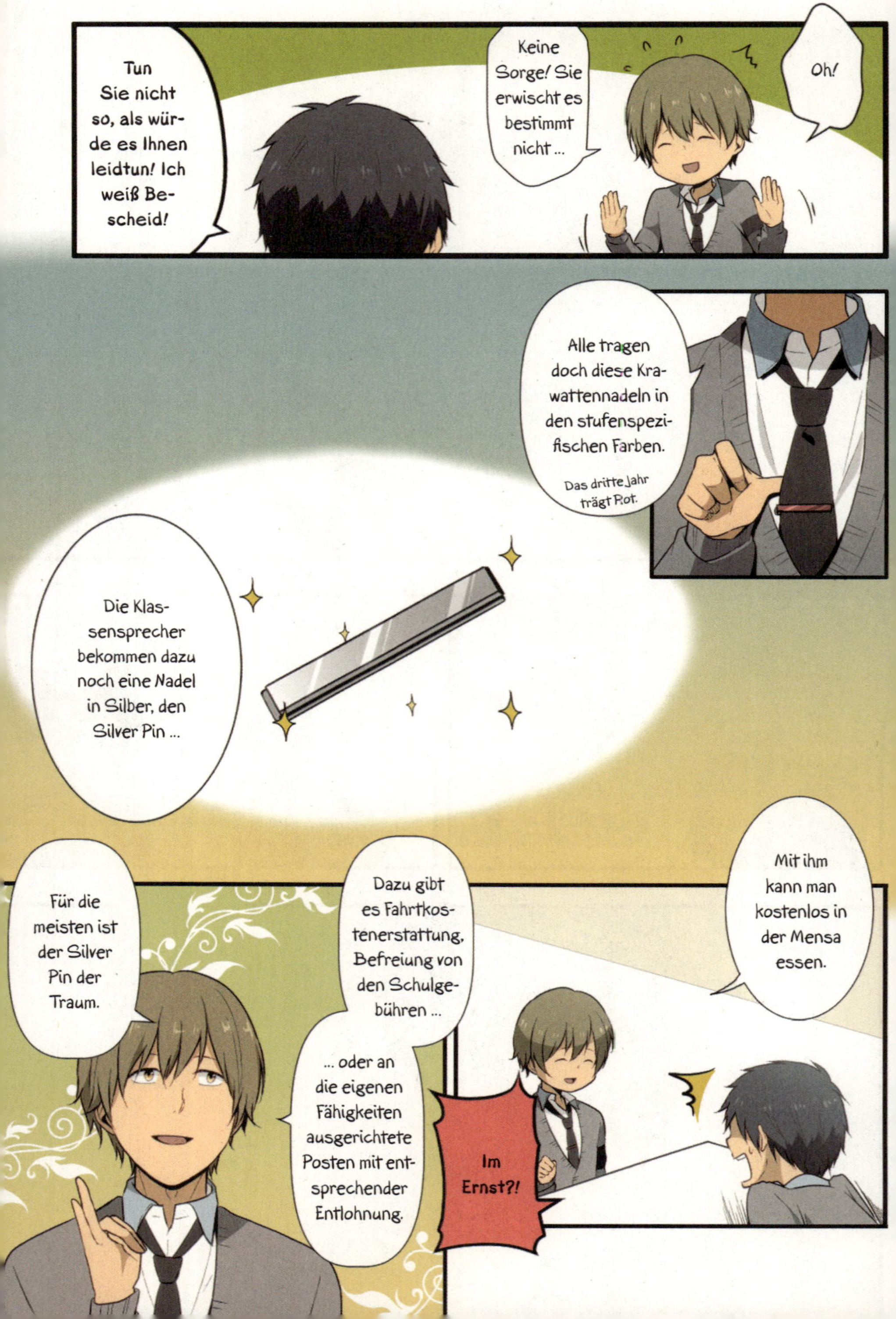
Oh!
Keine Sorge! Sie erwischt es bestimmt nicht …
Tun Sie nicht so, als würde es Ihnen leidtun! Ich weiß Bescheid!
Alle tragen doch diese Krawattennadeln in den stufenspezifischen Farben.
Das dritte Jahr trägt Rot.
Die Klassensprecher bekommen dazu noch eine Nadel in Silber, den Silver Pin …
Mit ihm kann man kostenlos in der Mensa essen.
Im Ernst?!
Dazu gibt es Fahrtkostenerstattung, Befreiung von den Schulgebühren …
… oder an die eigenen Fähigkeiten ausgerichtete Posten mit entsprechender Entlohnung.
Für die meisten ist der Silver Pin der Traum.

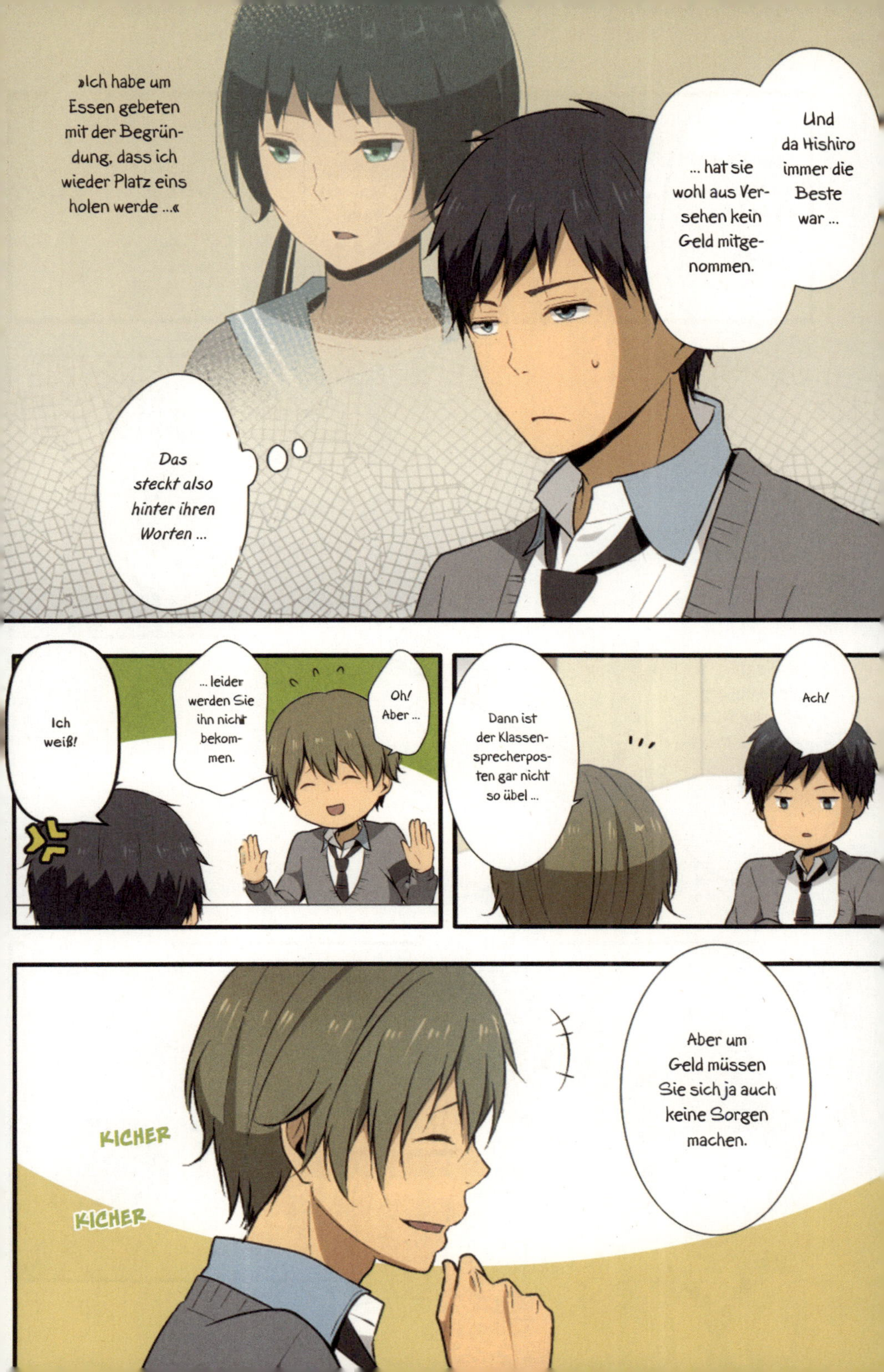
Und da Hishiro immer die Beste war ...
... hat sie wohl aus Versehen kein Geld mitgenommen.
»Ich habe um Essen gebeten mit der Begründung, dass ich wieder Platz eins holen werde ...«
Das steckt also hinter ihren Worten ...
Ach!
Dann ist der Klassensprecherposten gar nicht so übel ...
Oh! Aber ...
... leider werden Sie ihn nicht bekommen.
Ich weiß!
Aber um Geld müssen Sie sich ja auch keine Sorgen machen.
KICHER
KICHER

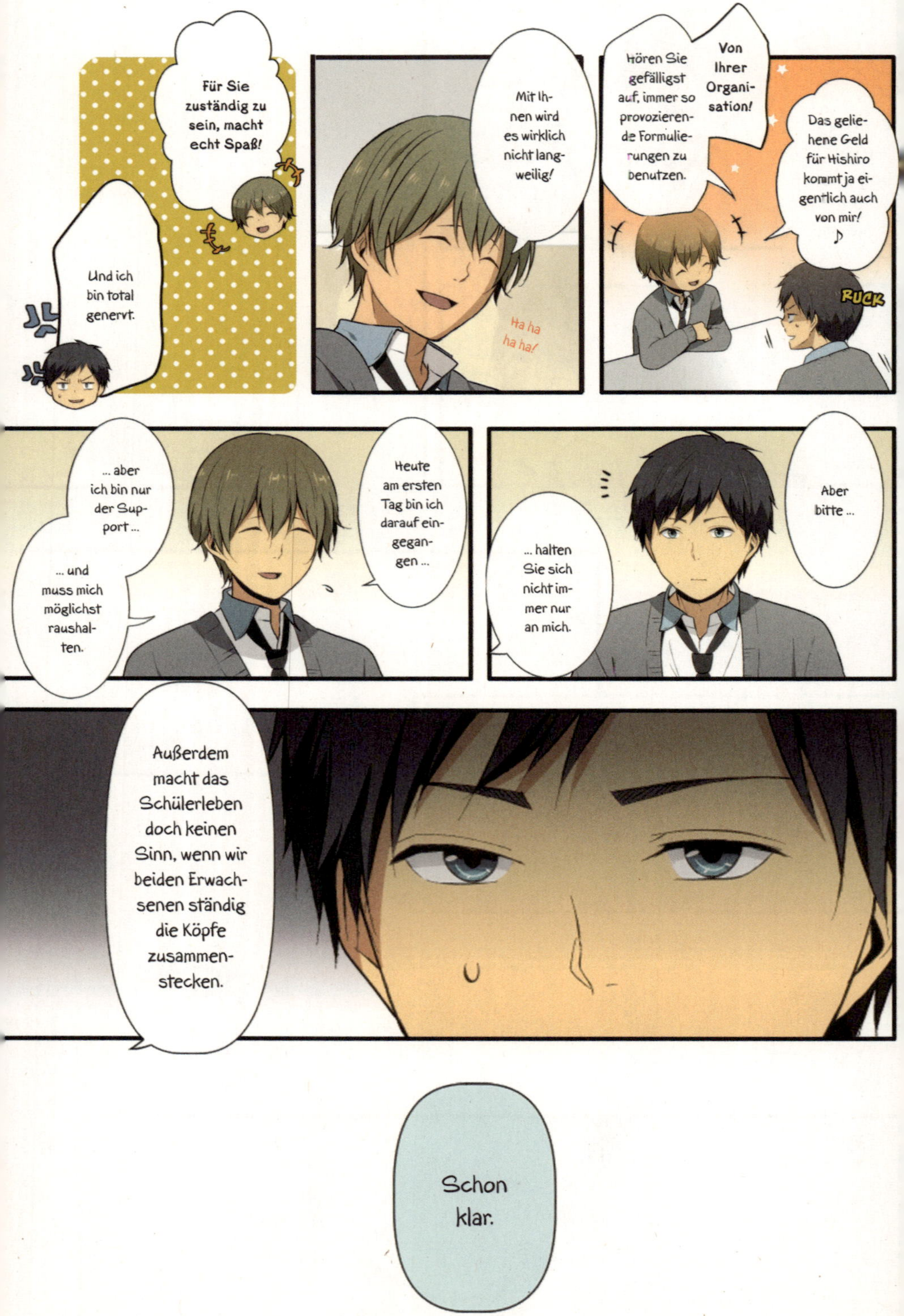
Das geliehene Geld für Hishiro kommt ja eigentlich auch von mir! ♪
Von Ihrer Organisation!
Hören Sie gefälligst auf, immer so provozierende Formulierungen zu benutzen.
RUCK
Mit Ihnen wird es wirklich nicht langweilig!
Ha ha ha ha!
Für Sie zuständig zu sein, macht echt Spaß!
Und ich bin total genervt.
Aber bitte ...
... halten Sie sich nicht immer nur an mich.
Heute am ersten Tag bin ich darauf eingegangen ...
... aber ich bin nur der Support ...
... und muss mich möglichst raushalten.
Außerdem macht das Schülerleben doch keinen Sinn, wenn wir beiden Erwachsenen ständig die Köpfe zusammenstecken.
Schon klar.

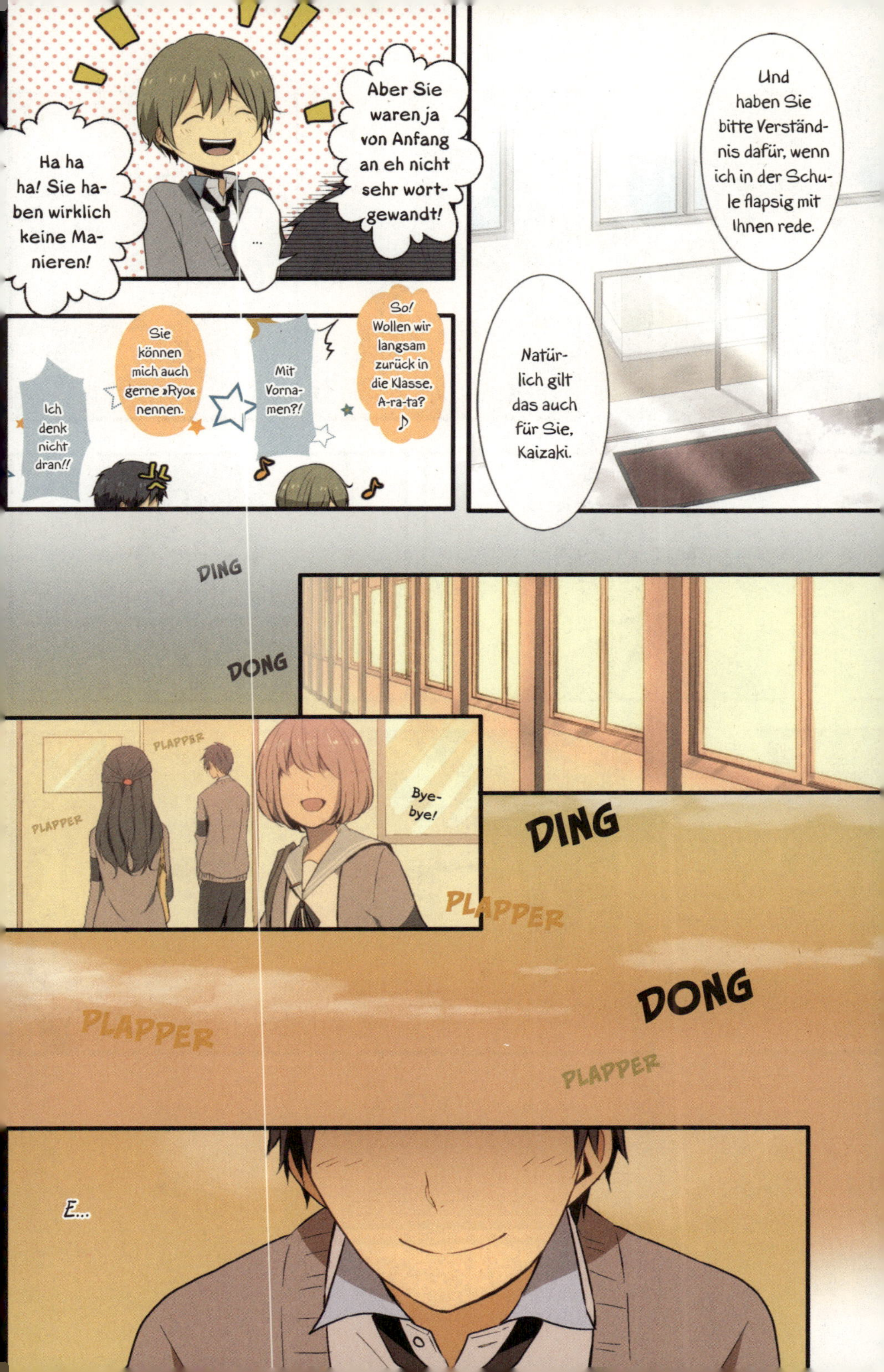

Und haben Sie bitte Verständnis dafür, wenn ich in der Schule flapsig mit Ihnen rede.
Natürlich gilt das auch für Sie, Kaizaki.
Aber Sie waren ja von Anfang an eh nicht sehr wortgewandt!
…
Ha ha ha! Sie haben wirklich keine Manieren!
So! Wollen wir langsam zurück in die Klasse, A-ra-ta? ♪
Mit Vornamen?!
Sie können mich auch gerne »Ryo« nennen.
Ich denk nicht dran!!
DING
DONG
DING
PLAPPER
Bye-bye!
PLAPPER
PLAPPER
DONG
PLAPPER
PLAPPER
E…

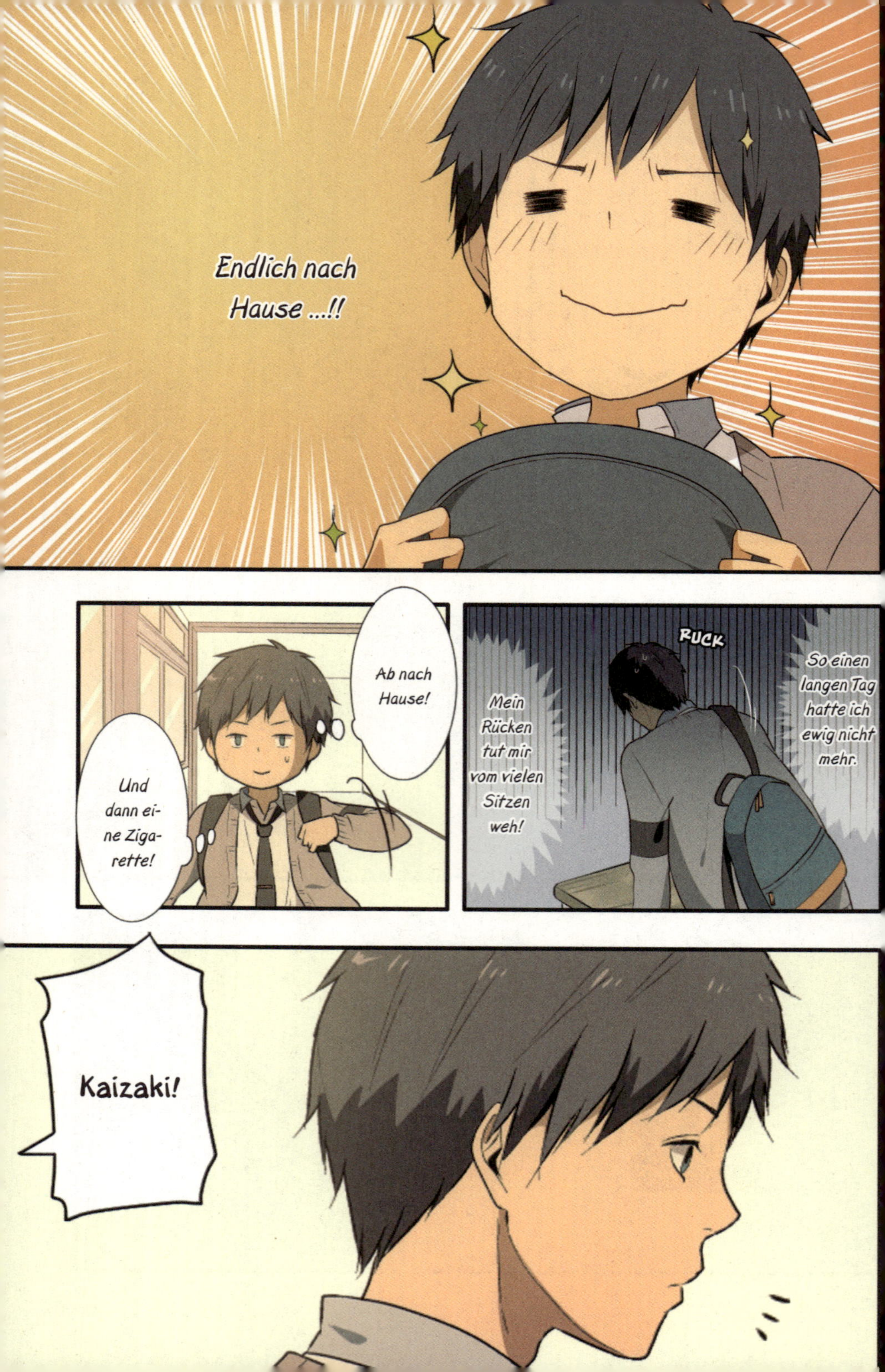
Endlich nach Hause ...!!
Ab nach Hause!
Und dann ei-ne Ziga-rette!
RUCK
So einen langen Tag hatte ich ewig nicht mehr.
Mein Rücken tut mir vom vielen Sitzen weh!
Kaizaki!

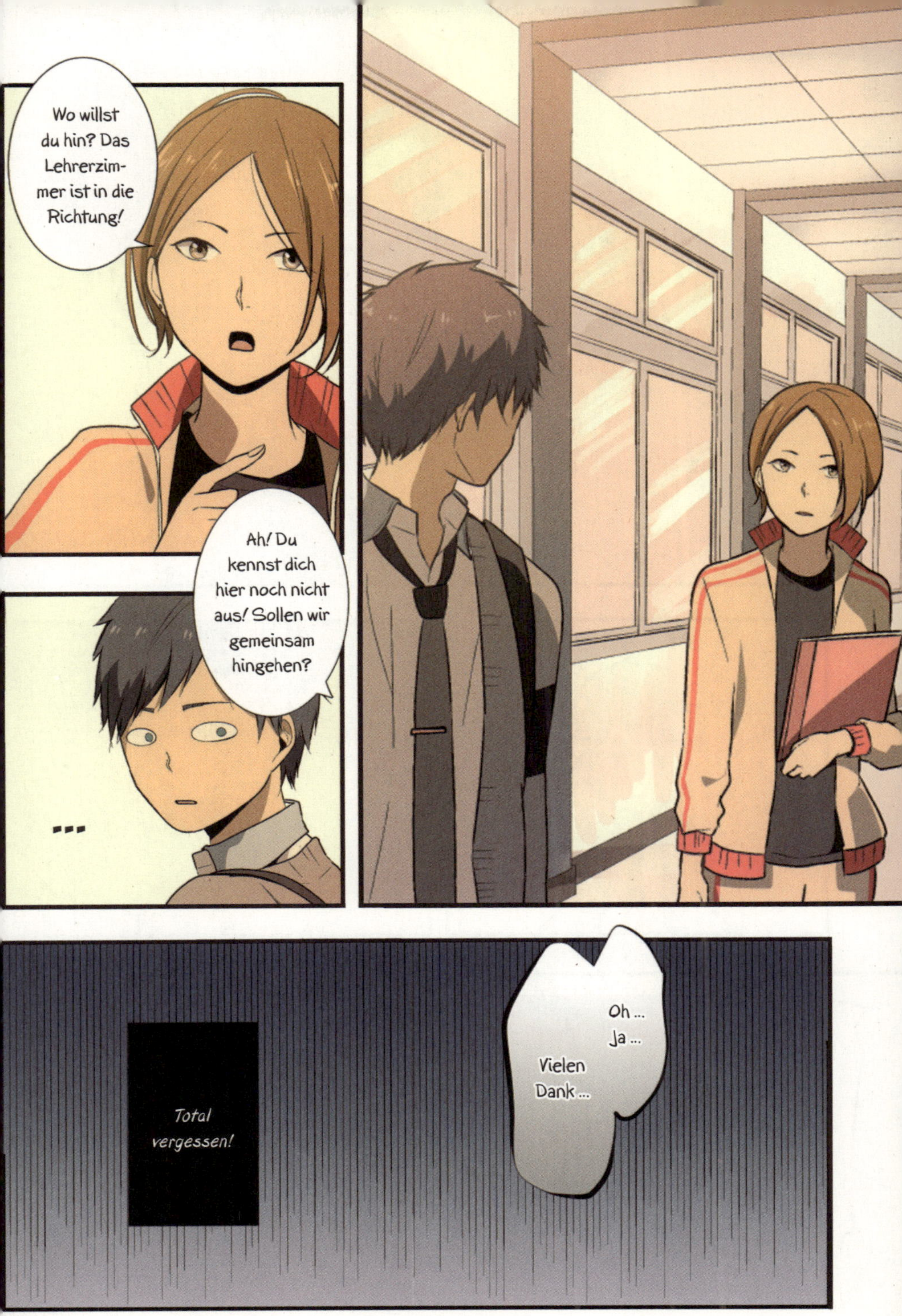
Wo willst du hin? Das Lehrerzimmer ist in die Richtung!
Ah! Du kennst dich hier noch nicht aus! Sollen wir gemeinsam hingehen?
...
Oh ... Ja ... Vielen Dank ...
Total vergessen!

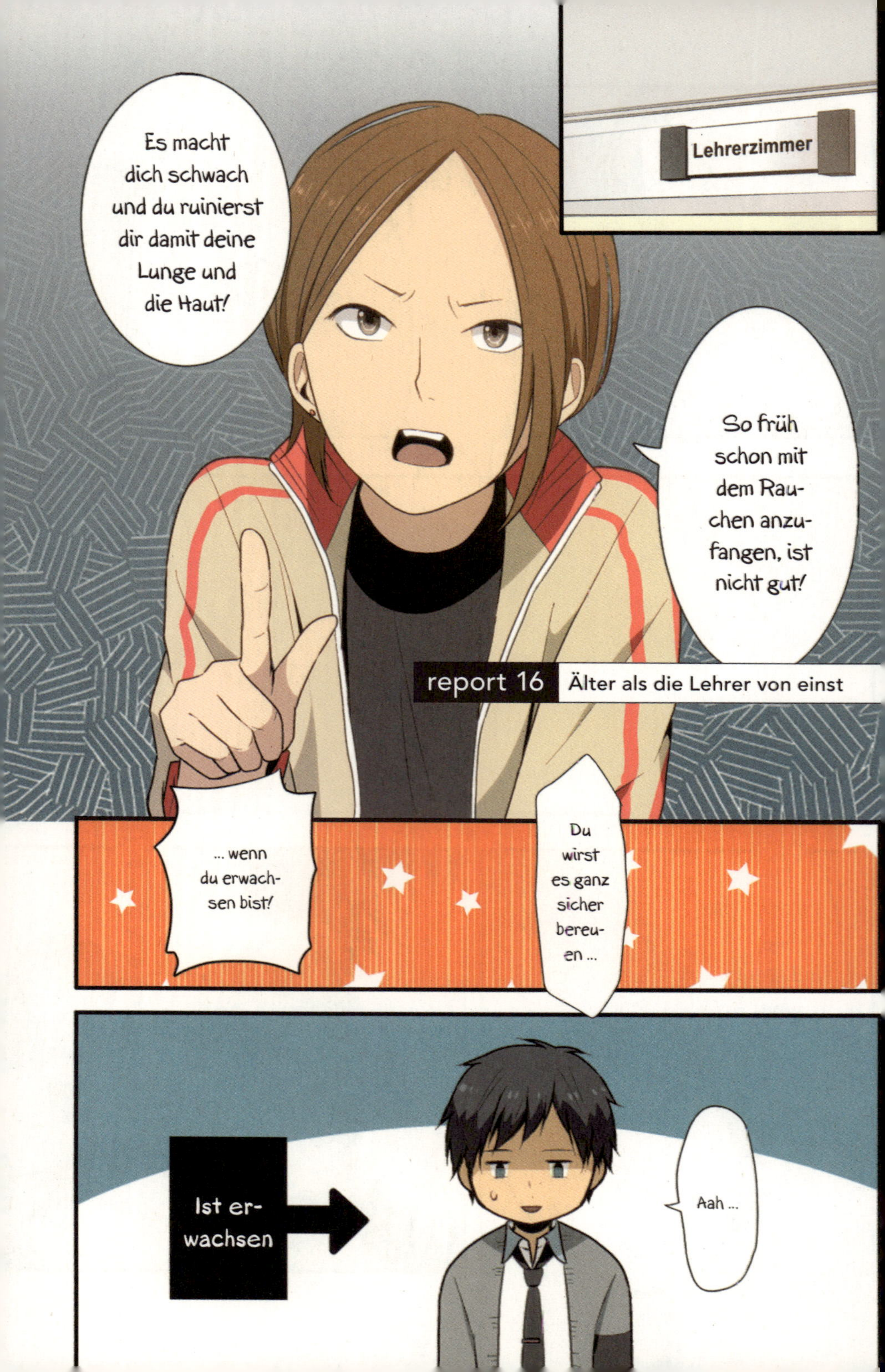
Lehrerzimmer
So früh schon mit dem Rauchen anzufangen, ist nicht gut!
Es macht dich schwach und du ruinierst dir damit deine Lunge und die Haut!
report 16 Älter als die Lehrer von einst
Du wirst es ganz sicher bereuen ...
... wenn du erwachsen bist!
Aah ...
Ist erwachsen

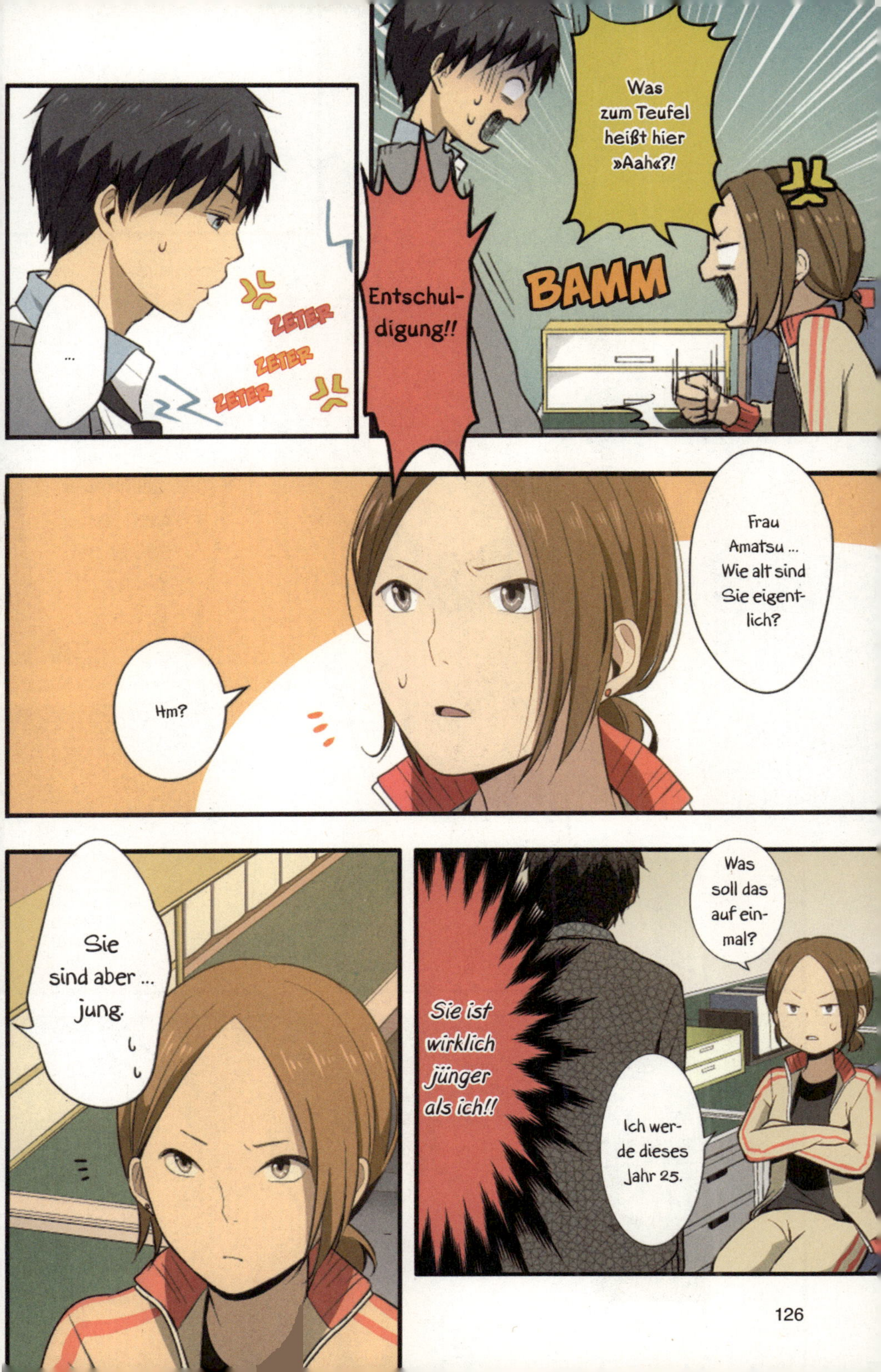
Was zum Teufel heißt hier »Aah«?!
BAMM
Entschuldigung!!
ZETER
ZETER
ZETER
...
Frau Amatsu ... Wie alt sind Sie eigentlich?
Hm?
Was soll das auf einmal?
Ich werde dieses Jahr 25.
Sie ist wirklich jünger als ich!!
Sie sind aber ... jung.

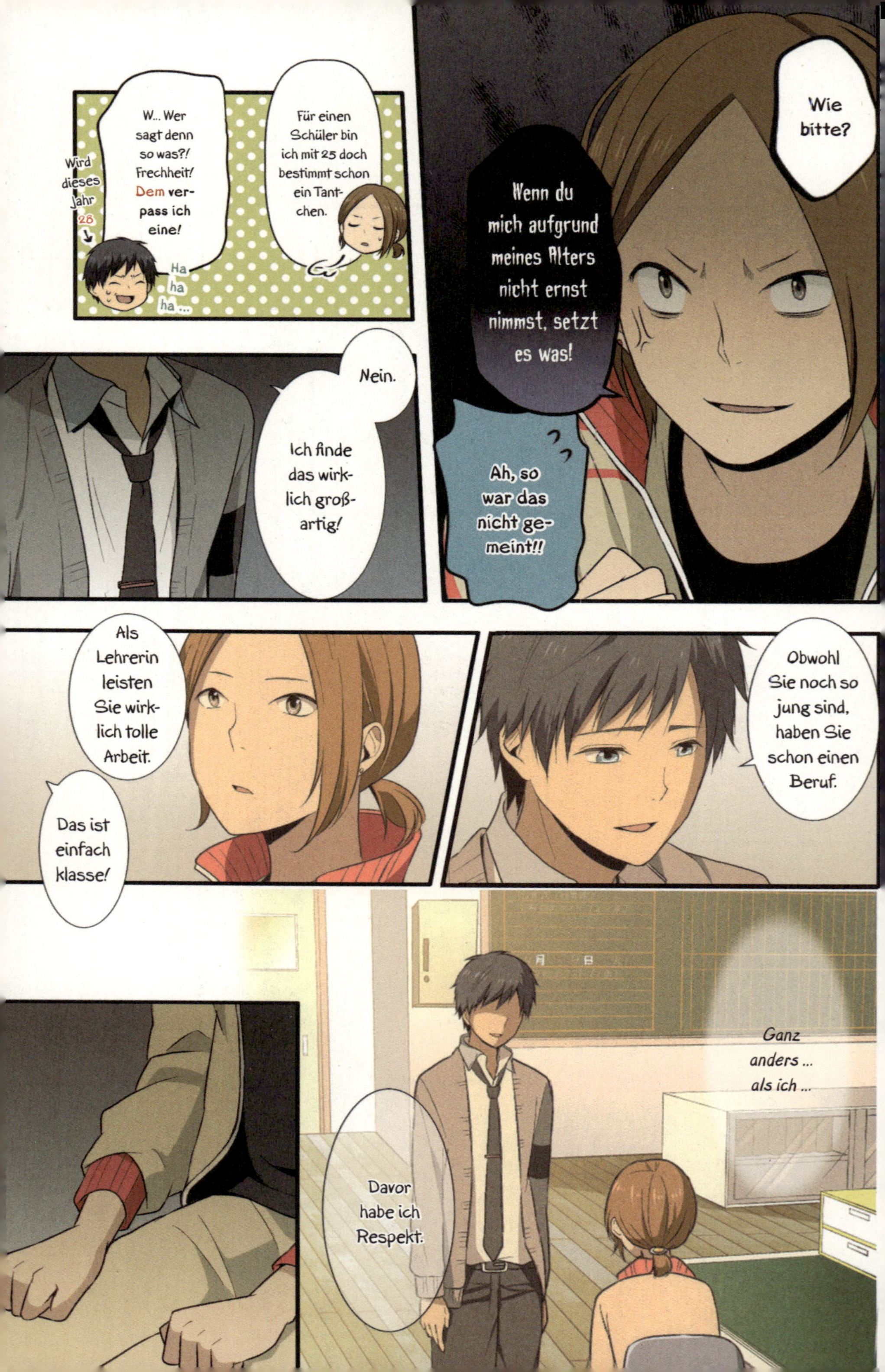

Wie bitte?
Wenn du mich aufgrund meines Alters nicht ernst nimmst, setzt es was!
Ah, so war das nicht gemeint!!
Nein.
Ich finde das wirklich großartig!
Für einen Schüler bin ich mit 25 doch bestimmt schon ein Tantchen.
W... Wer sagt denn so was?! Frechheit! Dem verpass ich eine!
Wird dieses Jahr 28
Ha ha ha ...
Obwohl Sie noch so jung sind, haben Sie schon einen Beruf.
Als Lehrerin leisten Sie wirklich tolle Arbeit.
Das ist einfach klasse!
Ganz anders ... als ich ...
Davor habe ich Respekt.

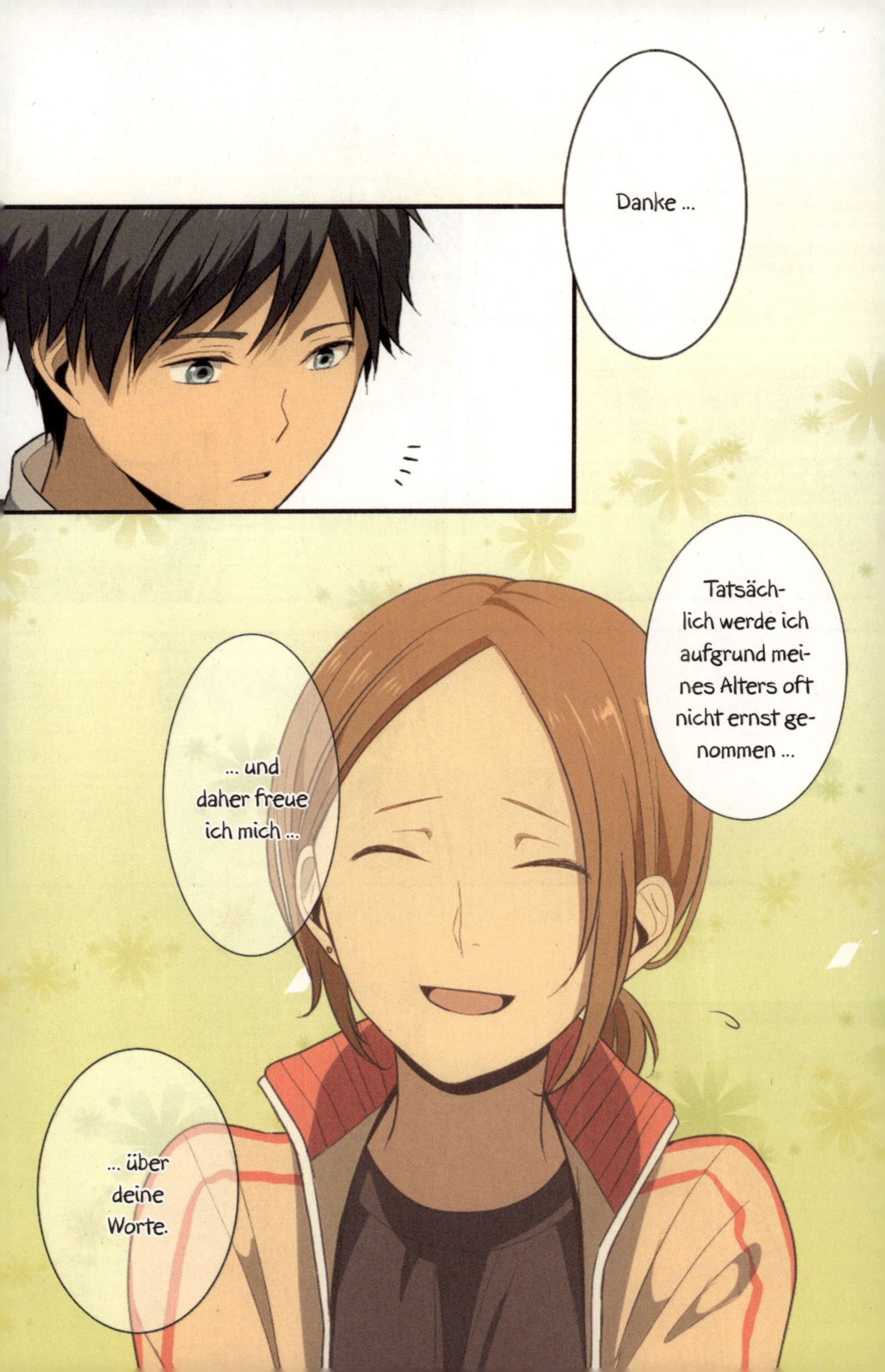
Danke ...
Tatsächlich werde ich aufgrund meines Alters oft nicht ernst genommen ...
... und daher freue ich mich ...
... über deine Worte.

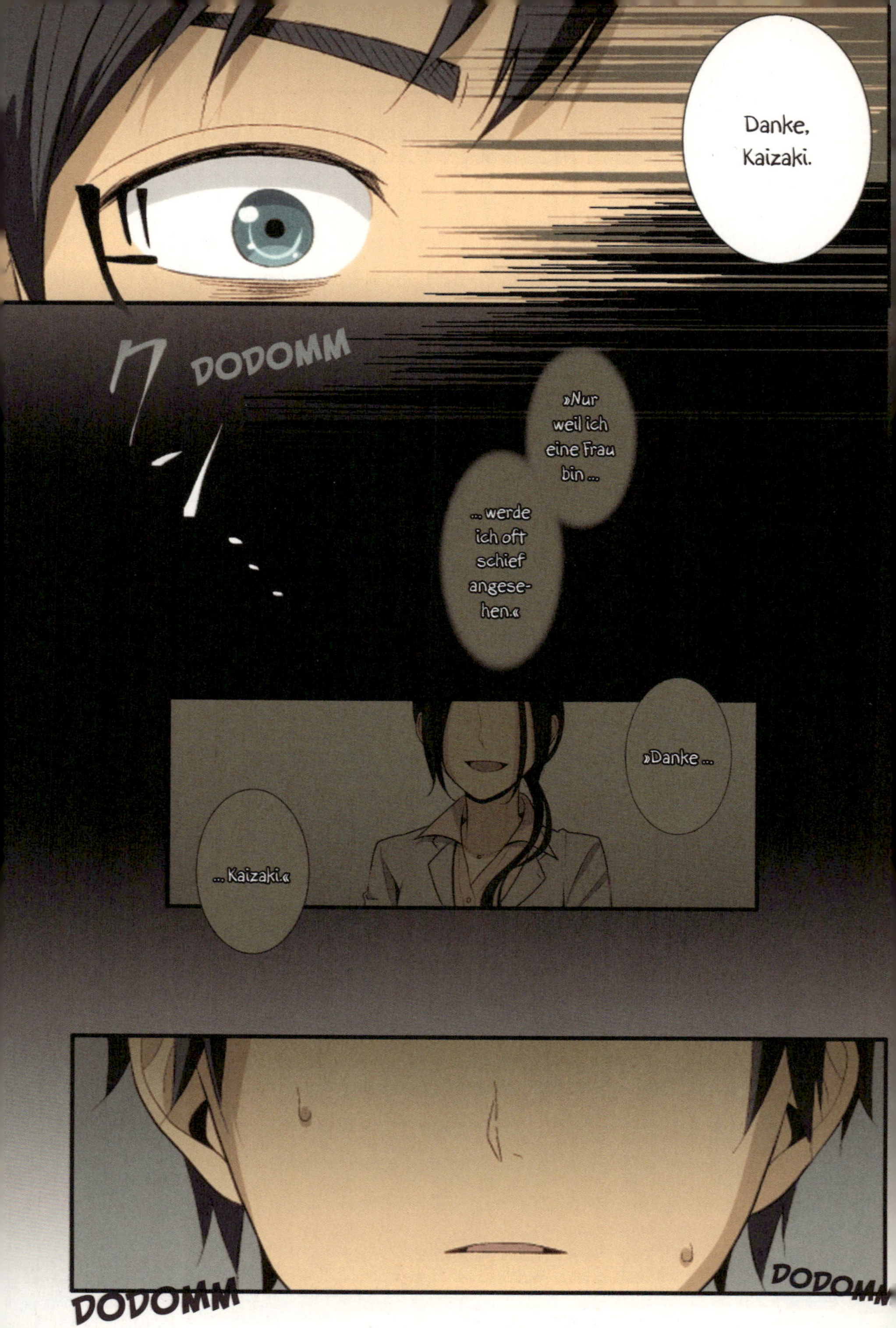
Danke, Kaizaki.
DODOMM
»Nur weil ich eine Frau bin …
… werde ich oft schief angese-hen.«
»Danke …
… Kaizaki.«
DODOMM
DODOMM

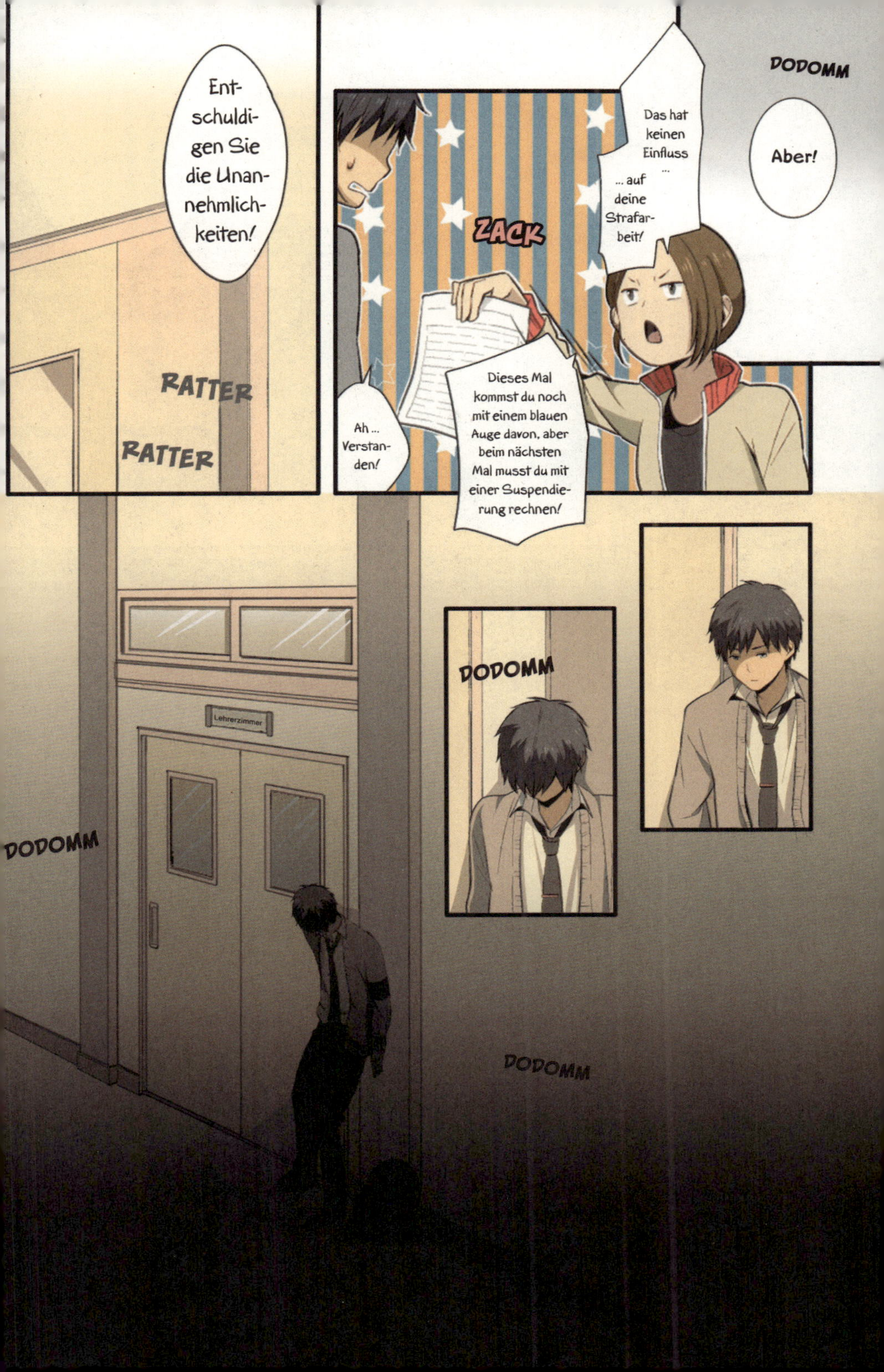
DODOMM
Aber!
Das hat keinen Einfluss ...
... auf deine Strafar-beit!
ZACK
Dieses Mal kommst du noch mit einem blauen Auge davon, aber beim nächsten Mal musst du mit einer Suspendie-rung rechnen!
Ah ... Verstan-den!
Ent-schuldi-gen Sie die Unan-nehmlich-keiten!
RATTER
RATTER
DODOMM
Lehrerzimmer
DODOMM
DODOMM

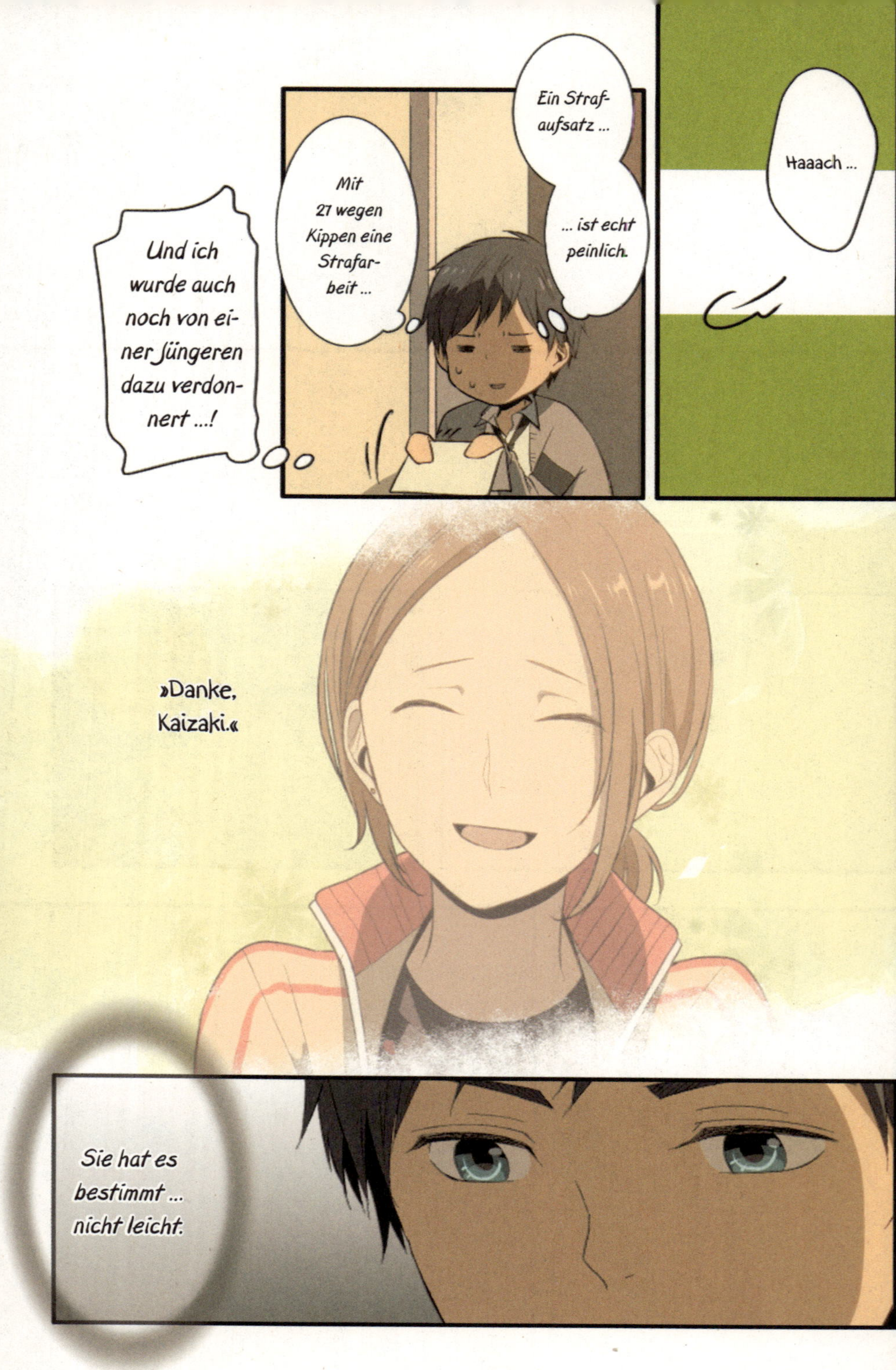
Haaach ...
Ein Straf-aufsatz ...
... ist echt peinlich.
Mit 27 wegen Kippen eine Strafar-beit ...
Und ich wurde auch noch von ei-ner Jüngeren dazu verdon-nert ...!
»Danke, Kaizaki.«
Sie hat es bestimmt ... nicht leicht.

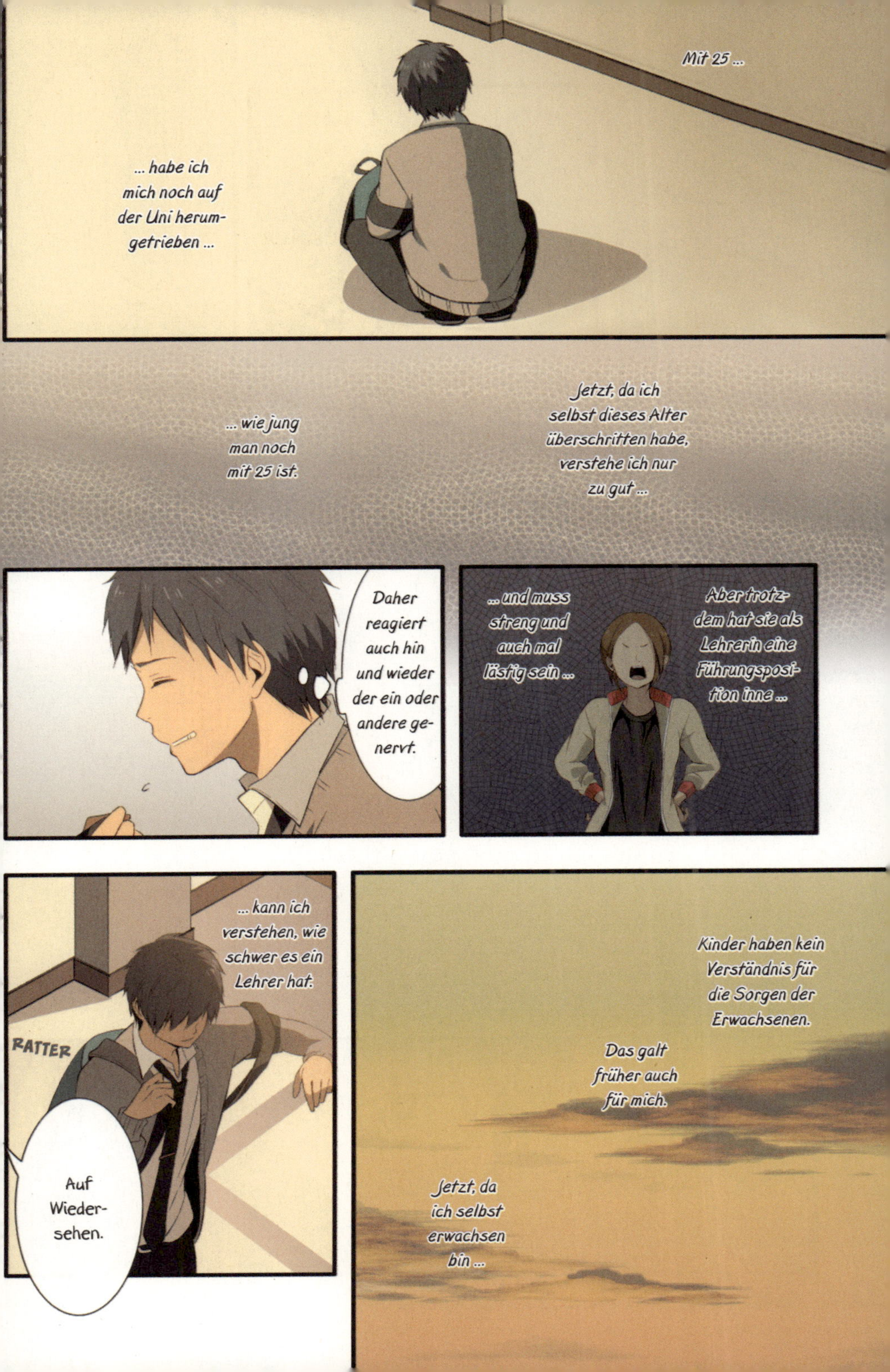
Mit 25 ...
... habe ich mich noch auf der Uni herumgetrieben ...
Jetzt, da ich selbst dieses Alter überschritten habe, verstehe ich nur zu gut ...
... wie jung man noch mit 25 ist.
Aber trotzdem hat sie als Lehrerin eine Führungsposition inne ...
... und muss streng und auch mal lästig sein ...
Daher reagiert auch hin und wieder der ein oder andere genervt.
Kinder haben kein Verständnis für die Sorgen der Erwachsenen.
Das galt früher auch für mich.
Jetzt, da ich selbst erwachsen bin ...
... kann ich verstehen, wie schwer es ein Lehrer hat.
RATTER
Auf Wiedersehen.

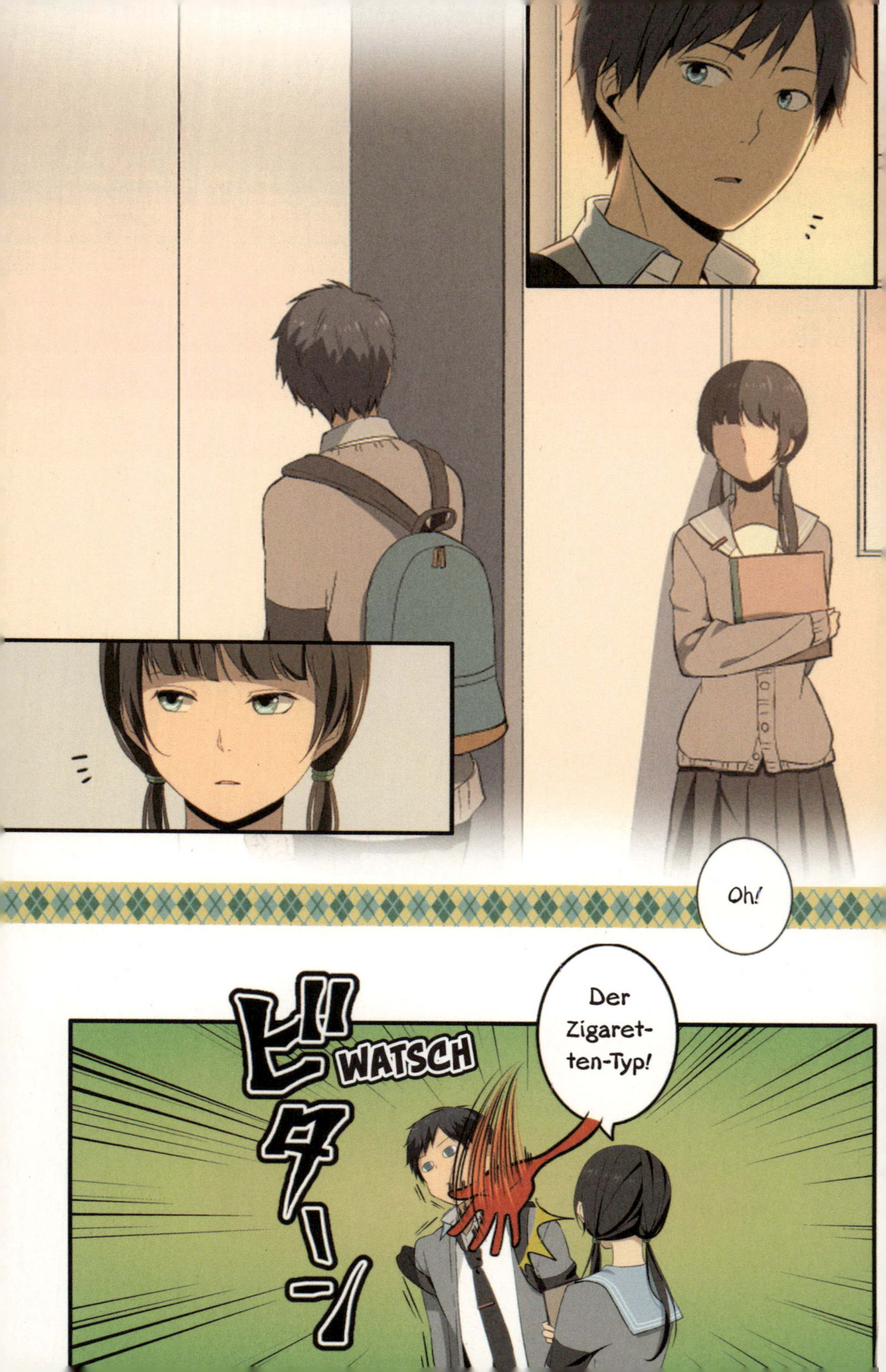
Oh!
Der Zigaretten-Typ!
WATSCH

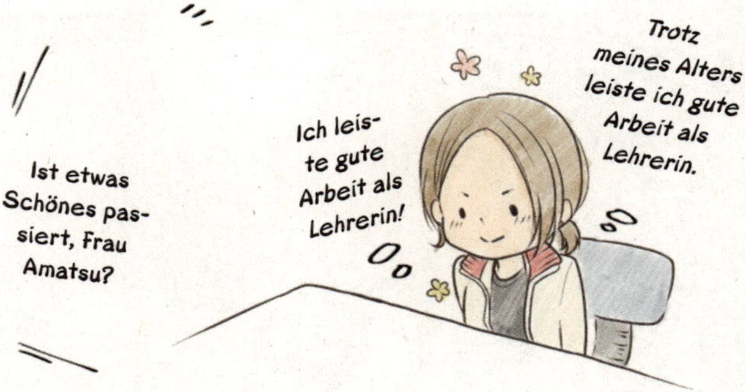
Trotz meines Alters leiste ich gute Arbeit als Lehrerin.
Ich leiste gute Arbeit als Lehrerin!
Ist etwas Schönes passiert, Frau Amatsu?

ReLIFE

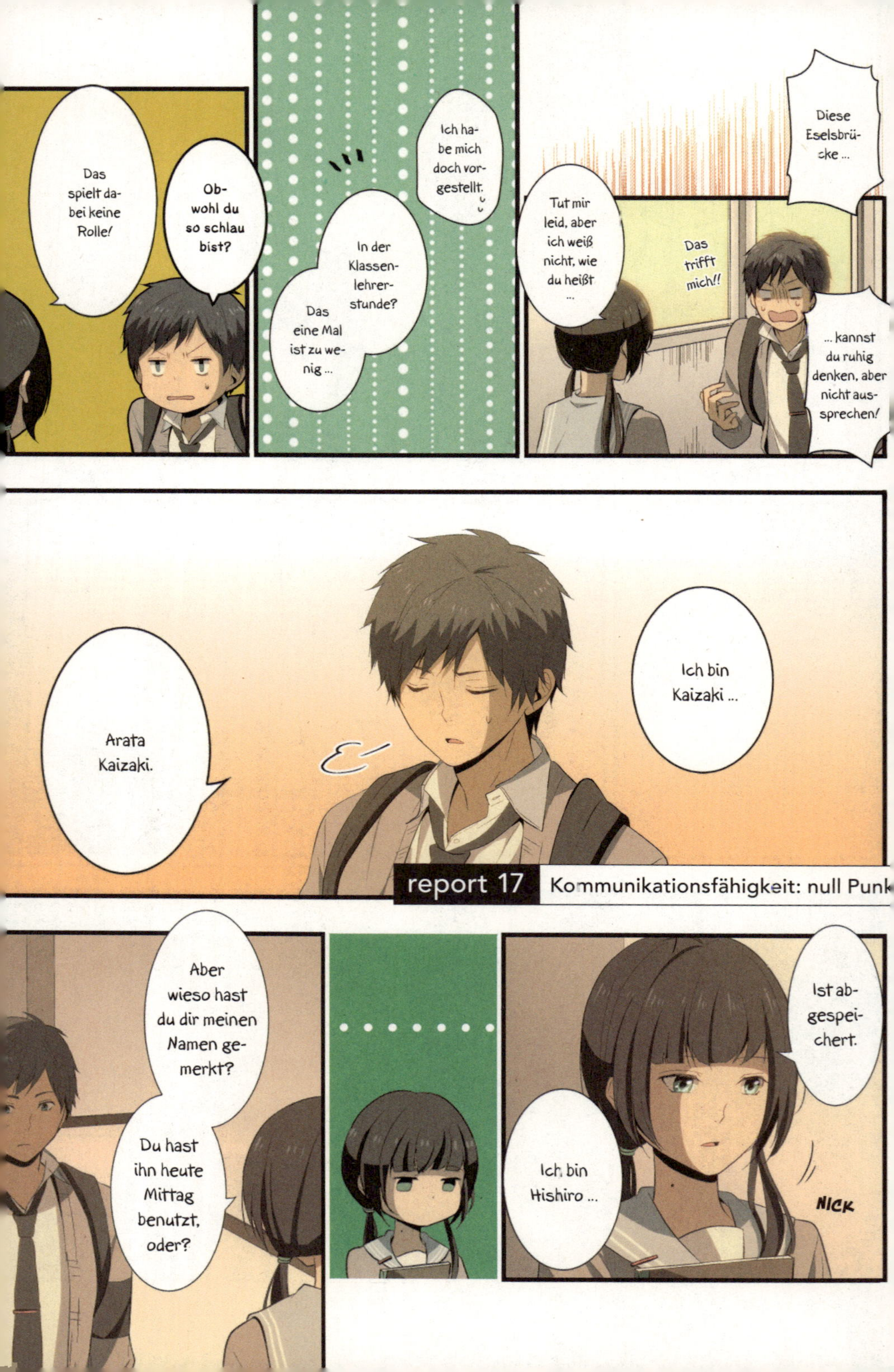
Diese Eselsbrücke ...
Tut mir leid, aber ich weiß nicht, wie du heißt ...
Das trifft mich!!
... kannst du ruhig denken, aber nicht aussprechen!
Ich habe mich doch vorgestellt.
In der Klassenlehrerstunde?
Das eine Mal ist zu wenig ...
Obwohl du so schlau bist?
Das spielt dabei keine Rolle!
Ich bin Kaizaki ...
Arata Kaizaki.
report 17 Kommunikationsfähigkeit: null Punk
Ist abgespeichert.
NICK
Ich bin Hishiro ...
Aber wieso hast du dir meinen Namen gemerkt?
Du hast ihn heute Mittag benutzt, oder?

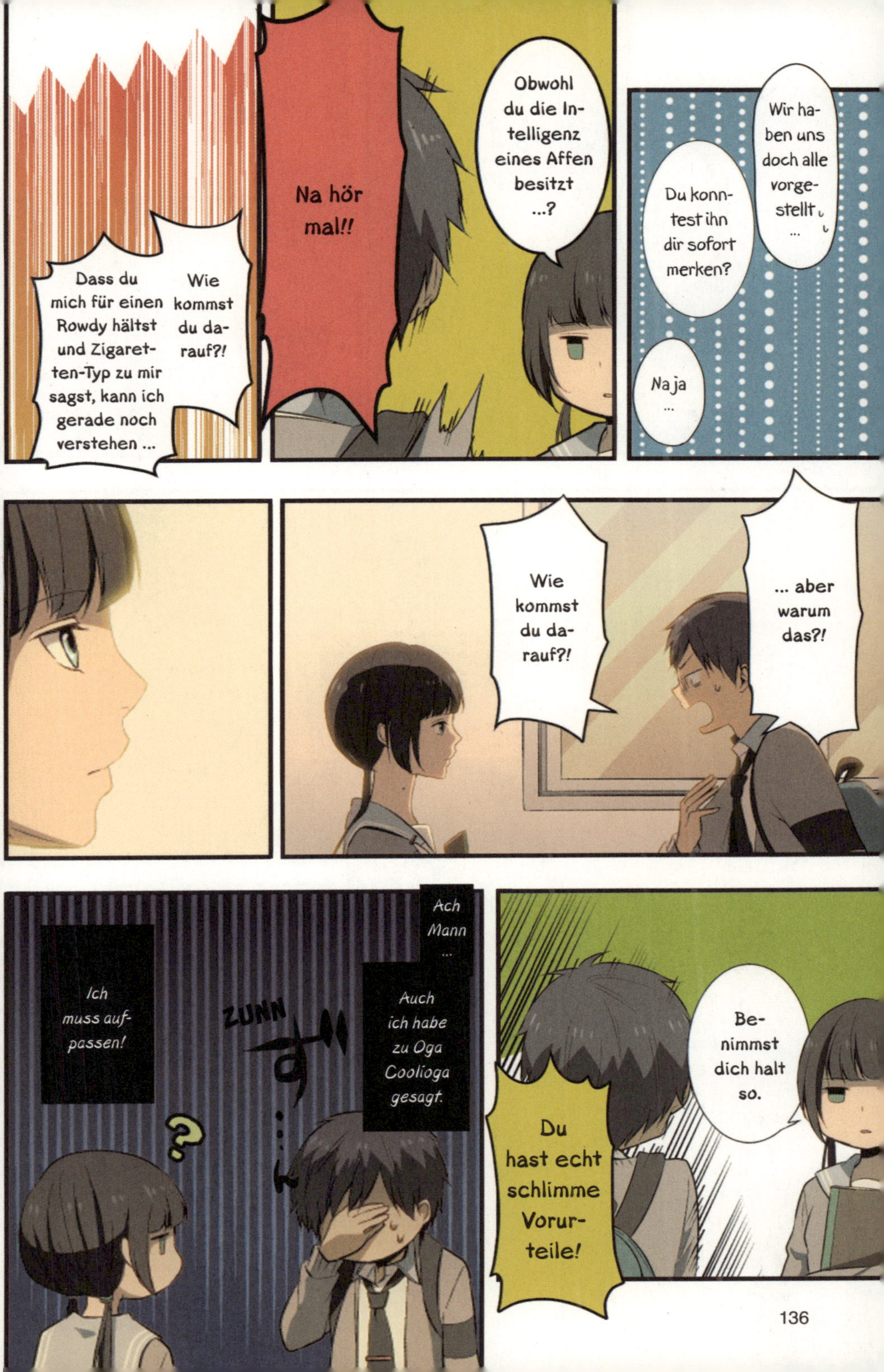
Wir haben uns doch alle vorgestellt ...
Du konntest ihn dir sofort merken?
Na ja ...
Obwohl du die Intelligenz eines Affen besitzt ...?
Na hör mal!!
Wie kommst du darauf?!
Dass du mich für einen Rowdy hältst und Zigaretten-Typ zu mir sagst, kann ich gerade noch verstehen ...
... aber warum das?!
Wie kommst du darauf?!
Benimmst dich halt so.
Du hast echt schlimme Vorurteile!
Ach Mann ...
Auch ich habe zu Oga Coolioga gesagt.
ZUNN
Ich muss aufpassen!

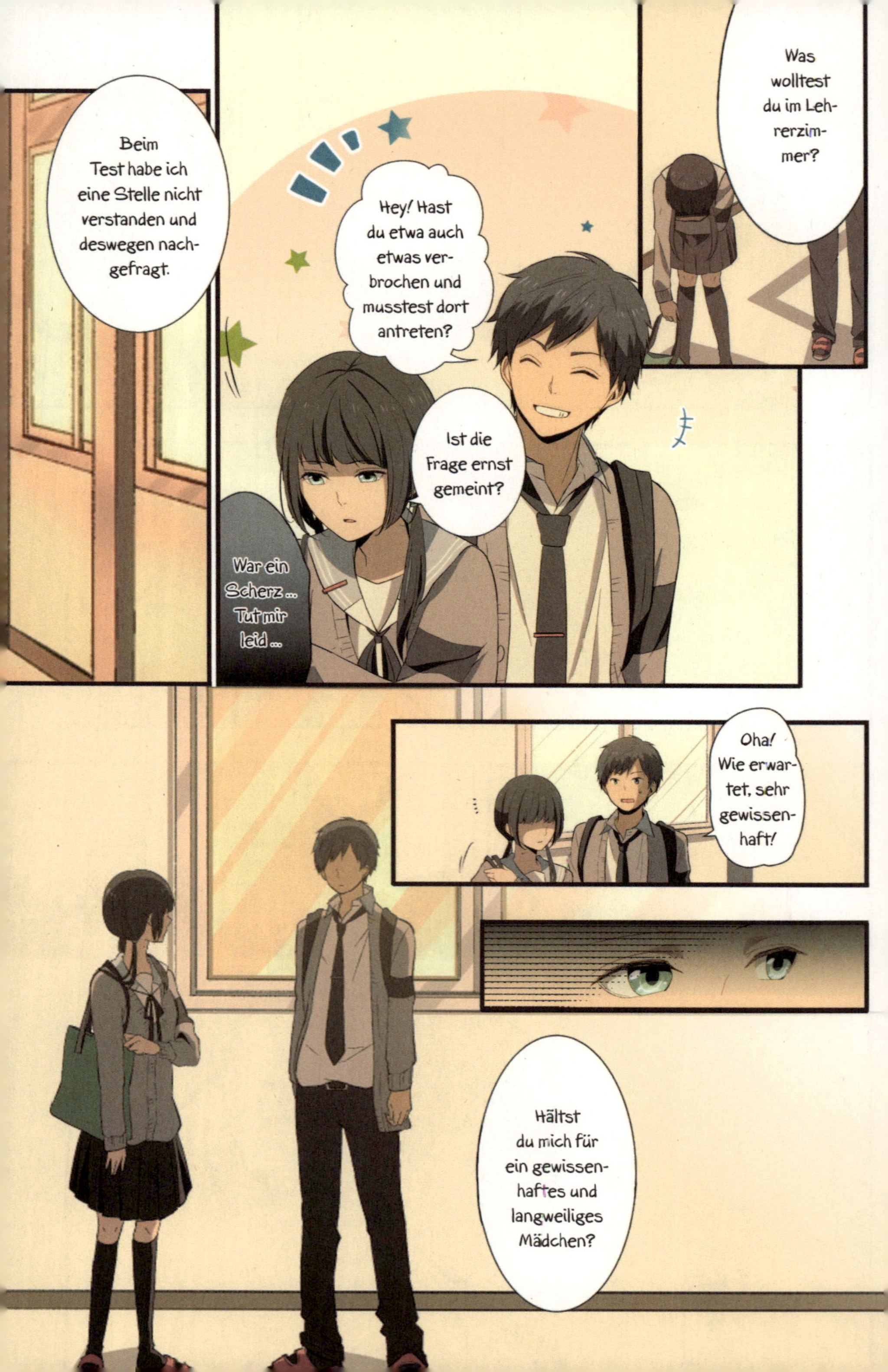
Was wolltest du im Lehrerzimmer?
Beim Test habe ich eine Stelle nicht verstanden und deswegen nachgefragt.
Hey! Hast du etwa auch etwas verbrochen und musstest dort antreten?
Ist die Frage ernst gemeint?
War ein Scherz ... Tut mir leid ...
Oha! Wie erwartet, sehr gewissenhaft!
Hältst du mich für ein gewissenhaftes und langweiliges Mädchen?

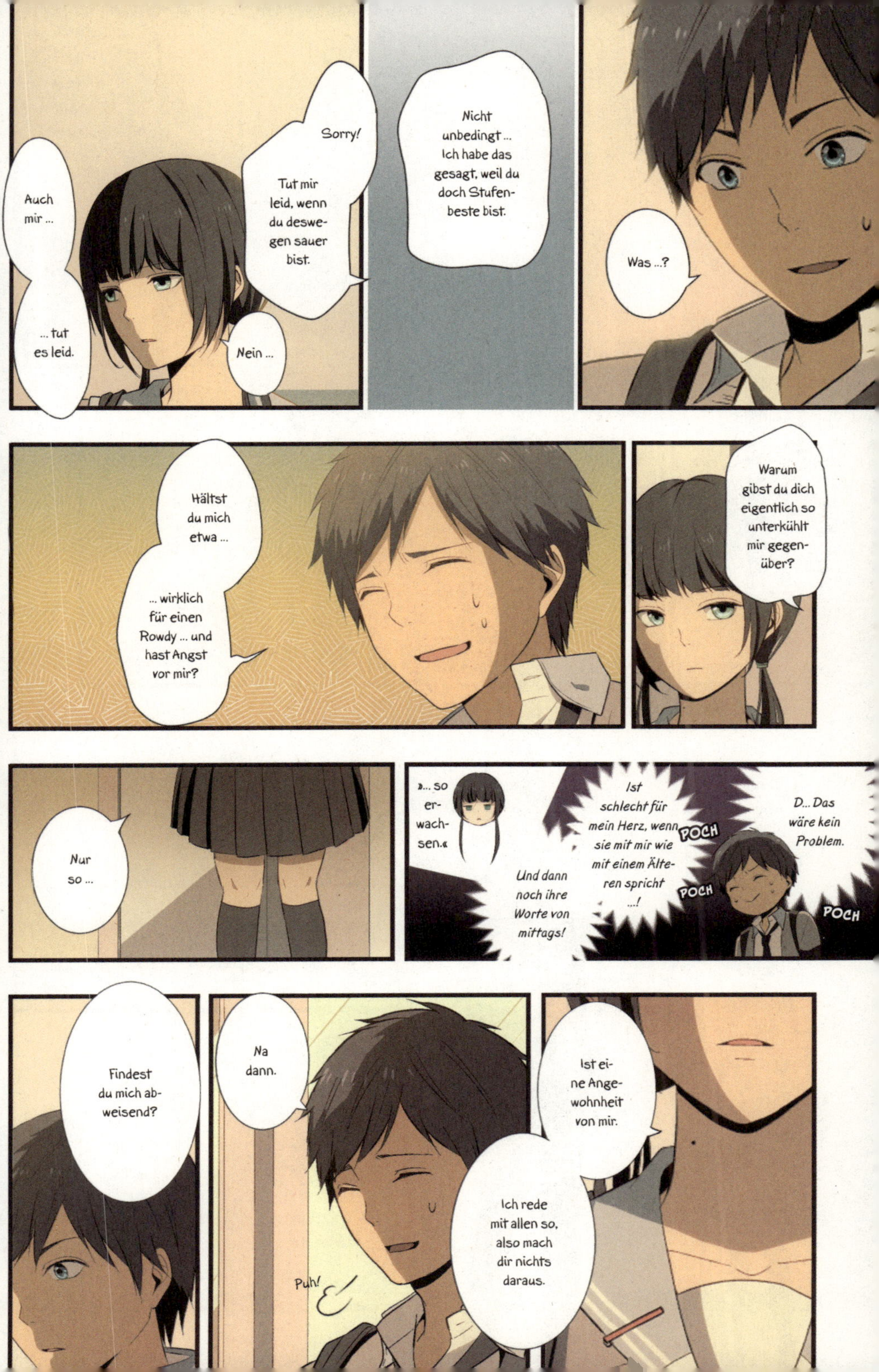

Was ...?
Nicht unbedingt ... Ich habe das gesagt, weil du doch Stufenbeste bist.
Sorry!
Tut mir leid, wenn du deswegen sauer bist.
Nein ...
Auch mir ...
... tut es leid.
Warum gibst du dich eigentlich so unterkühlt mir gegenüber?
Hältst du mich etwa ...
... wirklich für einen Rowdy ... und hast Angst vor mir?
D... Das wäre kein Problem.
POCH
POCH
POCH
Ist schlecht für mein Herz, wenn sie mit mir wie mit einem Älteren spricht ...!
Und dann noch ihre Worte von mittags!
»... so erwachsen.«
Nur so ...
Ist eine Angewohnheit von mir.
Ich rede mit allen so, also mach dir nichts daraus.
Na dann.
Puh!
Findest du mich abweisend?

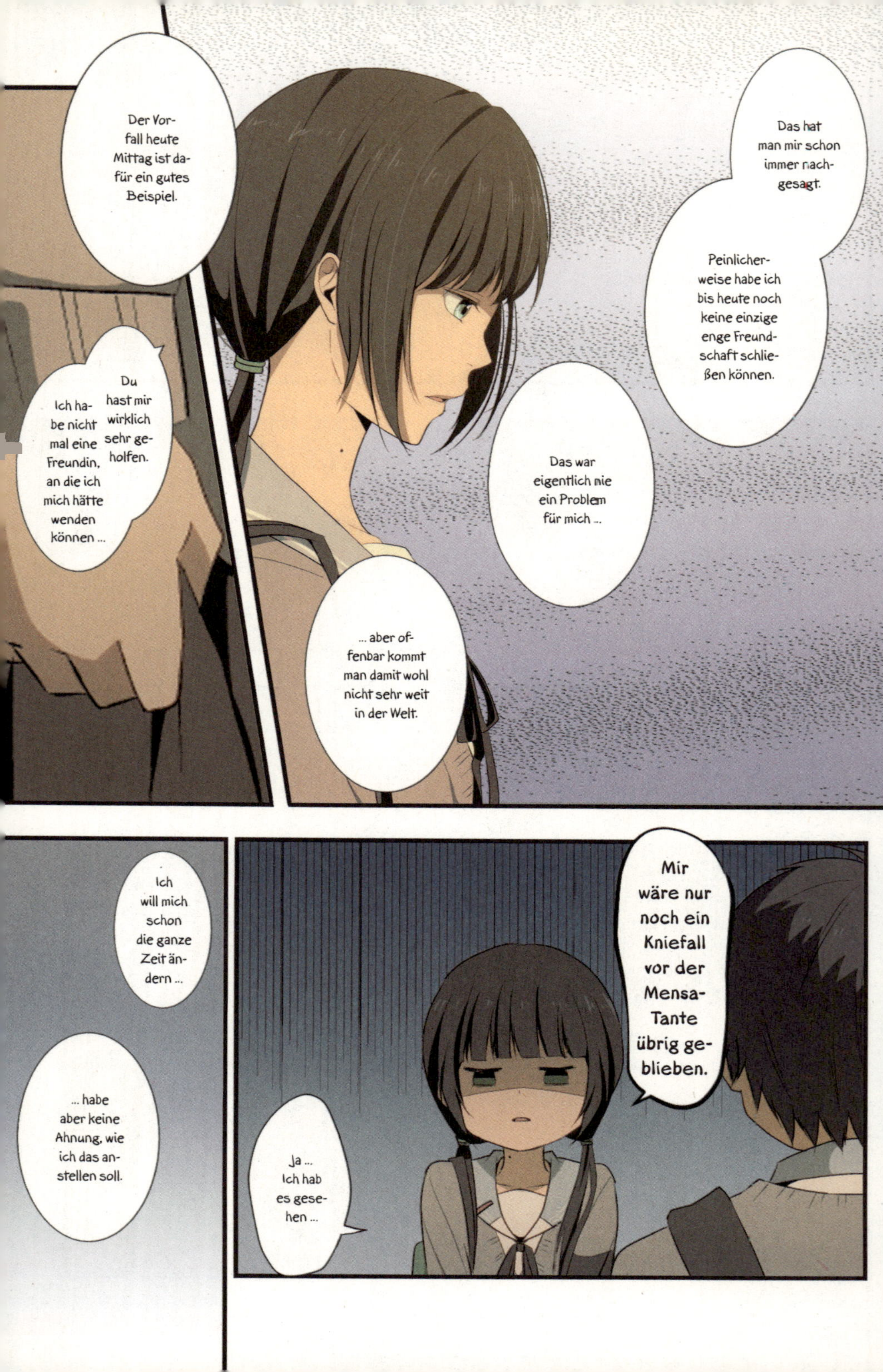
Das hat man mir schon immer nachgesagt.
Peinlicherweise habe ich bis heute noch keine einzige enge Freundschaft schließen können.
Das war eigentlich nie ein Problem für mich ...
... aber offenbar kommt man damit wohl nicht sehr weit in der Welt.
Der Vorfall heute Mittag ist dafür ein gutes Beispiel.
Du hast mir wirklich sehr geholfen.
Ich habe nicht mal eine Freundin, an die ich mich hätte wenden können ...
Mir wäre nur noch ein Kniefall vor der Mensa-Tante übrig geblieben.
Ja ... Ich hab es gesehen ...
Ich will mich schon die ganze Zeit ändern ...
... habe aber keine Ahnung, wie ich das anstellen soll.

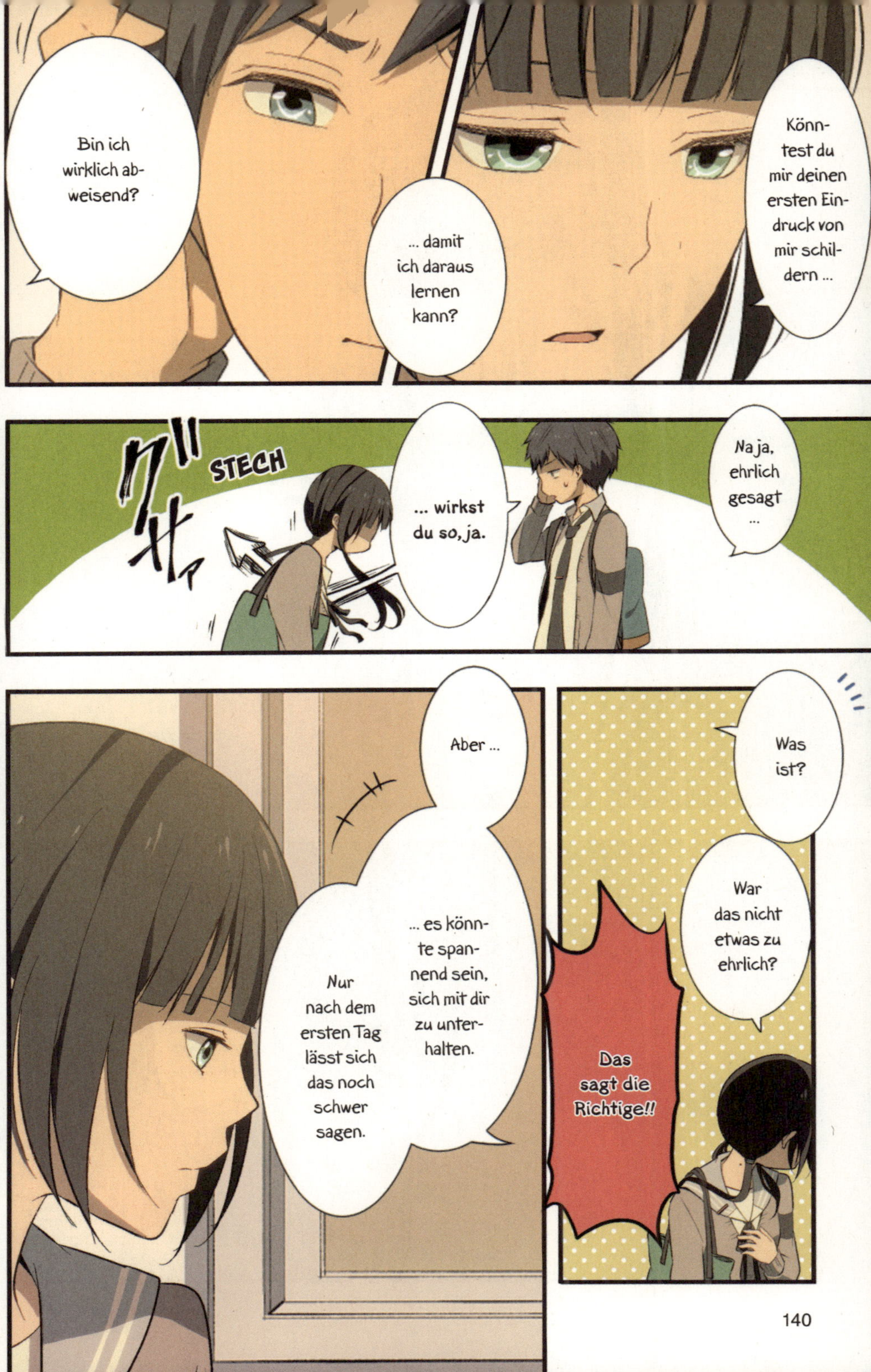

Könntest du mir deinen ersten Eindruck von mir schildern ...
... damit ich daraus lernen kann?
Bin ich wirklich abweisend?
Na ja, ehrlich gesagt ...
... wirkst du so, ja.
STECH
Was ist?
War das nicht etwas zu ehrlich?
Das sagt die Richtige!!
Aber ...
... es könnte spannend sein, sich mit dir zu unterhalten.
Nur nach dem ersten Tag lässt sich das noch schwer sagen.

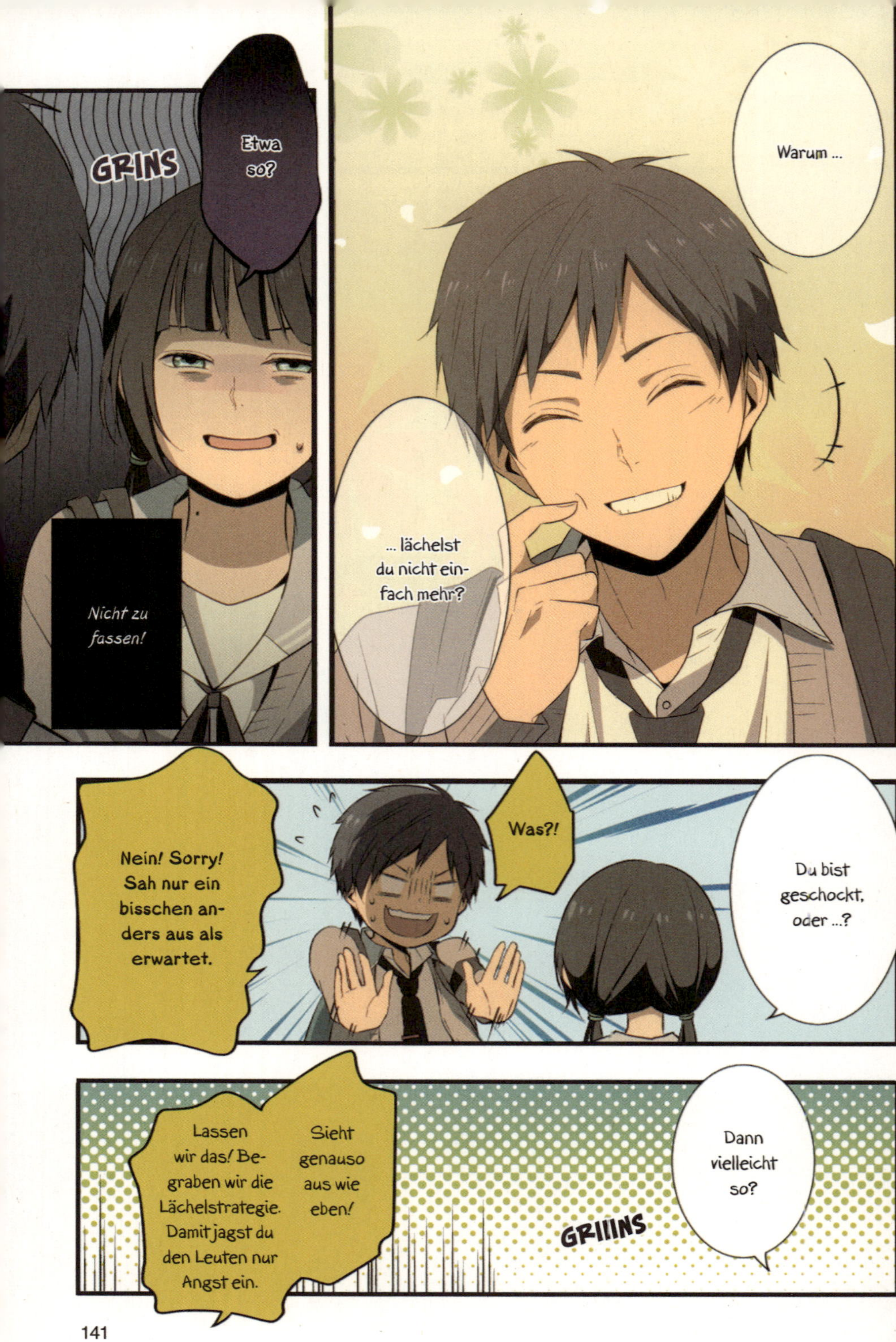
Warum ...
... lächelst du nicht einfach mehr?
GRINS
Etwa so?
Nicht zu fassen!
Du bist geschockt, oder ...?
Was?!
Nein! Sorry! Sah nur ein bisschen anders aus als erwartet.
Dann vielleicht so?
GRIIINS
Sieht genauso aus wie eben!
Lassen wir das! Begraben wir die Lächelstrategie. Damit jagst du den Leuten nur Angst ein.

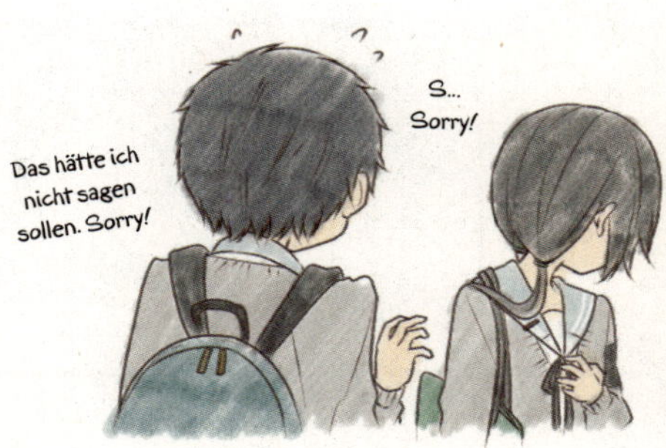

ReLIFE

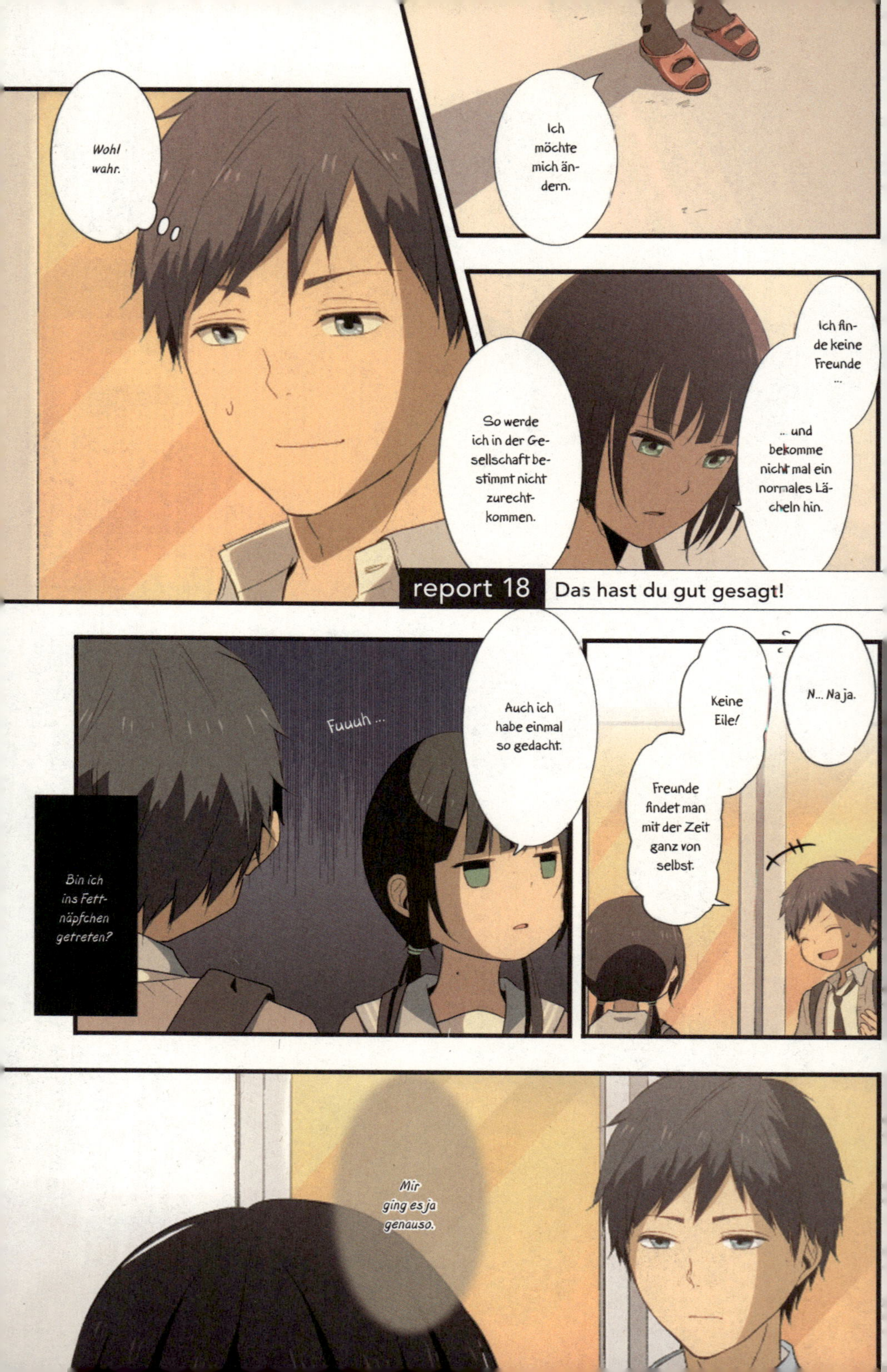

Ich möchte mich ändern.
Ich finde keine Freunde ...
... und bekomme nicht mal ein normales Lächeln hin.
So werde ich in der Gesellschaft bestimmt nicht zurechtkommen.
Wohl wahr.
report 18 Das hast du gut gesagt!
Keine Eile!
Freunde findet man mit der Zeit ganz von selbst.
N... Na ja.
Auch ich habe einmal so gedacht.
Fuuuh ...
Bin ich ins Fettnäpfchen getreten?
Mir ging es ja genauso.

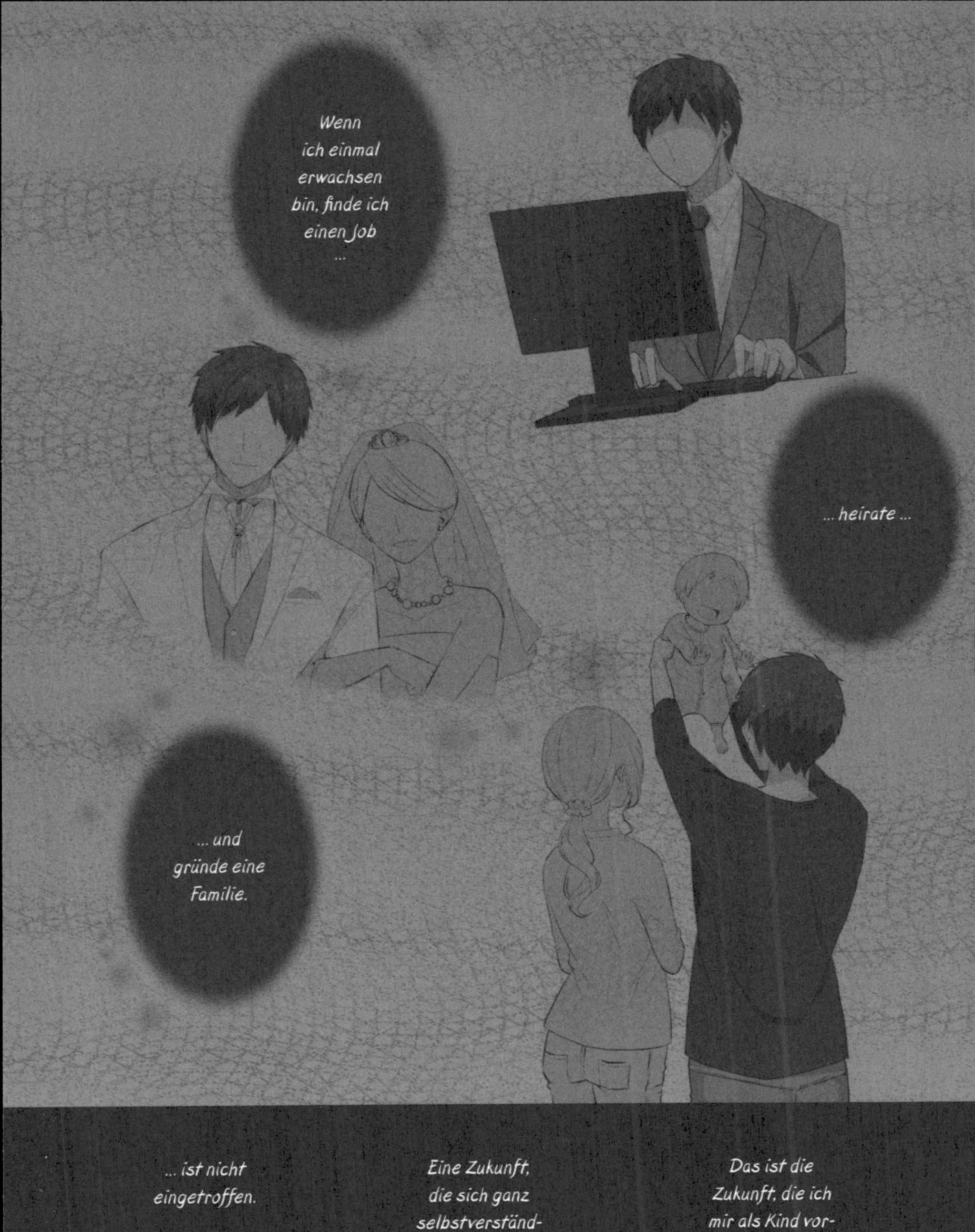
Wenn ich einmal erwachsen bin, finde ich einen Job ...
... heirate ...
... und gründe eine Familie.
Das ist die Zukunft, die ich mir als Kind vor-
Eine Zukunft, die sich ganz selbstverständ-
... ist nicht eingetroffen.

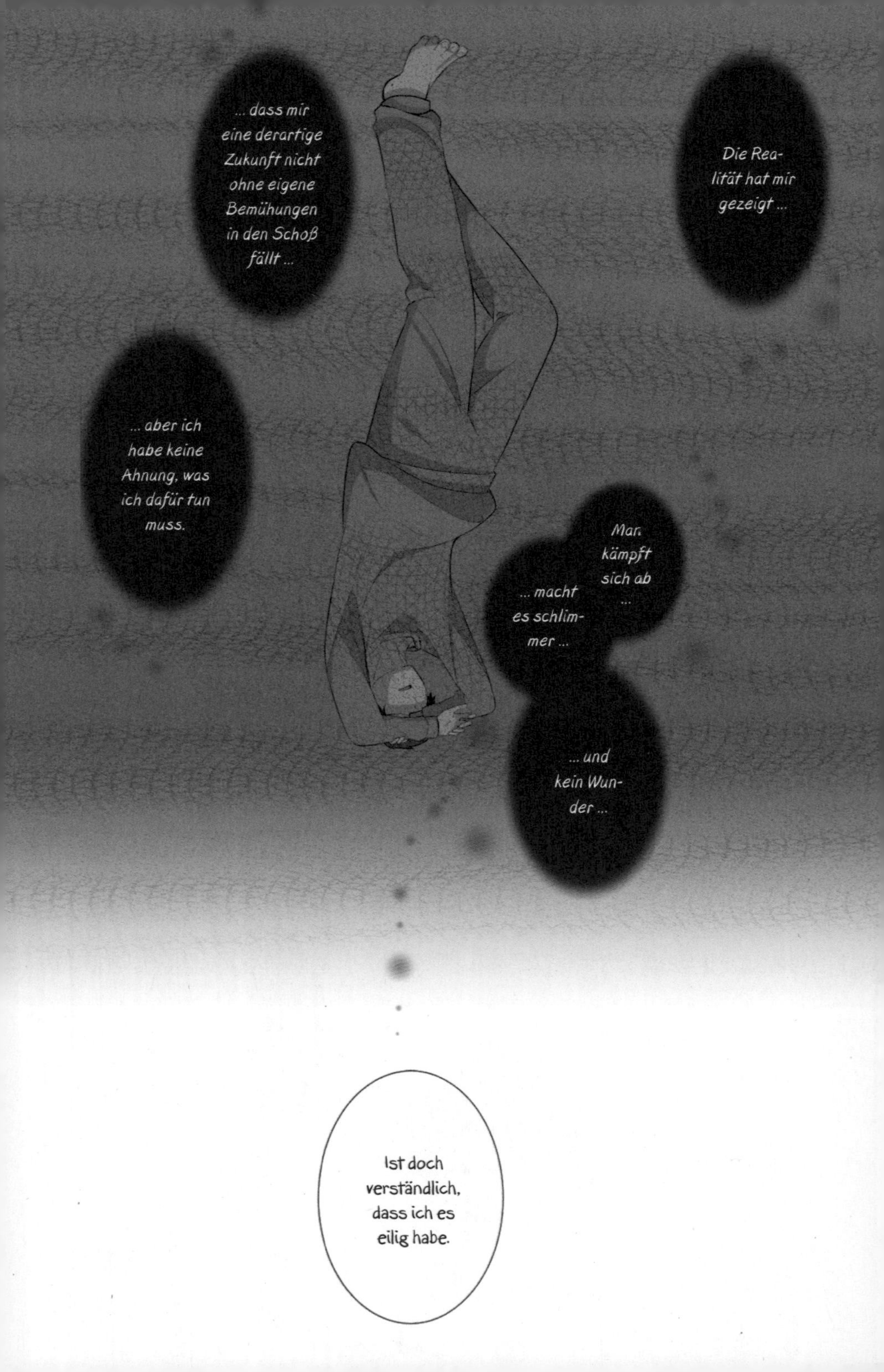
Die Realität hat mir gezeigt ...
... dass mir eine derartige Zukunft nicht ohne eigene Bemühungen in den Schoß fällt ...
Man kämpft sich ab ...
... macht es schlimmer ...
... aber ich habe keine Ahnung, was ich dafür tun muss.
... und kein Wunder ...
Ist doch verständlich, dass ich es eilig habe.

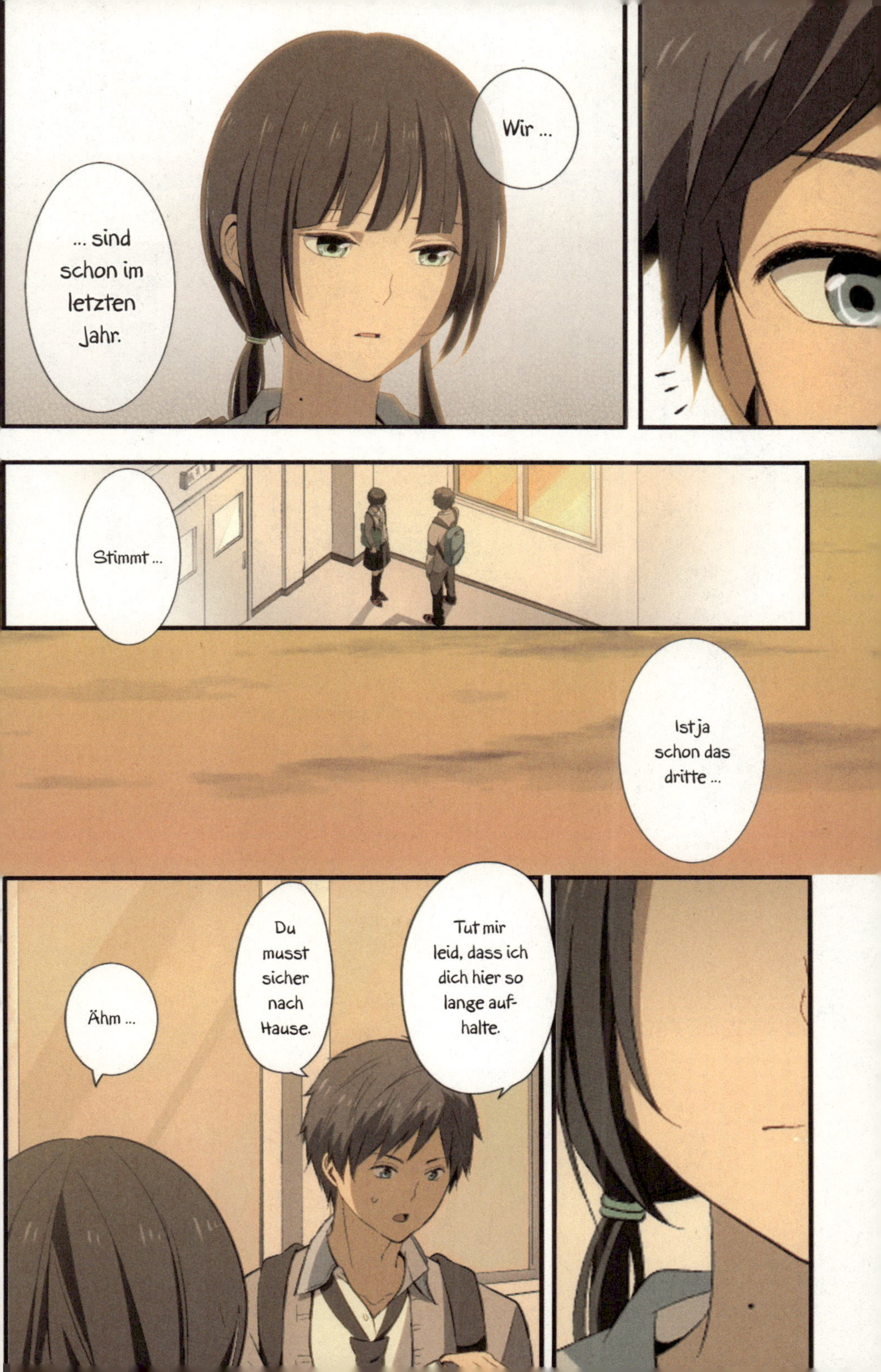
Wir ...
... sind schon im letzten Jahr.
Stimmt ...
Ist ja schon das dritte ...
Tut mir leid, dass ich dich hier so lange auf-halte.
Du musst sicher nach Hause.
Ähm ...

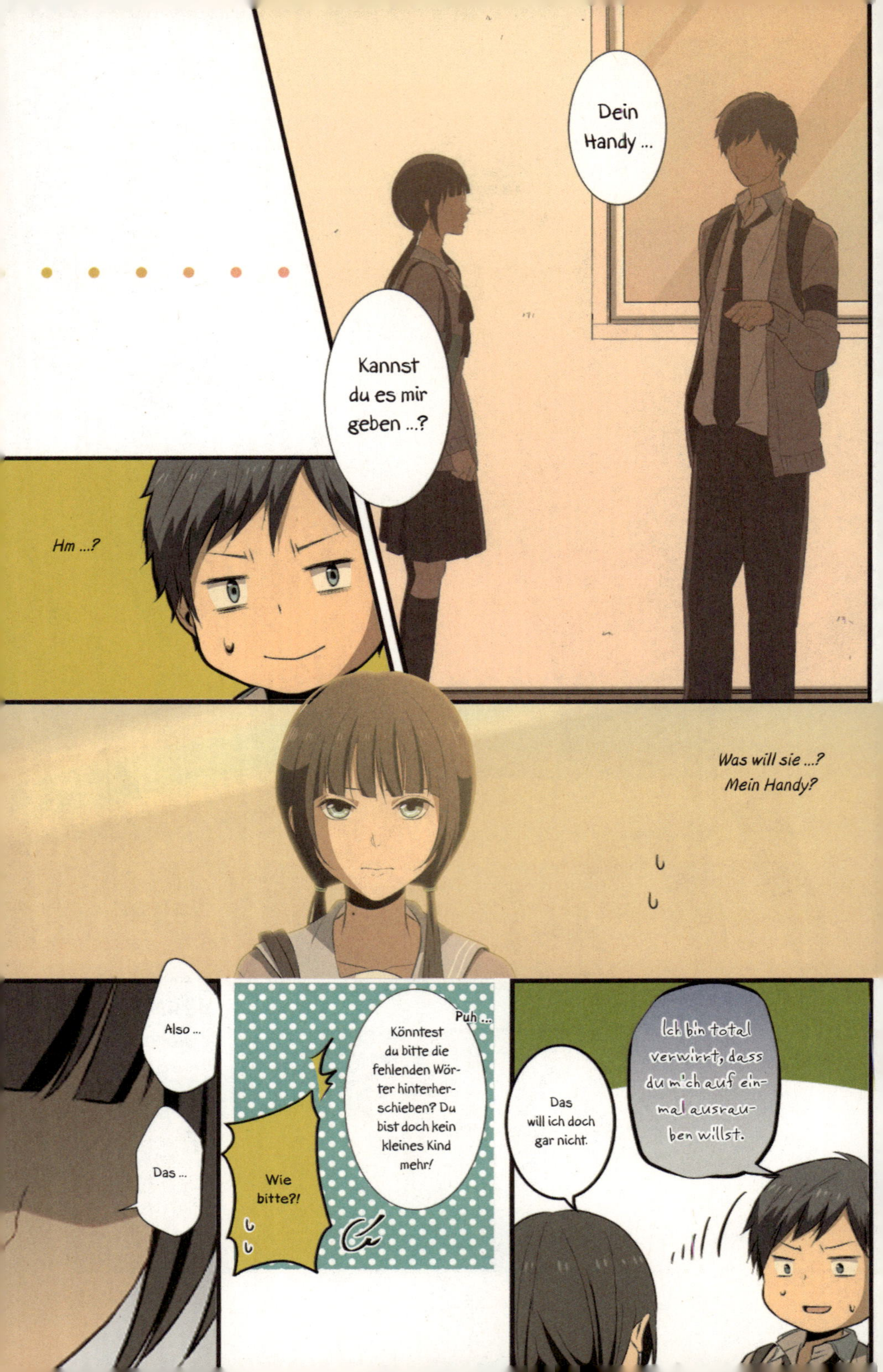
Dein Handy ...
Kannst du es mir geben ...?
Hm ...?
Was will sie ...? Mein Handy?
Also ...
Das ...
Puh ...
Könntest du bitte die fehlenden Wörter hinterherschieben? Du bist doch kein kleines Kind mehr!
Wie bitte?!
Ich bin total verwirrt, dass du mich auf einmal ausrauben willst.
Das will ich doch gar nicht.

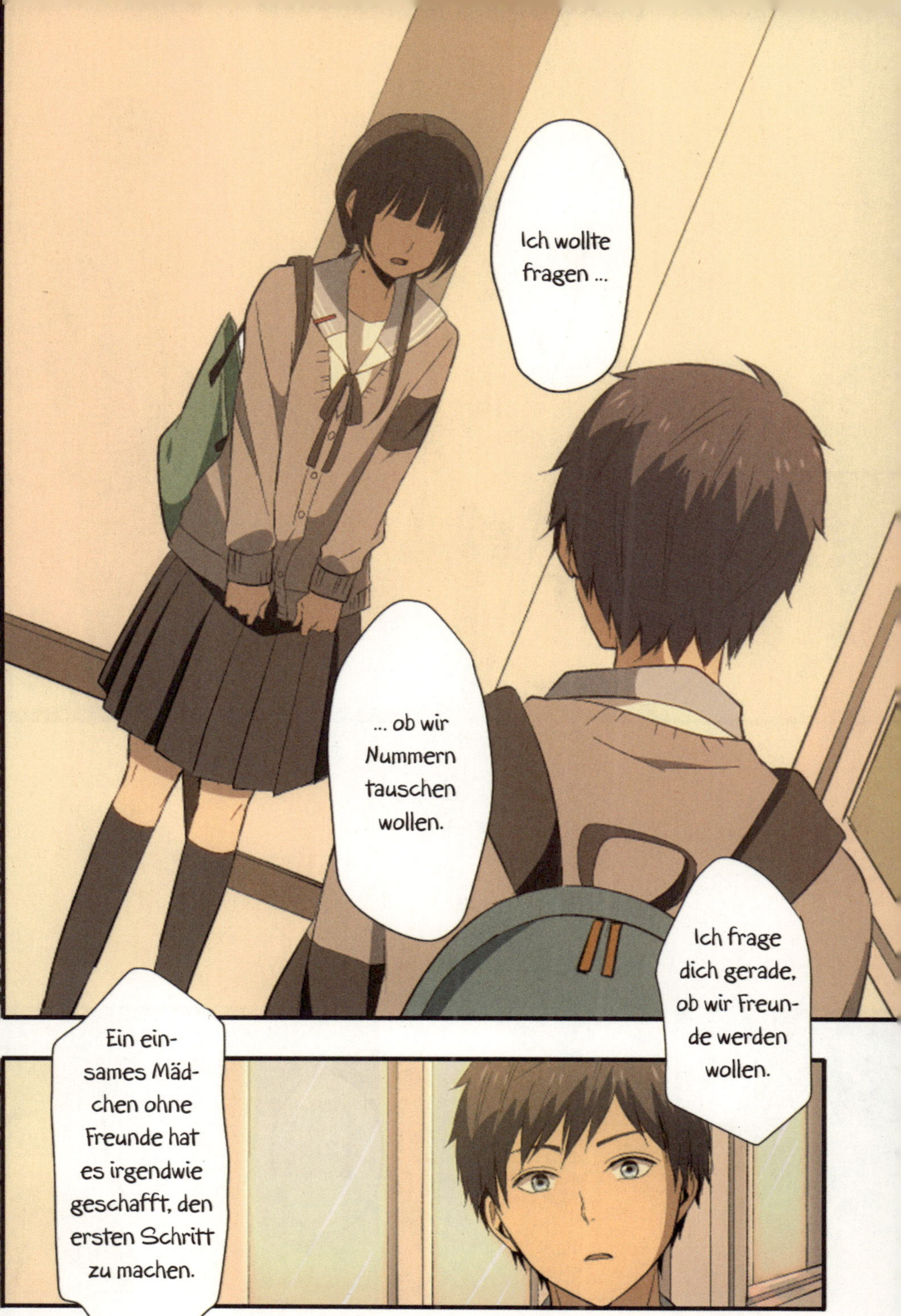
Ich wollte fragen ...
... ob wir Nummern tauschen wollen.
Ein einsames Mädchen ohne Freunde hat es irgendwie geschafft, den ersten Schritt zu machen.
Ich frage dich gerade, ob wir Freunde werden wollen.

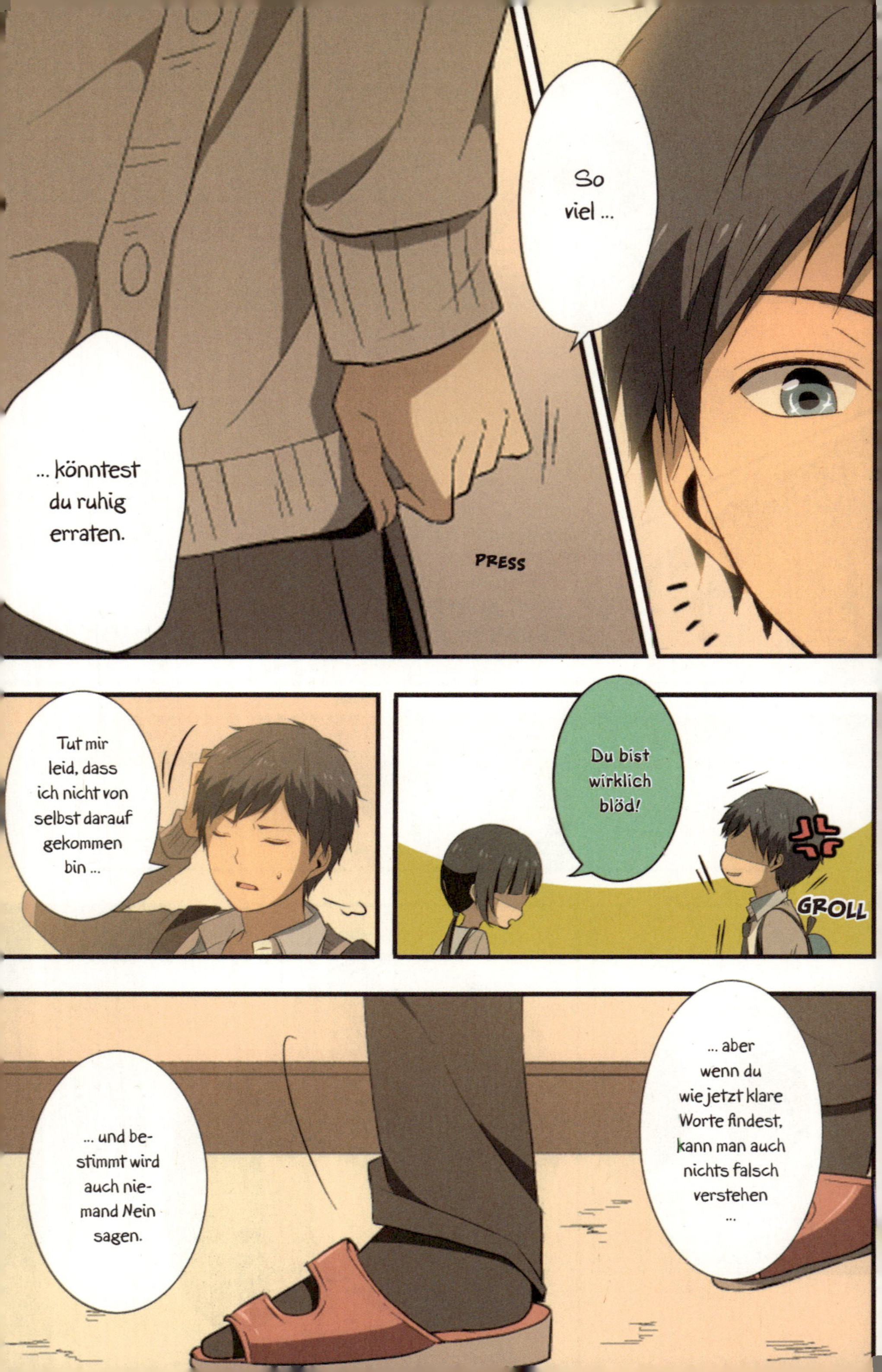
So viel ...
... könntest du ruhig erraten.
PRESS
Du bist wirklich blöd!
GROLL
Tut mir leid, dass ich nicht von selbst darauf gekommen bin ...
... aber wenn du wie jetzt klare Worte findest, kann man auch nichts falsch verstehen ...
... und bestimmt wird auch niemand Nein sagen.

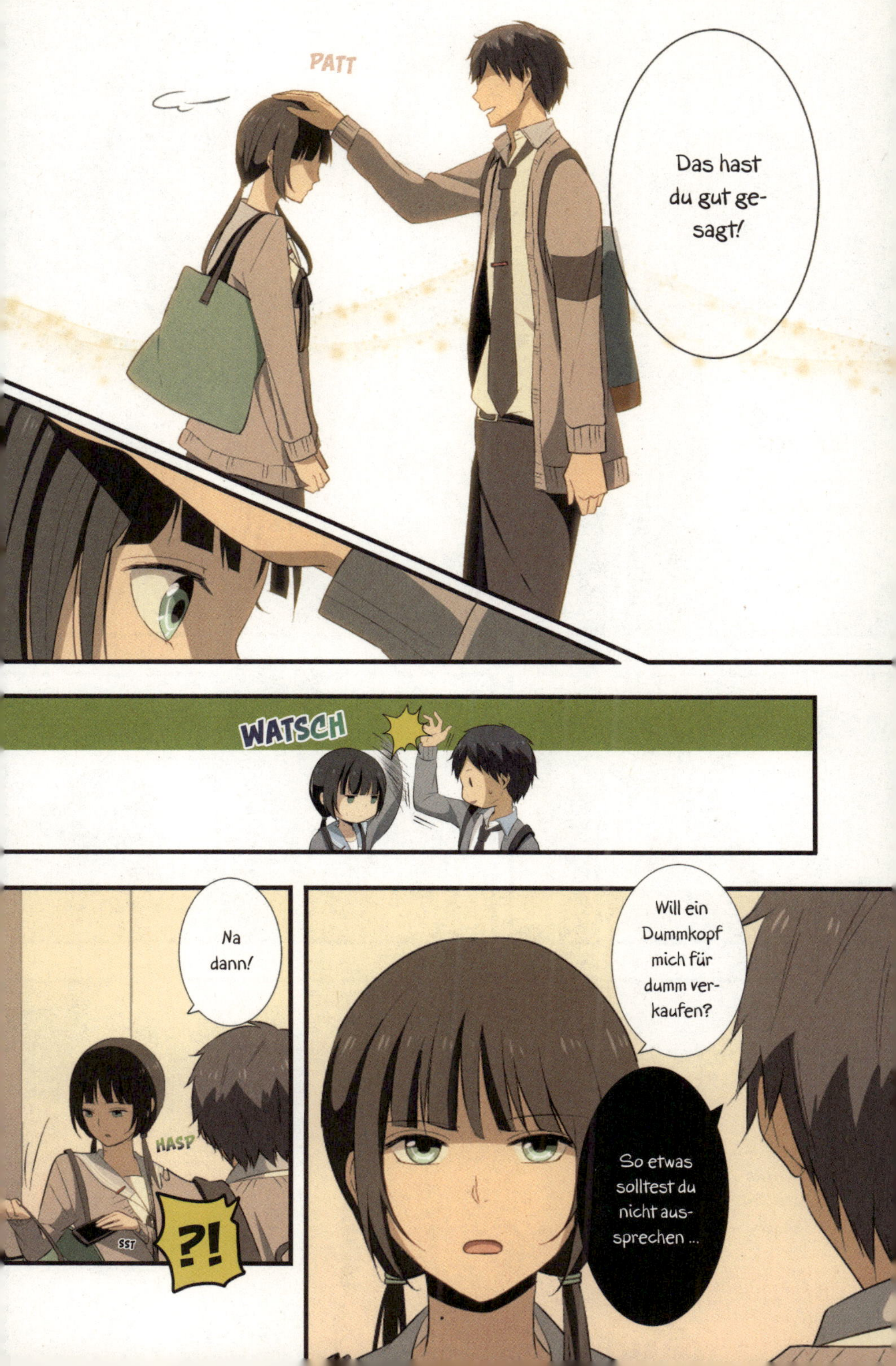
PATT
Das hast du gut gesagt!
WATSCH
Na dann!
HASP
SST
?!
Will ein Dummkopf mich für dumm verkaufen?
So etwas solltest du nicht aussprechen ...

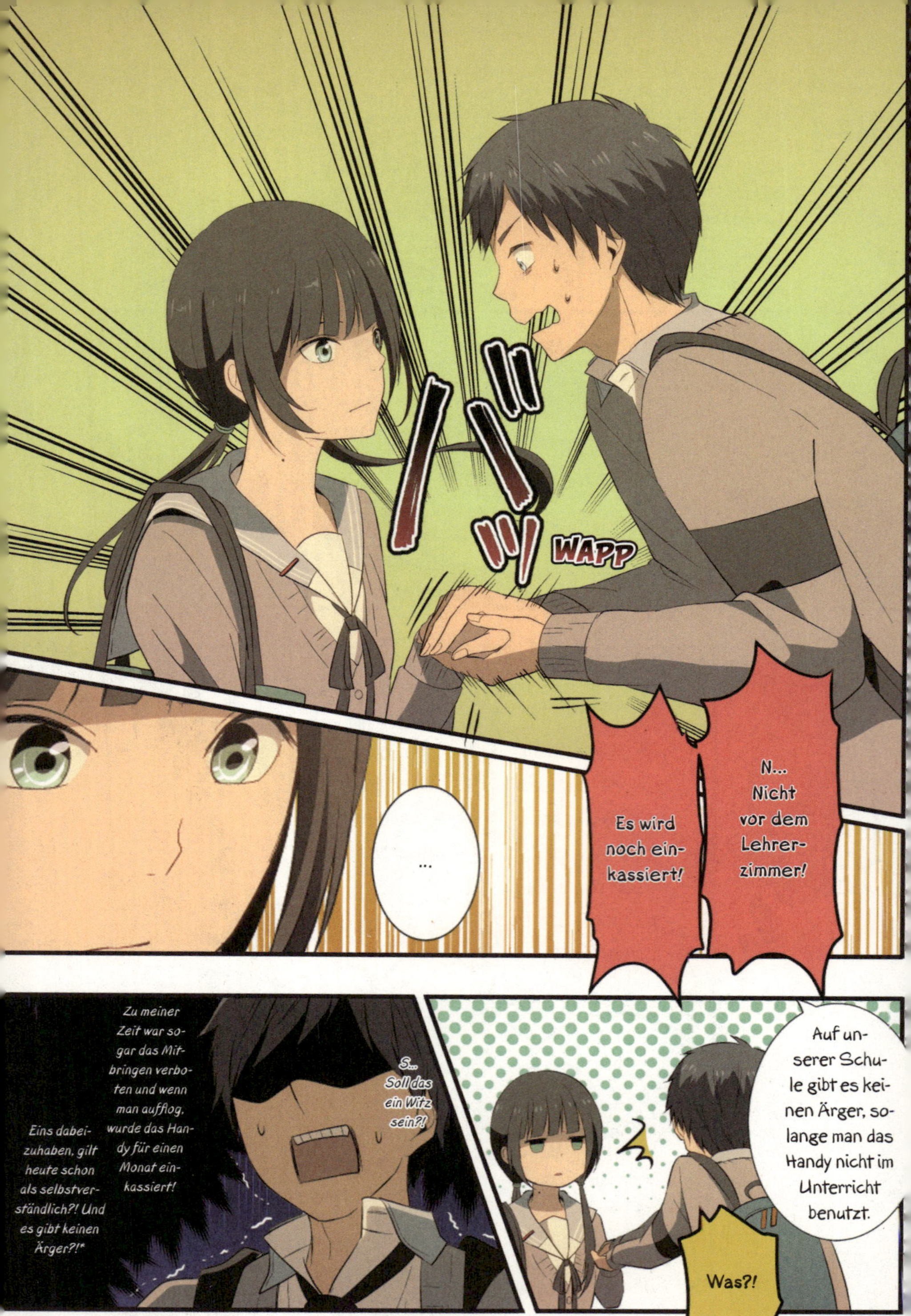

*Hängt von der Schulordnung ab.

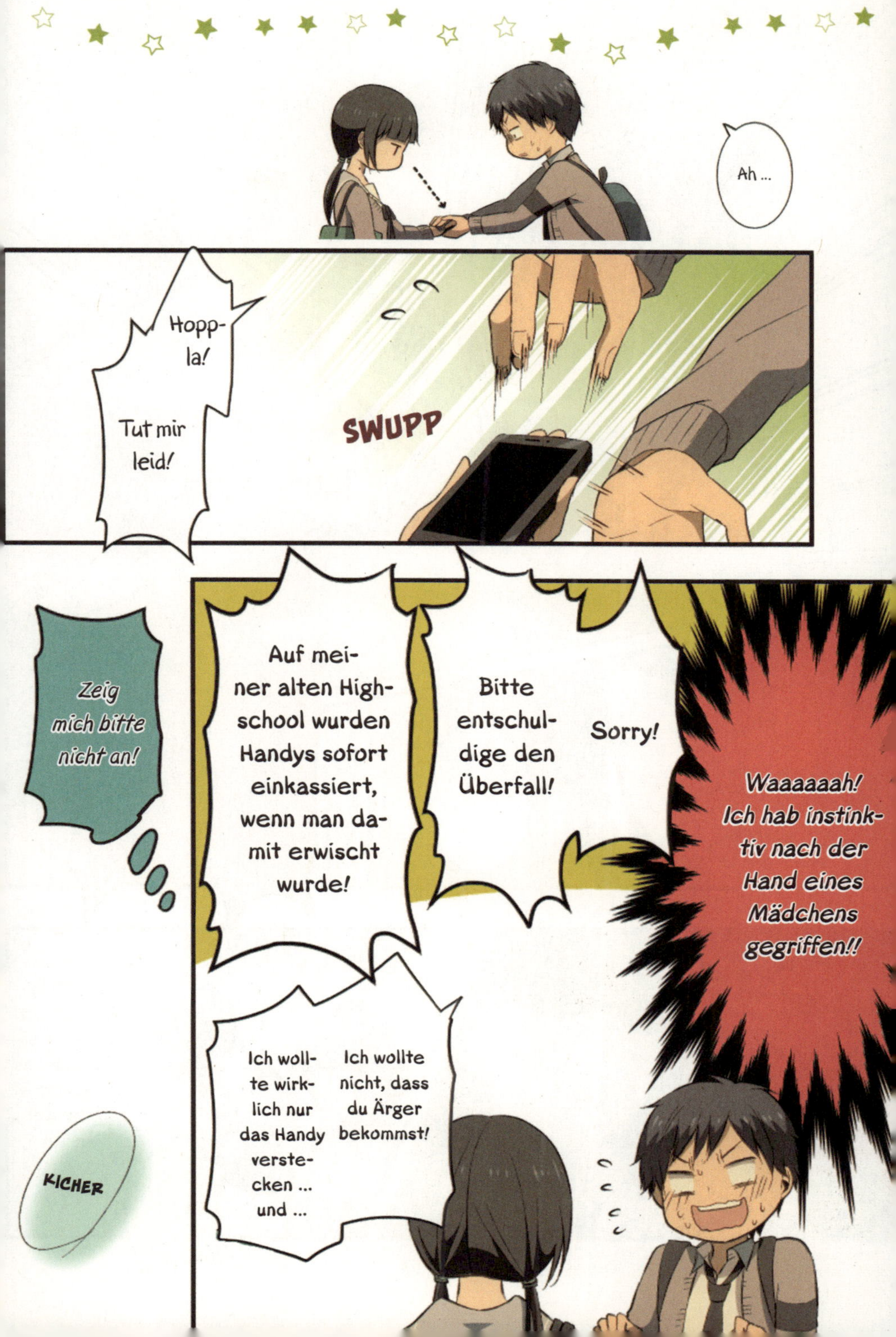
Ah ...
Hopp-la!
Tut mir leid!
SWUPP
Waaaaaah! Ich hab instinktiv nach der Hand eines Mädchens gegriffen!!
Sorry!
Bitte entschuldige den Überfall!
Auf meiner alten Highschool wurden Handys sofort einkassiert, wenn man damit erwischt wurde!
Ich wollte nicht, dass du Ärger bekommst!
Ich wollte wirklich nur das Handy verstecken ... und ...
Zeig mich bitte nicht an!
KICHER

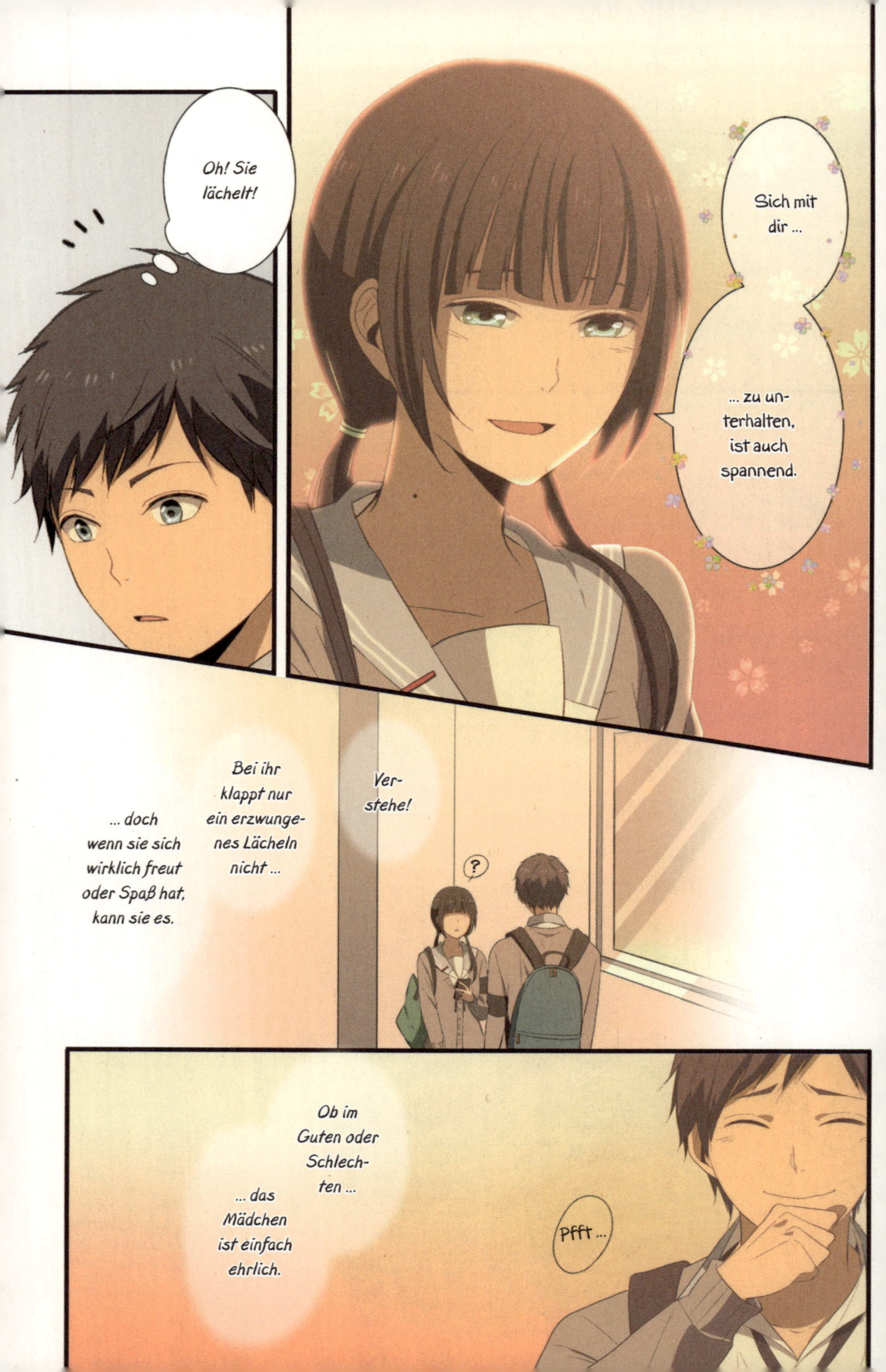
Sich mit dir ...
... zu unterhalten, ist auch spannend.
Oh! Sie lächelt!
Ver-stehe!
?
Bei ihr klappt nur ein erzwungenes Lächeln nicht ...
... doch wenn sie sich wirklich freut oder Spaß hat, kann sie es.
Ob im Guten oder Schlechten ...
... das Mädchen ist einfach ehrlich.
Pfft ...

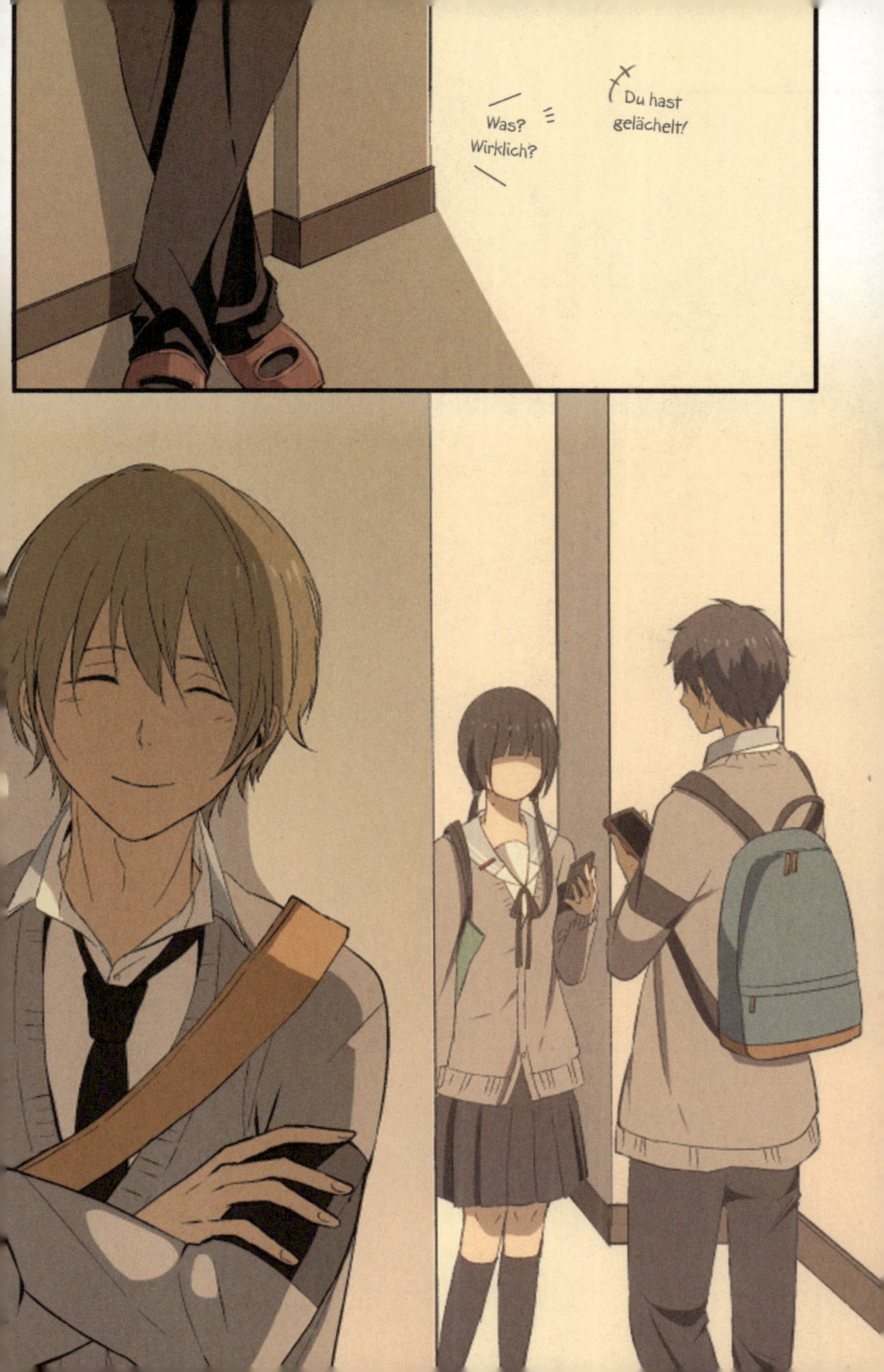
Du hast gelächelt!
Was? Wirklich?

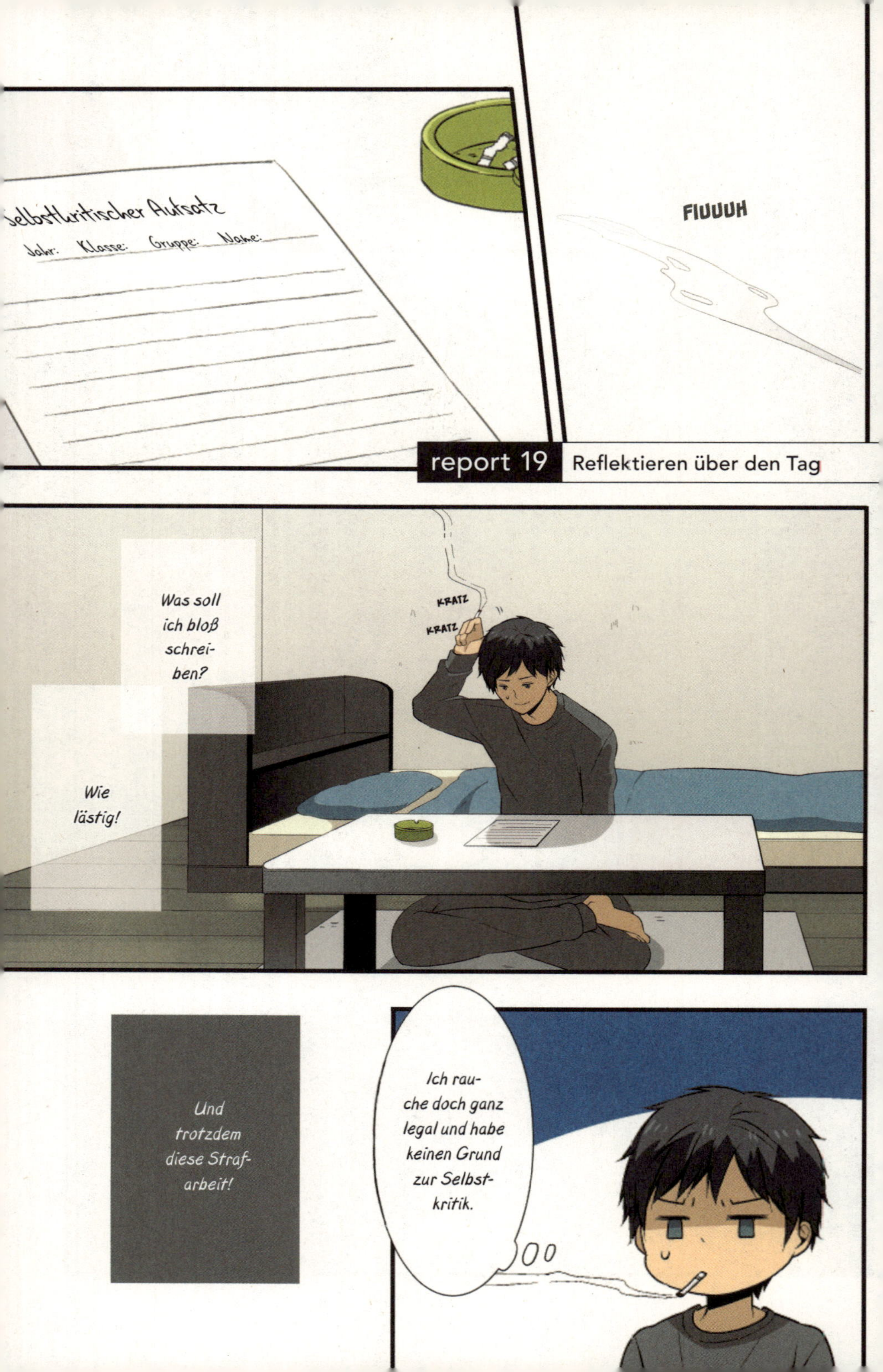
Selbstkritischer Aufsatz
Jahr: Klasse: Gruppe: Name:
FIUUUH
report 19 Reflektieren über den Tag
Was soll ich bloß schreiben?
Wie lästig!
KRATZ
KRATZ
Und trotzdem diese Strafarbeit!
Ich rauche doch ganz legal und habe keinen Grund zur Selbstkritik.

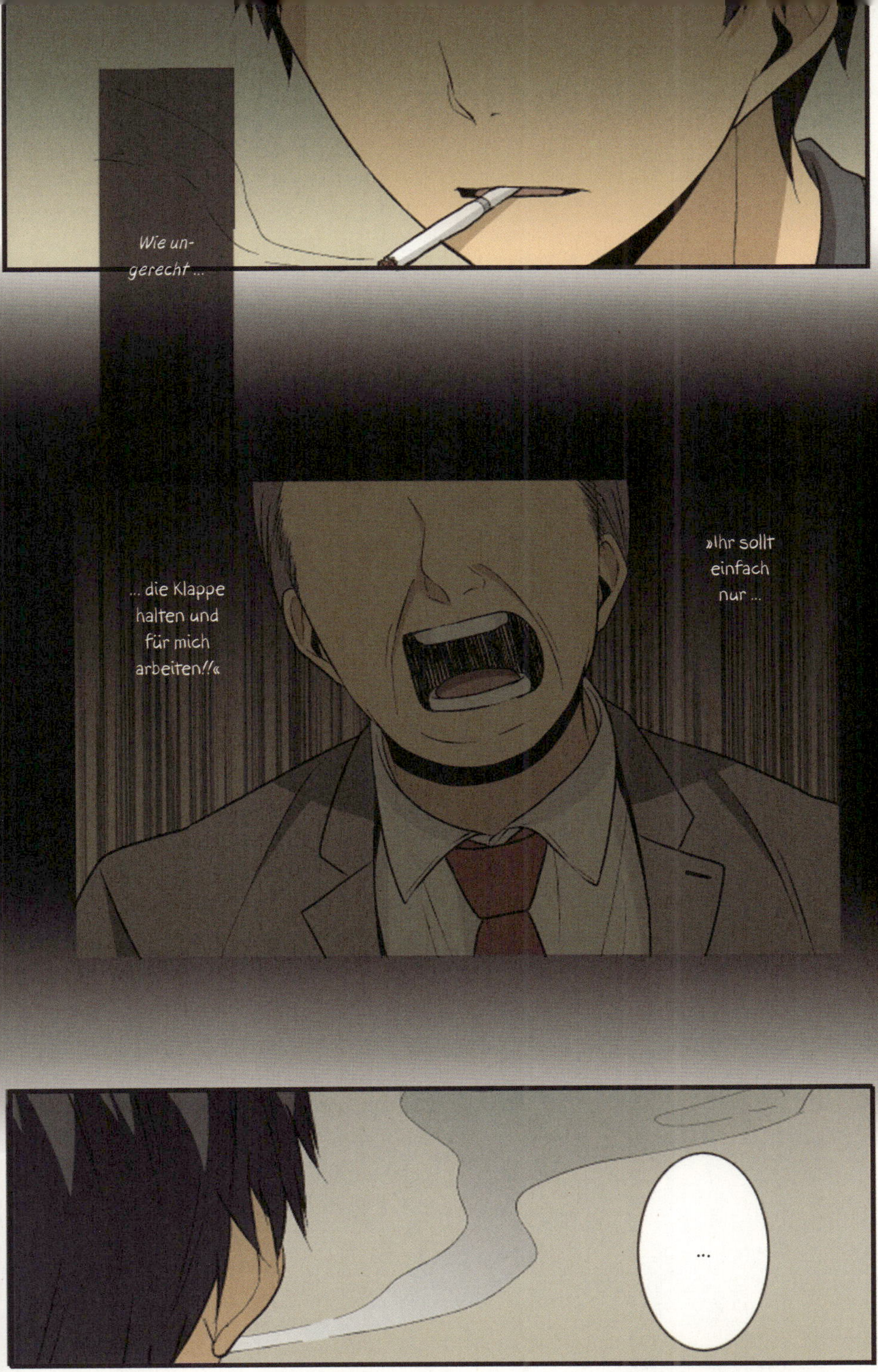
Wie ungerecht ...
»Ihr sollt einfach nur ...
... die Klappe halten und für mich arbeiten!!«
...

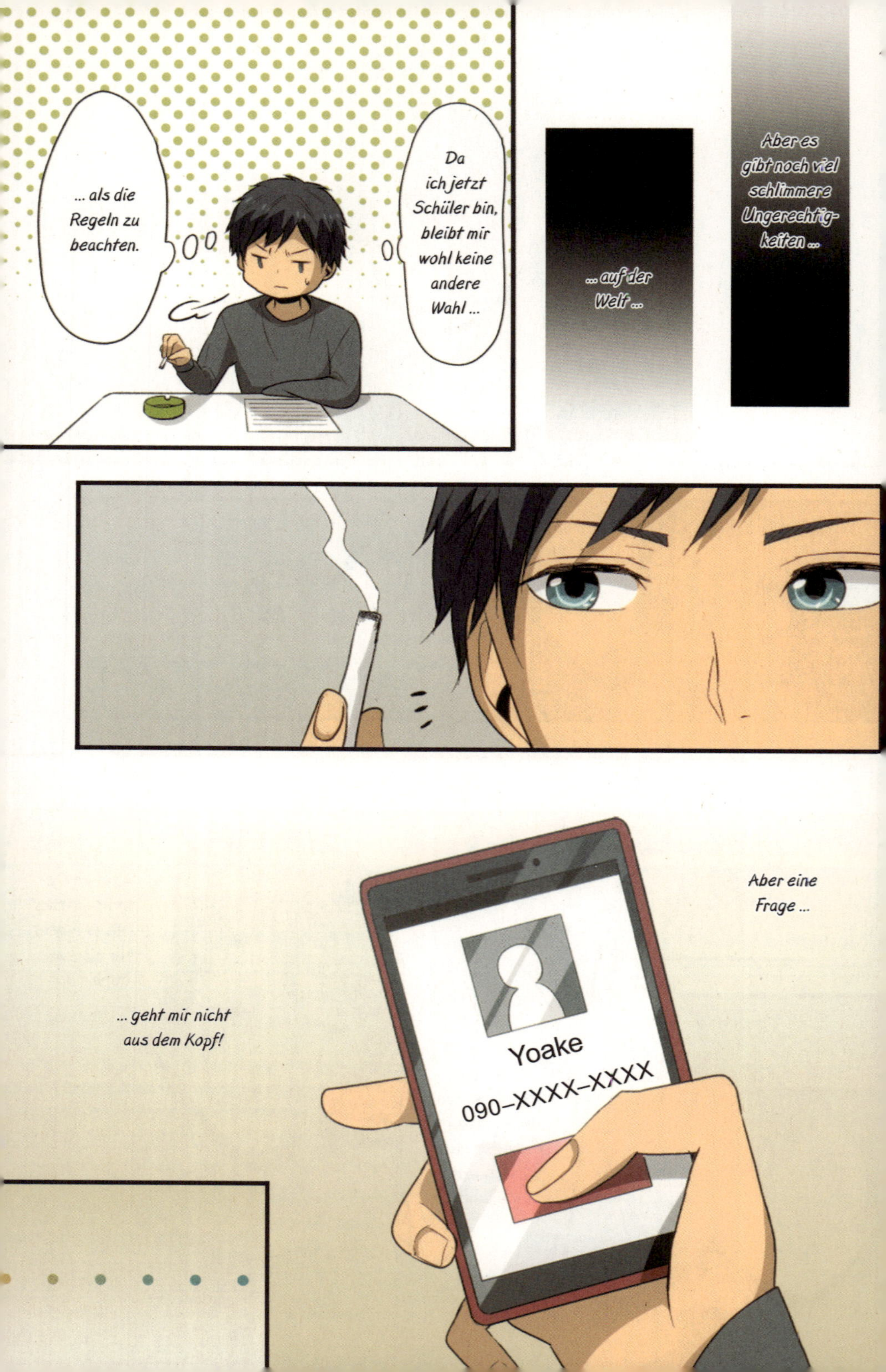
Aber es gibt noch viel schlimmere Ungerechtigkeiten ...
... auf der Welt ...
Da ich jetzt Schüler bin, bleibt mir wohl keine andere Wahl ...
... als die Regeln zu beachten.
Aber eine Frage ...
Yoake
090-XXXX-XXXX
... geht mir nicht aus dem Kopf!

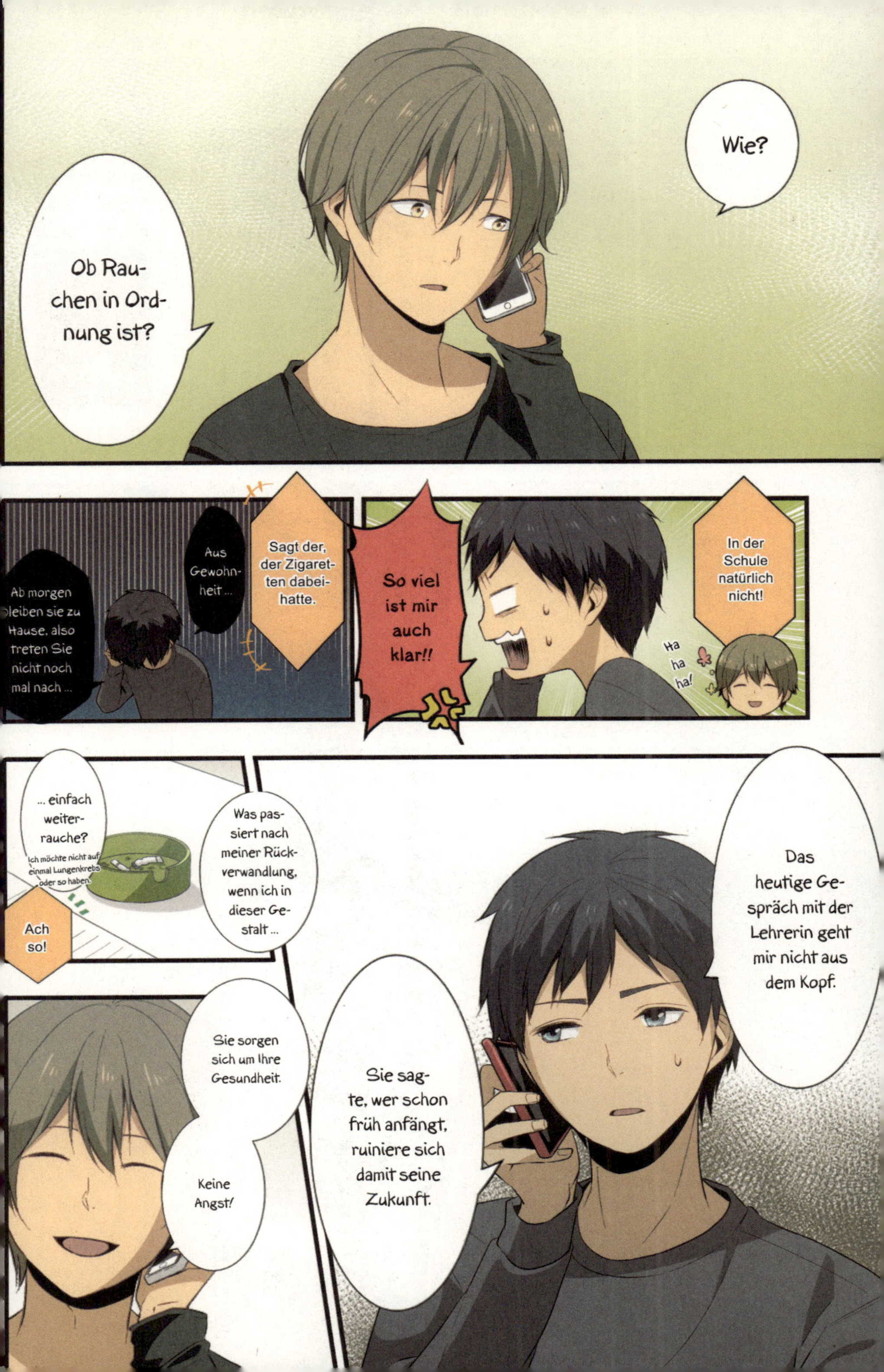
Wie?
Ob Rauchen in Ordnung ist?
In der Schule natürlich nicht!
Ha ha ha!
So viel ist mir auch klar!!
Sagt der, der Zigaretten dabeihatte.
Aus Gewohnheit ...
Ab morgen bleiben sie zu Hause, also treten Sie nicht noch mal nach ...
Das heutige Gespräch mit der Lehrerin geht mir nicht aus dem Kopf.
Sie sagte, wer schon früh anfängt, ruiniere sich damit seine Zukunft.
Was passiert nach meiner Rückverwandlung, wenn ich in dieser Gestalt ...
... einfach weiterrauche?
Ich möchte nicht auf einmal Lungenkrebs oder so haben.
Ach so!
Sie sorgen sich um Ihre Gesundheit.
Keine Angst!

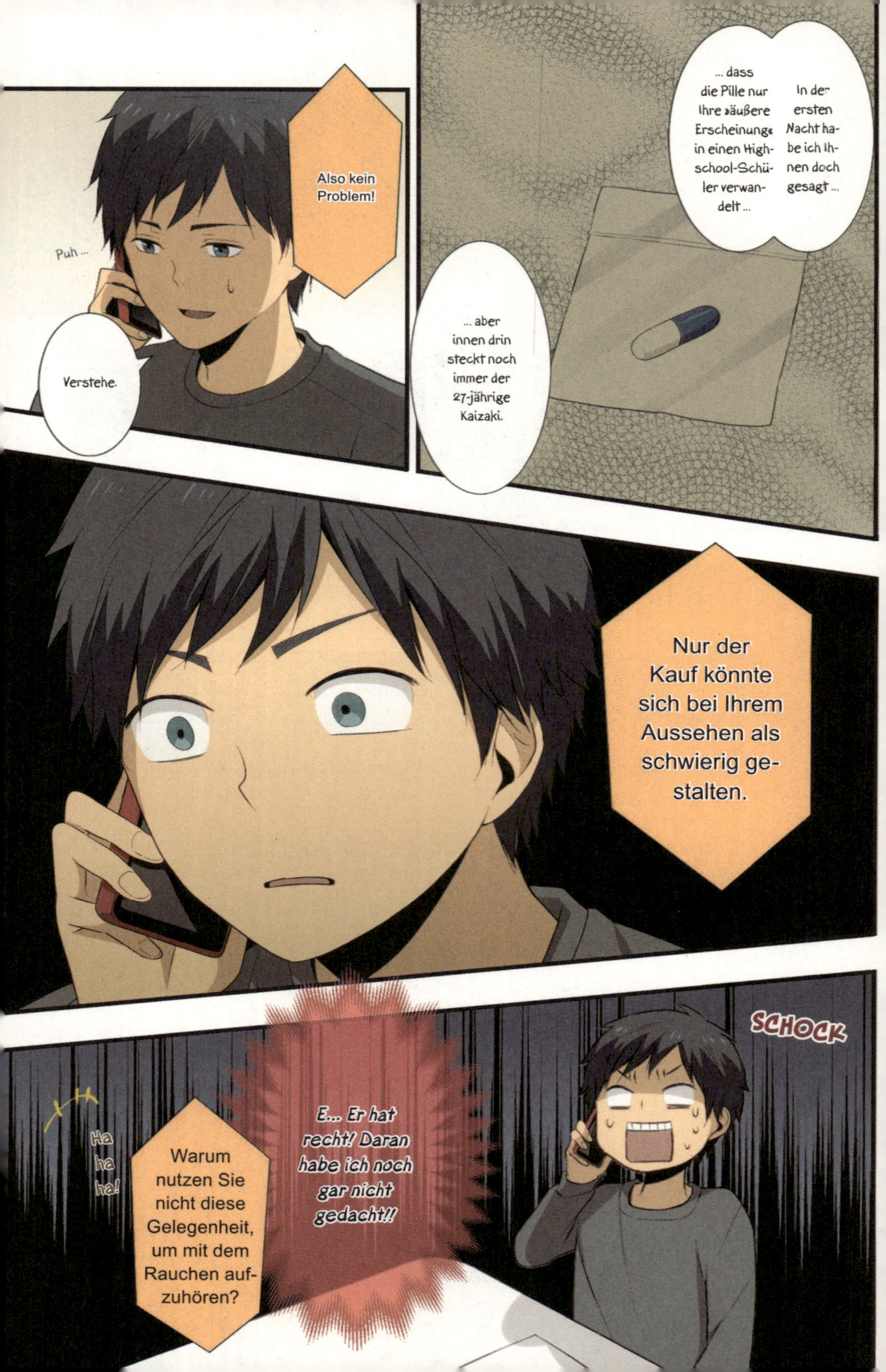
In der ersten Nacht habe ich Ihnen doch gesagt ...
... dass die Pille nur Ihre »äußere Erscheinung« in einen Highschool-Schüler verwandelt ...
... aber innen drin steckt noch immer der 27-jährige Kaizaki.
Also kein Problem!
Puh ...
Verstehe.
Nur der Kauf könnte sich bei Ihrem Aussehen als schwierig gestalten.
SCHOCK
E... Er hat recht! Daran habe ich noch gar nicht gedacht!!
Ha ha ha!
Warum nutzen Sie nicht diese Gelegenheit, um mit dem Rauchen aufzuhören?

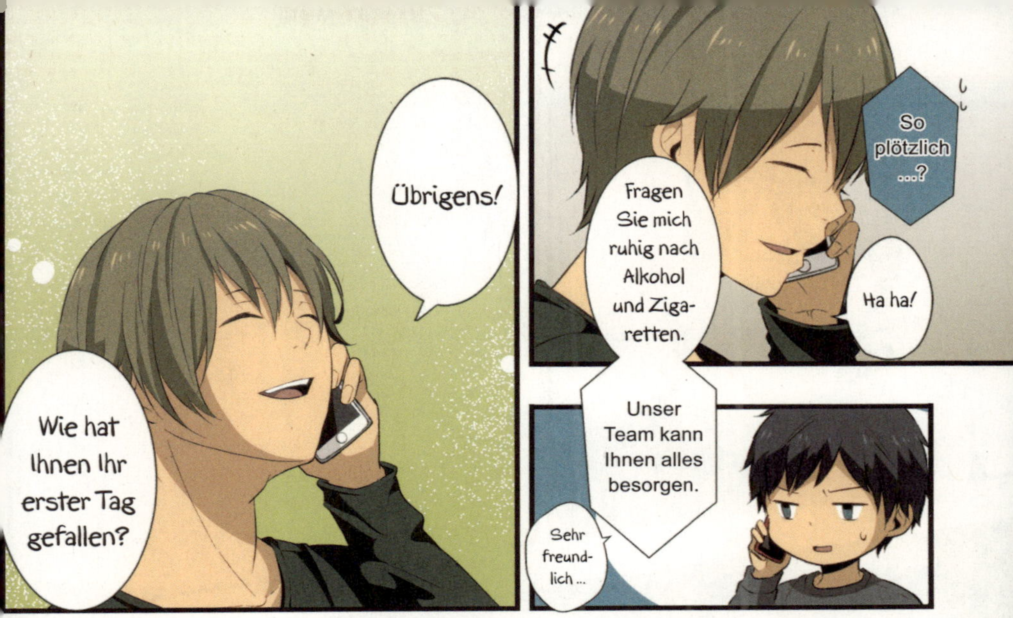

ReLIFE-Experiment – Bericht

Betreuer: Ryo Yoake
Testperson: Arata Kaizaki

8. April

Endlich stand die Feier zum Schulbeginn und Arata Kaizakis erster Schultag an.

Den Veranstaltungskalender müsste ich ihm gegeben haben, aber er hat vorher kein Stück hineingesehen, sodass ich Zeuge seiner unzureichenden Einstellung werden konnte.

Gleich beim ersten Test geriet er in Panik und hatte sogar sein Mäppchen vergessen.

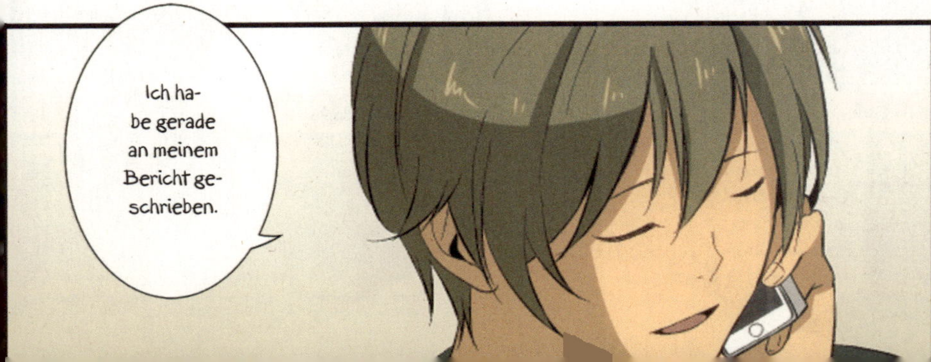

Er erklärte klar und deutlich, allein aufgrund der Lebenshaltungskosten und der Aussicht auf eine Anstellung bei dem Experiment mitzumachen.

Zudem möchte er das eine Jahr zwar unbeschwert und ruhig verbringen, ist dafür aber gleich am ersten Tag ziemlich aufgefallen.

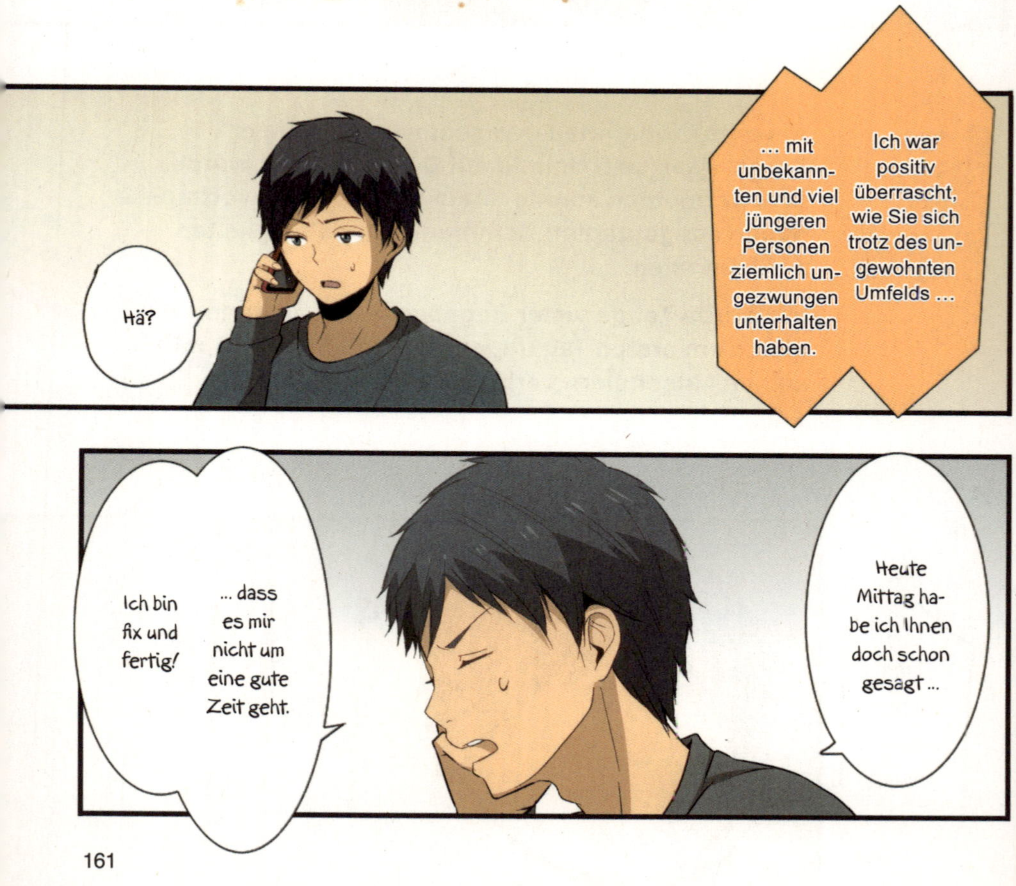

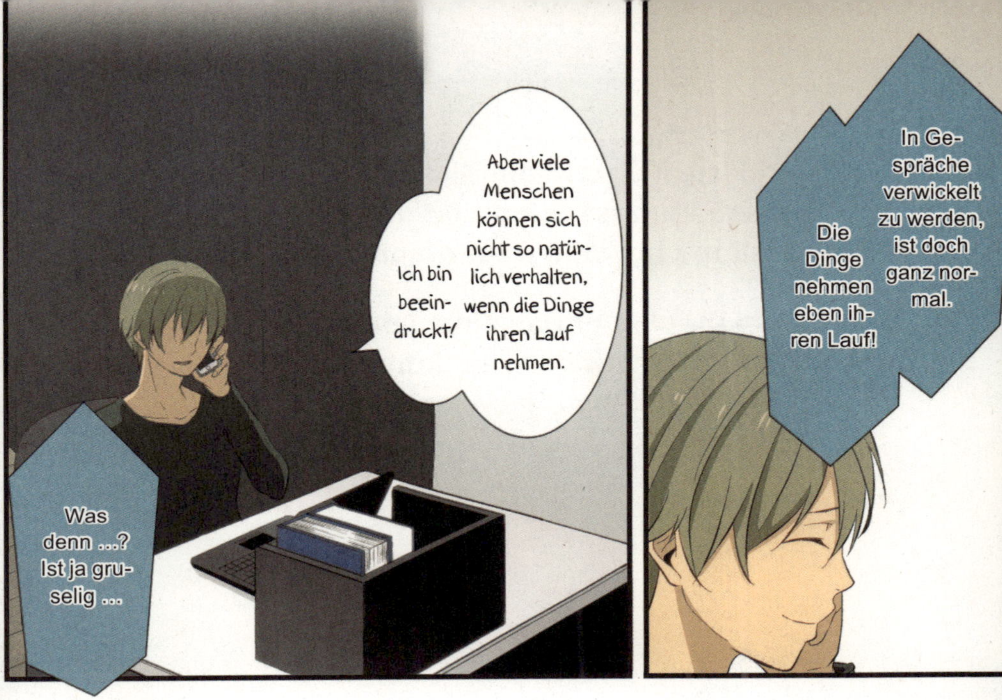

Als er mit Zigaretten erwischt wurde, hatte er Sorge, dass sein Umfeld auf Distanz gehen würde, aber vermutlich konnte er auf seine bereits vorhandenen ausgeprägten Kommunikationsfähigkeiten zurückgreifen.

Ich wurde Zeuge vieler Begebenheiten, in denen er gleich am ersten Tag ungezwungene Momente mit seinen Mitschülern verbrachte.

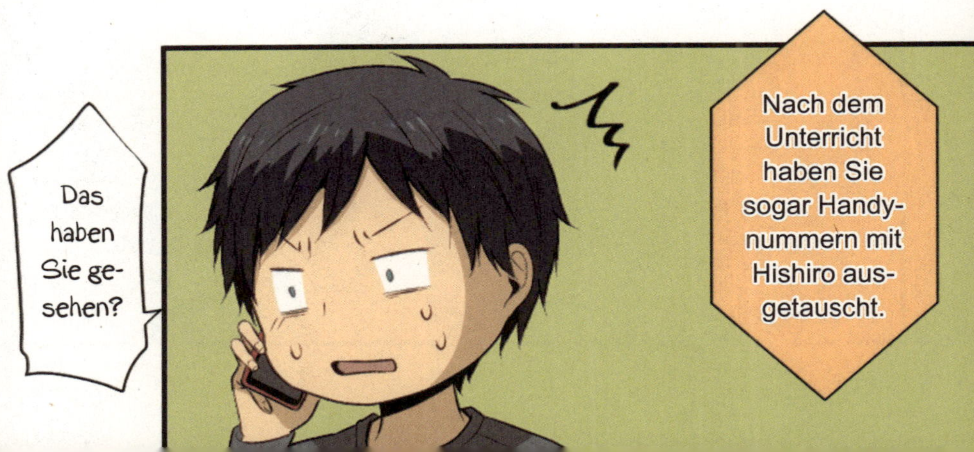

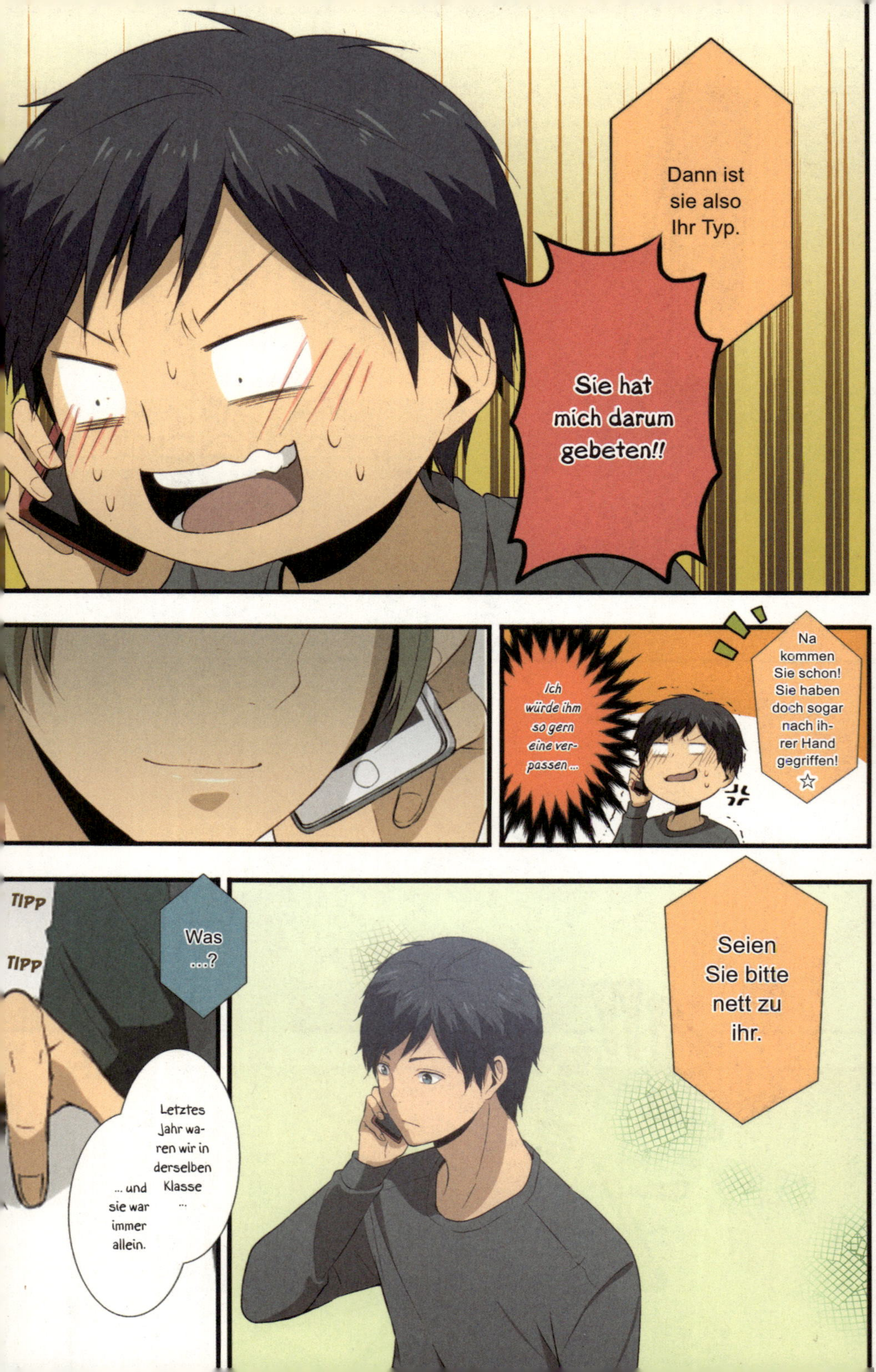

Dann ist sie also Ihr Typ.
Sie hat mich darum gebeten!!
Na kommen Sie schon! Sie haben doch sogar nach ihrer Hand gegriffen! ☆
Ich würde ihm so gern eine verpassen ...
Seien Sie bitte nett zu ihr.
Was ...?
TIPP
TIPP
Letztes Jahr waren wir in derselben Klasse ...
... und sie war immer allein.

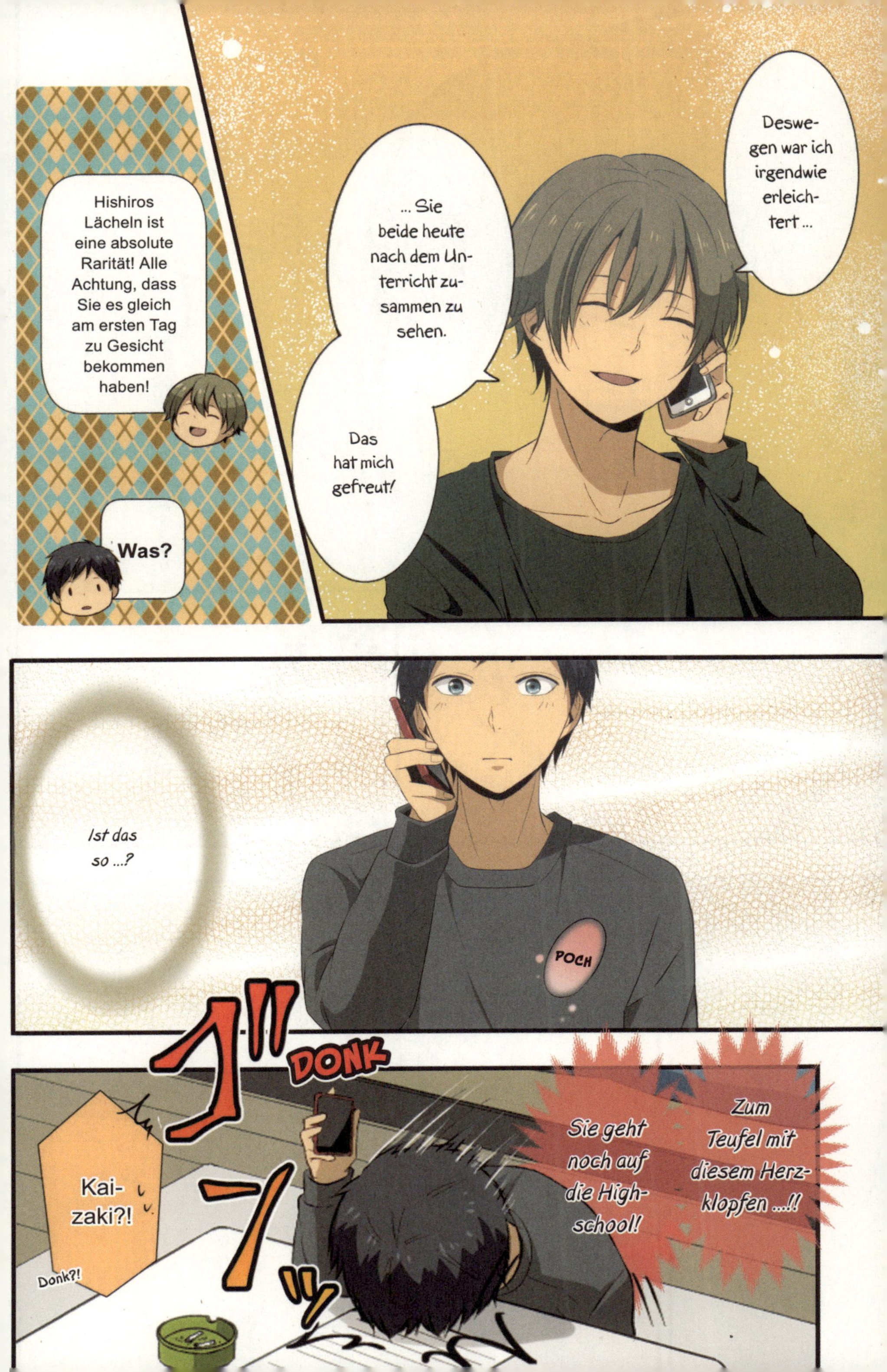
Deswegen war ich irgendwie erleichtert ...
... Sie beide heute nach dem Unterricht zusammen zu sehen.
Das hat mich gefreut!
Hishiros Lächeln ist eine absolute Rarität! Alle Achtung, dass Sie es gleich am ersten Tag zu Gesicht bekommen haben!
Was?
Ist das so ...?
POCH
DONK
Zum Teufel mit diesem Herzklopfen ...!!
Sie geht noch auf die Highschool!
Kaizaki?!
Donk?!

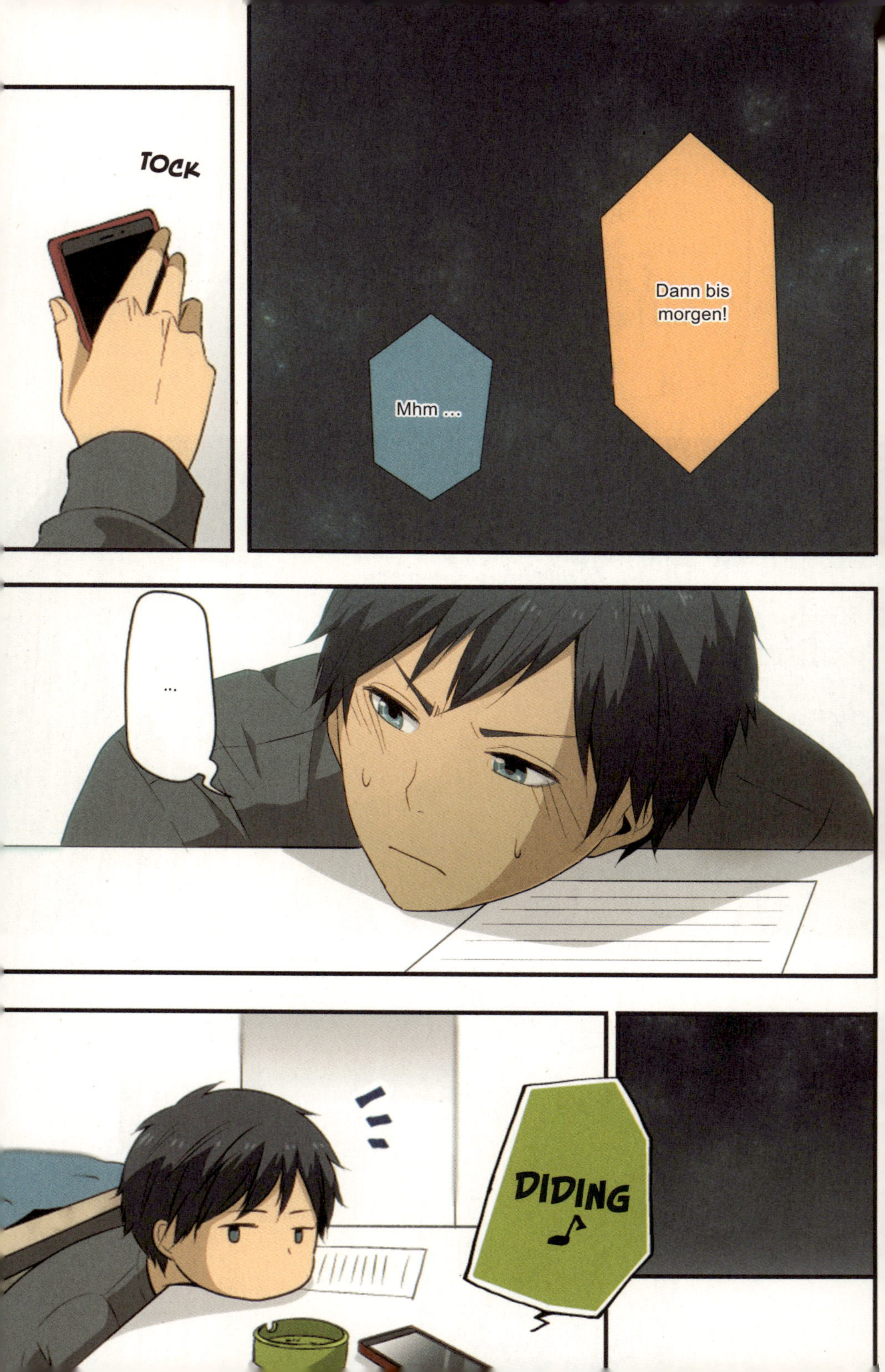
Dann bis morgen!
Mhm ...
TOCK
...
DIDING

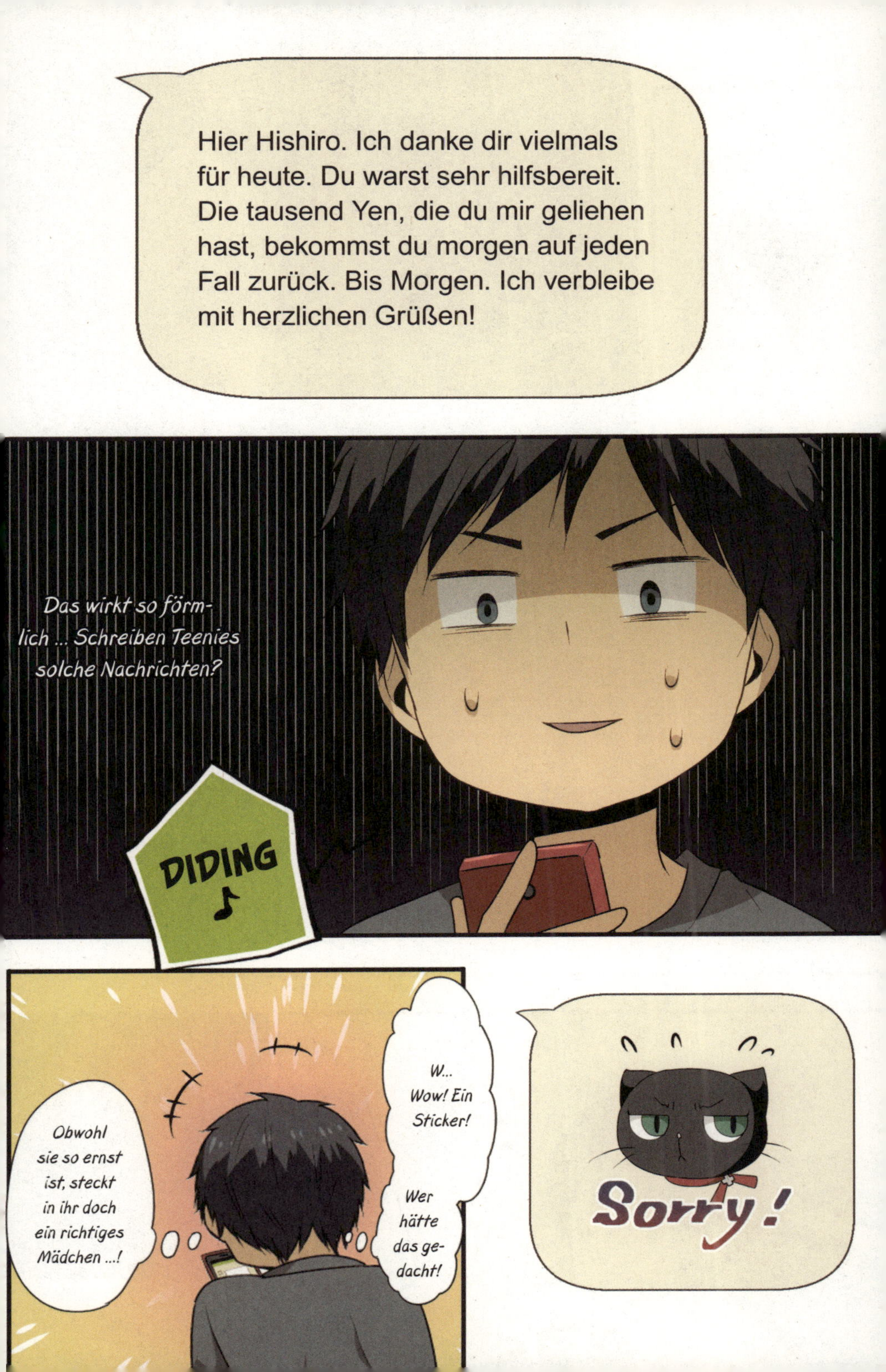
Hier Hishiro. Ich danke dir vielmals für heute. Du warst sehr hilfsbereit. Die tausend Yen, die du mir geliehen hast, bekommst du morgen auf jeden Fall zurück. Bis Morgen. Ich verbleibe mit herzlichen Grüßen!
Das wirkt so förm-lich ... Schreiben Teenies solche Nachrichten?
DIDING ♪
W... Wow! Ein Sticker!
Wer hätte das ge-dacht!
Obwohl sie so ernst ist, steckt in ihr doch ein richtiges Mädchen ...!
Sorry!

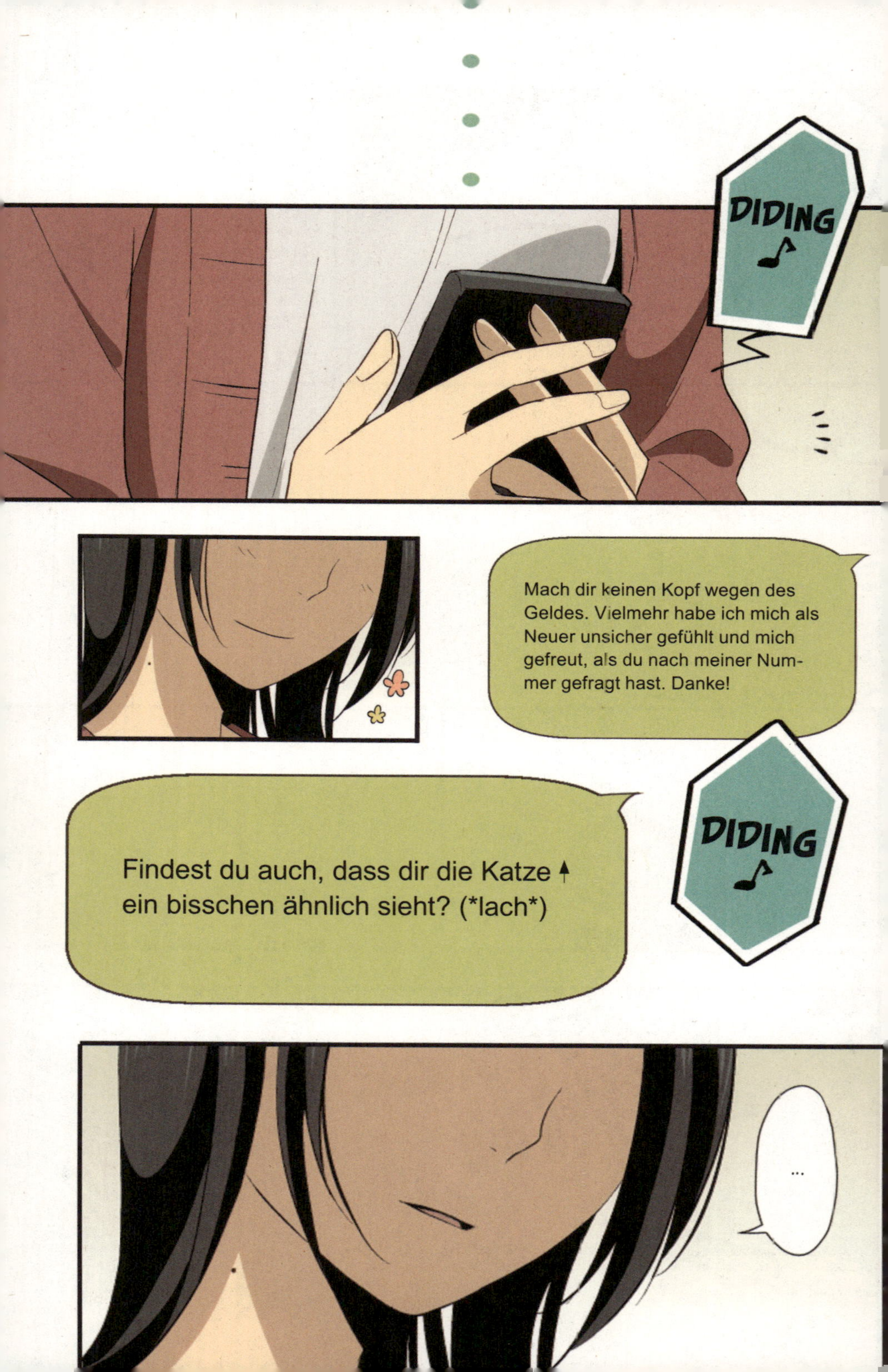
DIDING
Mach dir keinen Kopf wegen des Geldes. Vielmehr habe ich mich als Neuer unsicher gefühlt und mich gefreut, als du nach meiner Nummer gefragt hast. Danke!
DIDING
Findest du auch, dass dir die Katze ein bisschen ähnlich sieht? (*lach*)
...

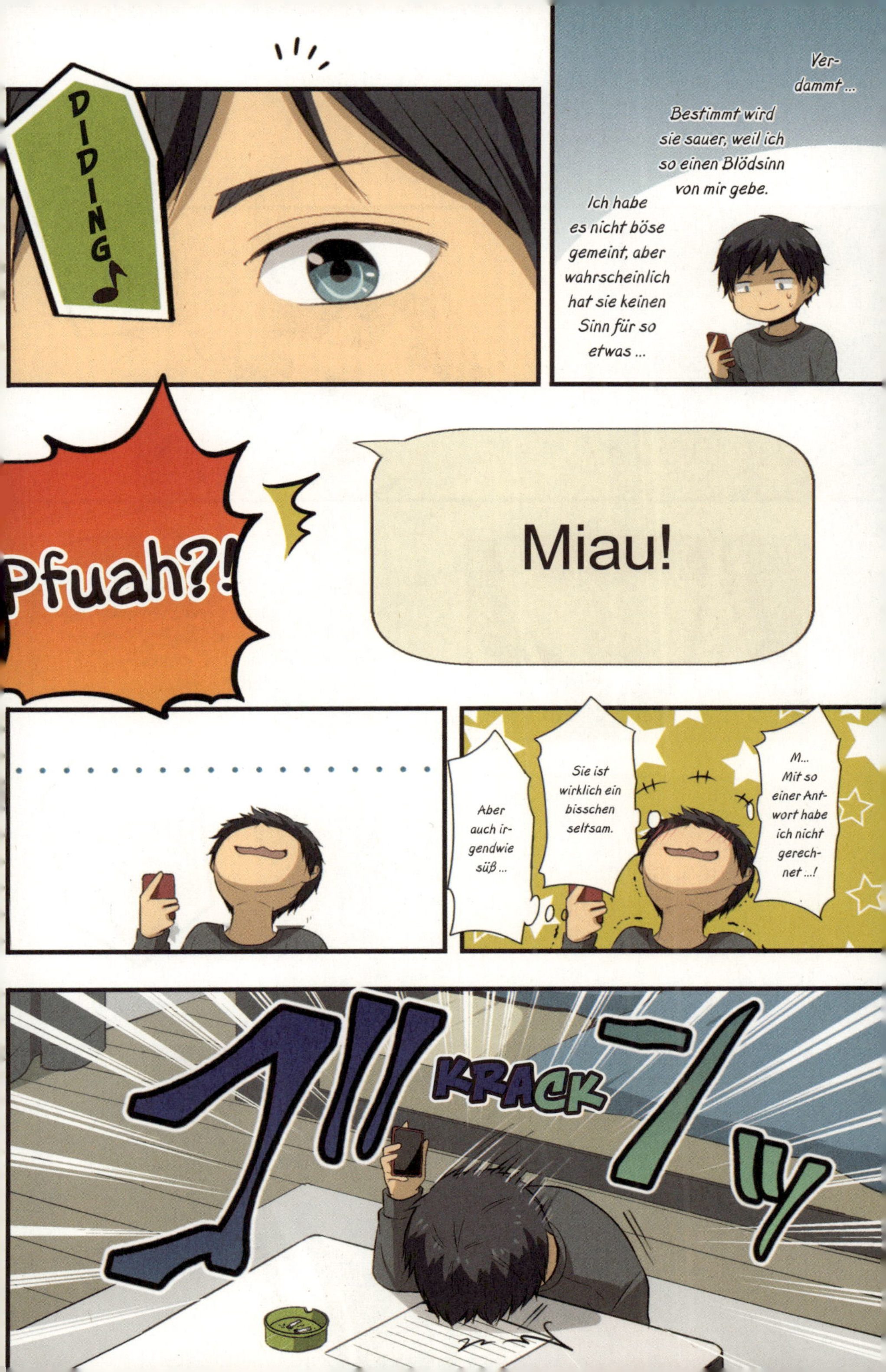
DIDING♪
Ver- dammt ...
Bestimmt wird sie sauer, weil ich so einen Blödsinn von mir gebe.
Ich habe es nicht böse gemeint, aber wahrscheinlich hat sie keinen Sinn für so etwas ...
Pfuah?!
Miau!
M... Mit so einer Ant- wort habe ich nicht gerech- net ...!
Sie ist wirklich ein bisschen seltsam.
Aber auch ir- gendwie süß ...
KRACK

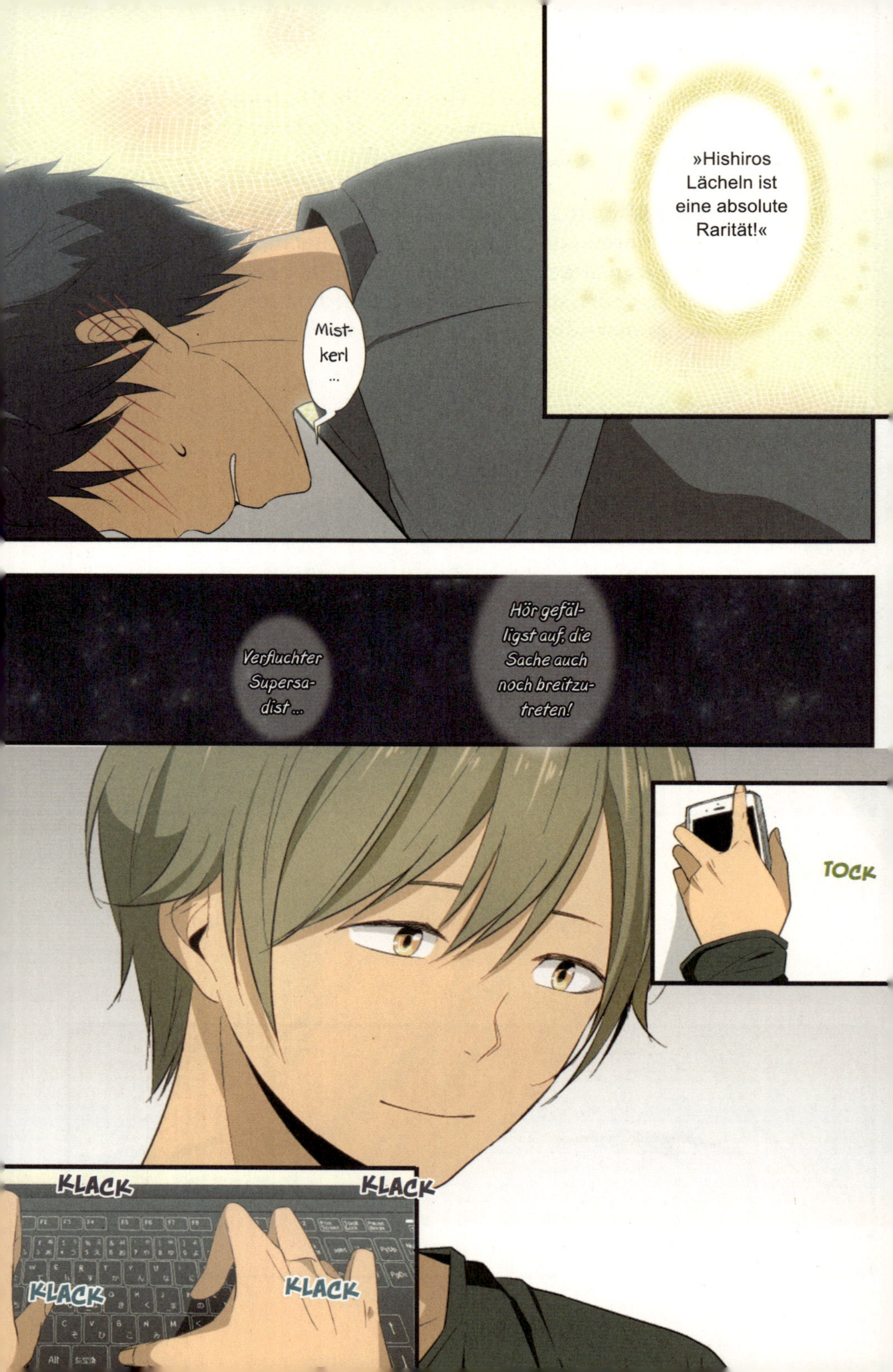
»Hishiros Lächeln ist eine absolute Rarität!«
Mist-kerl ...
Hör gefällligst auf, die Sache auch noch breitzutreten!
Verfluchter Supersadist ...
TOCK
KLACK
KLACK
KLACK
KLACK

Er kann Menschen in Not nicht im Stich lassen und kümmert sich gut um andere, ist rücksichtsvoll und besitzt eine natürliche Freundlichkeit.

Vielleicht entspringt sein Überfluss an emotionalen Ressourcen der Tatsache, dass er es mit zehn Jahre jüngeren Jugendlichen zu tun hat, aber heute habe ich gespürt, dass er über außerordentliche zwischenmenschliche Fähigkeiten verfügt.

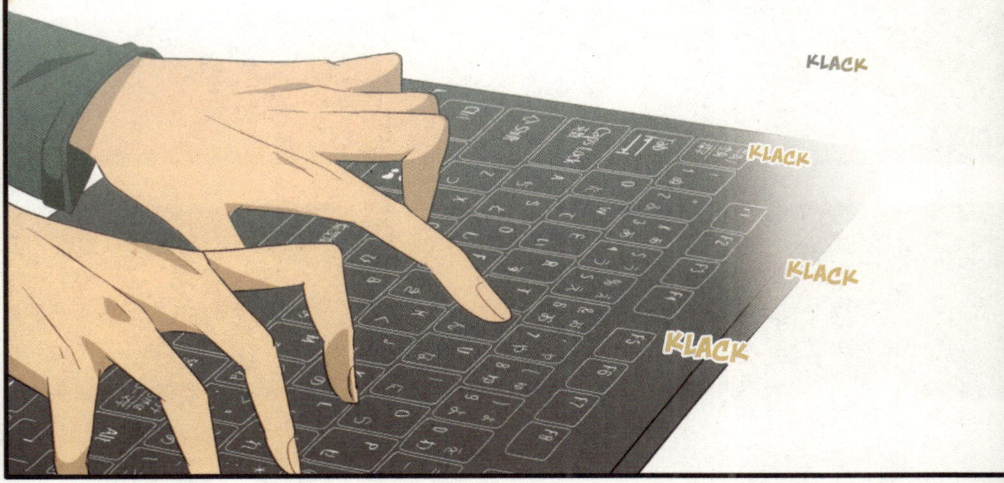

Anders als das gescheiterte Subjekt Nr. 001

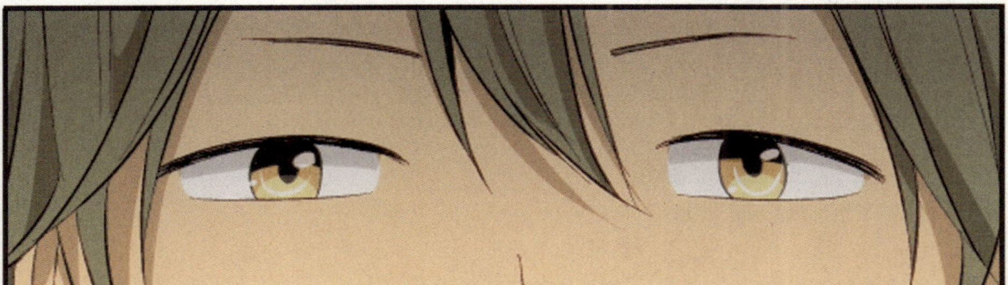

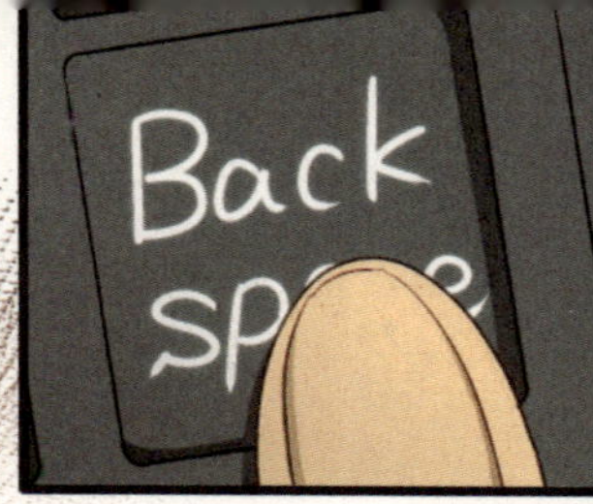

Anders als das gescheiterte Sub I))) · · ·

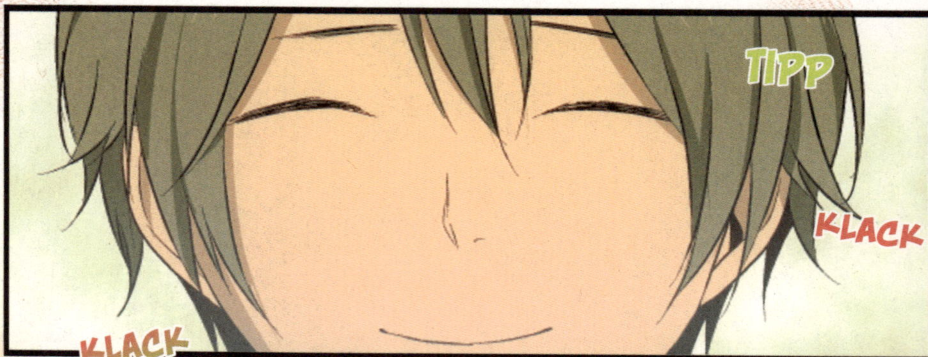

Die Testperson Nr. 002, Arata Kaizaki wird in Zukunft bestimmt ein erfülltes ReLIFE führen.

Das ist der Eindruck, den ich an diesem ersten Tag gewonnen habe.

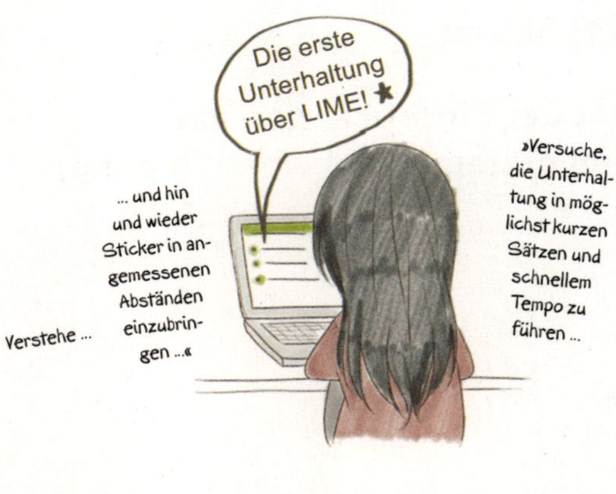
Die erste Unterhaltung über LIME! ★
»Versuche, die Unterhaltung in möglichst kurzen Sätzen und schnellem Tempo zu führen ...
... und hin und wieder Sticker in angemessenen Abständen einzubringen ...«
Verstehe ...

ReLIFE

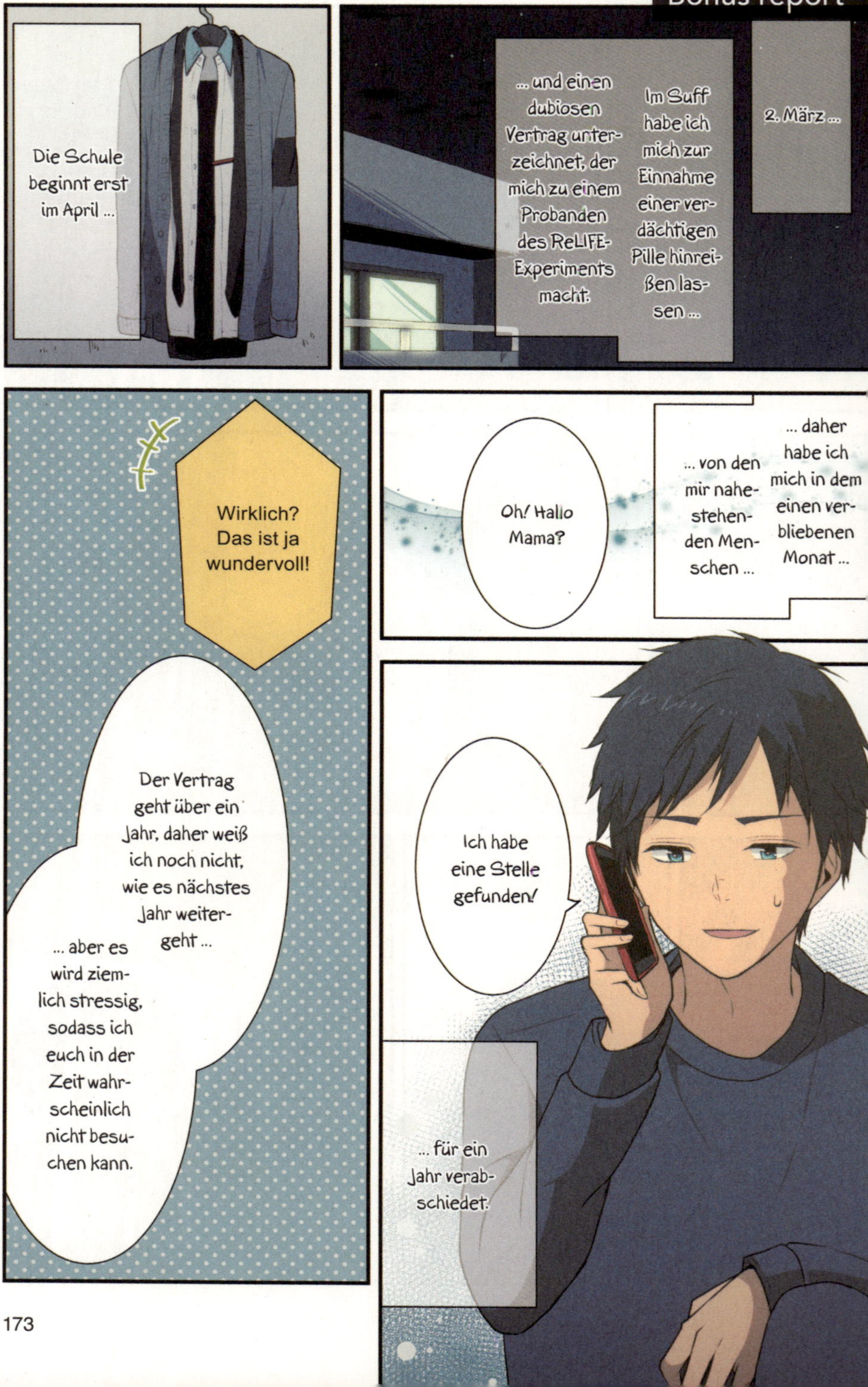
2. März ...
Im Suff habe ich mich zur Einnahme einer verdächtigen Pille hinreißen lassen ...
... und einen dubiosen Vertrag unterzeichnet, der mich zu einem Probanden des ReLIFE-Experiments macht.
Die Schule beginnt erst im April ...
... daher habe ich mich in dem einen verbliebenen Monat ...
... von den mir nahestehenden Menschen ...
Oh! Hallo Mama?
Ich habe eine Stelle gefunden!
... für ein Jahr verabschiedet.
Wirklich? Das ist ja wundervoll!
Der Vertrag geht über ein Jahr, daher weiß ich noch nicht, wie es nächstes Jahr weitergeht ...
... aber es wird ziemlich stressig, sodass ich euch in der Zeit wahrscheinlich nicht besuchen kann.

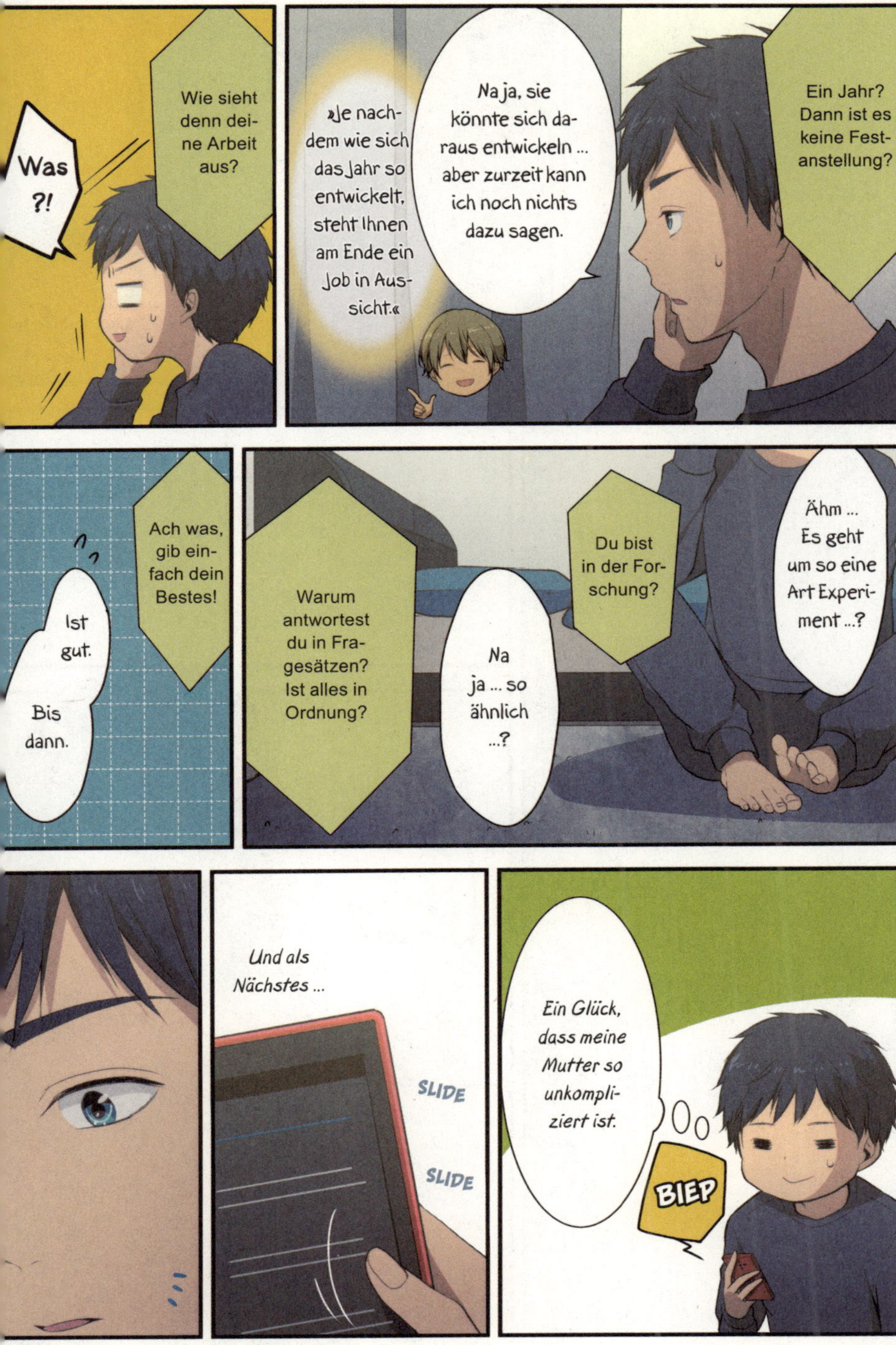
Ein Jahr? Dann ist es keine Festanstellung?
Na ja, sie könnte sich daraus entwickeln ... aber zurzeit kann ich noch nichts dazu sagen.
»Je nachdem wie sich das Jahr so entwickelt, steht Ihnen am Ende ein Job in Aussicht.«
Wie sieht denn deine Arbeit aus?
Was ?!
Ähm ... Es geht um so eine Art Experiment ...?
Du bist in der Forschung?
Na ja ... so ähnlich ...?
Warum antwortest du in Fragesätzen? Ist alles in Ordnung?
Ach was, gib einfach dein Bestes!
Ist gut.
Bis dann.
BIEP
Ein Glück, dass meine Mutter so unkompliziert ist.
Und als Nächstes ...
SLIDE
SLIDE

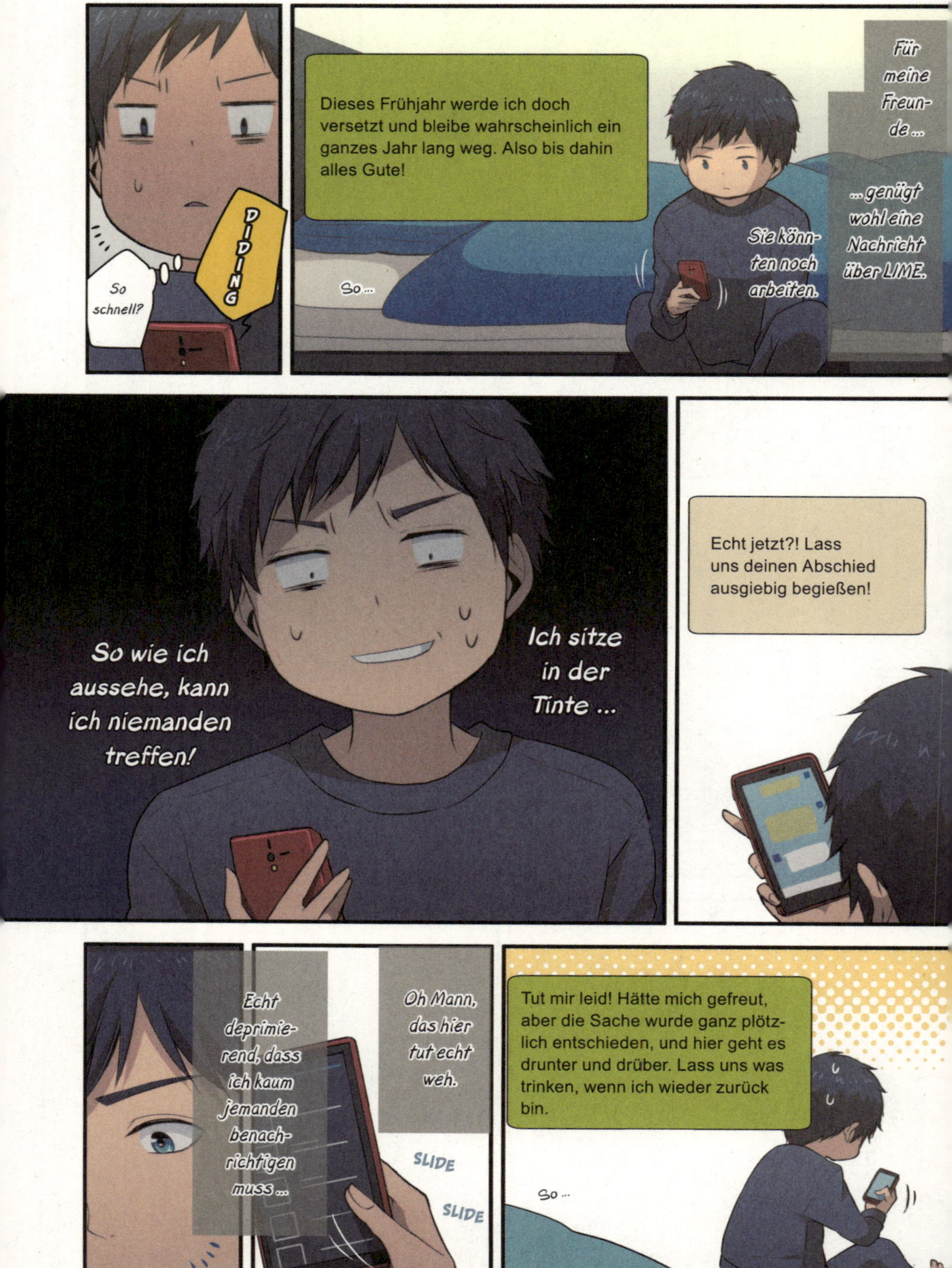
Für meine Freunde ...
... genügt wohl eine Nachricht über LIME.
Sie könnten noch arbeiten.
So ...
Dieses Frühjahr werde ich doch versetzt und bleibe wahrscheinlich ein ganzes Jahr lang weg. Also bis dahin alles Gute!
DIDING
So schnell?
Echt jetzt?! Lass uns deinen Abschied ausgiebig begießen!
Ich sitze in der Tinte ...
So wie ich aussehe, kann ich niemanden treffen!
Tut mir leid! Hätte mich gefreut, aber die Sache wurde ganz plötzlich entschieden, und hier geht es drunter und drüber. Lass uns was trinken, wenn ich wieder zurück bin.
So ...
Oh Mann, das hier tut echt weh.
SLIDE
SLIDE
Echt deprimierend, dass ich kaum jemanden benachrichtigen muss ...

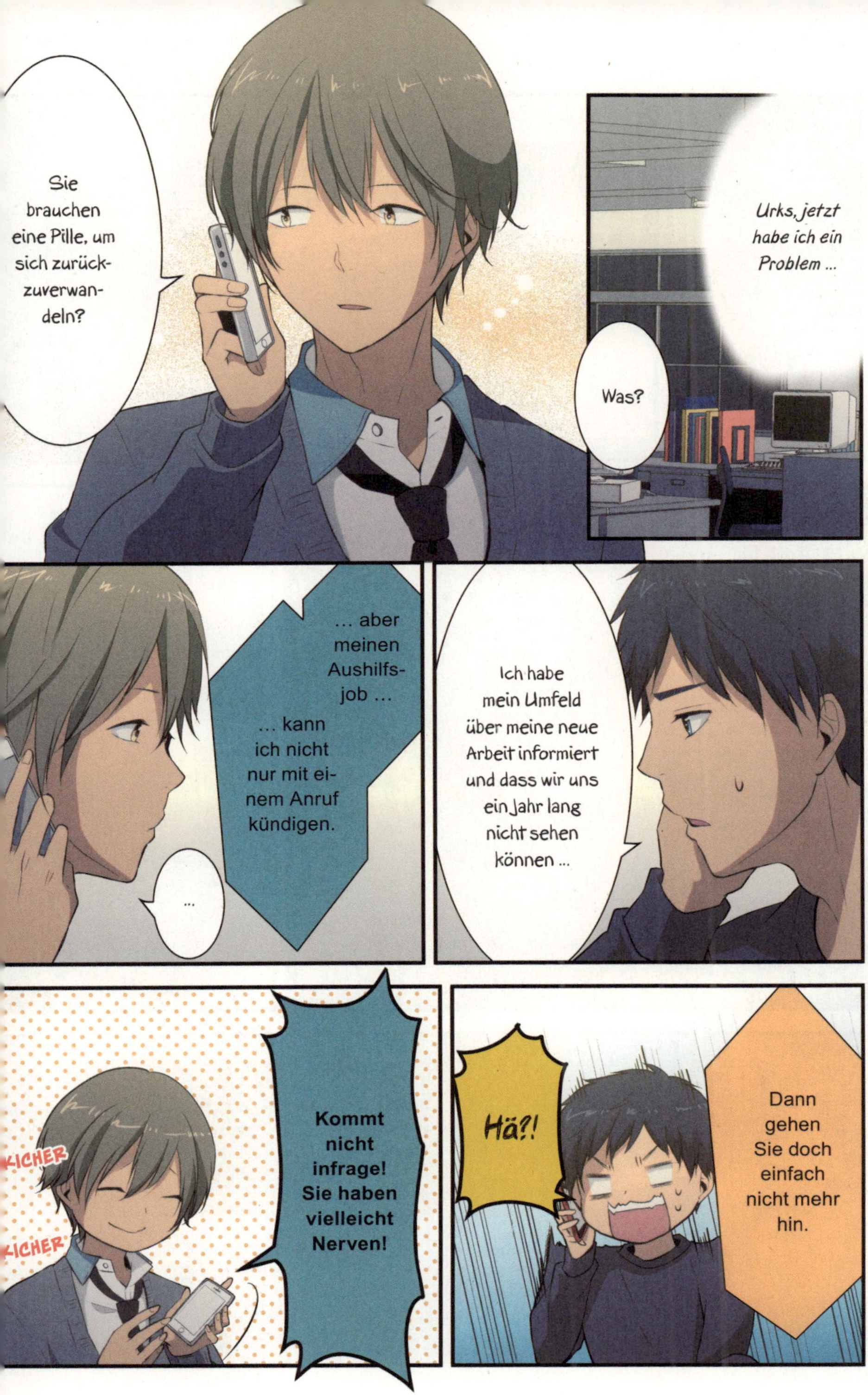
Urks, jetzt habe ich ein Problem ...
Sie brauchen eine Pille, um sich zurück-zuverwan-deln?
Was?
Ich habe mein Umfeld über meine neue Arbeit informiert und dass wir uns ein Jahr lang nicht sehen können ...
... aber meinen Aushilfs-job ...
... kann ich nicht nur mit ei-nem Anruf kündigen.
...
Dann gehen Sie doch einfach nicht mehr hin.
Hä?!
Kommt nicht infrage! Sie haben vielleicht Nerven!
KICHER
KICHER

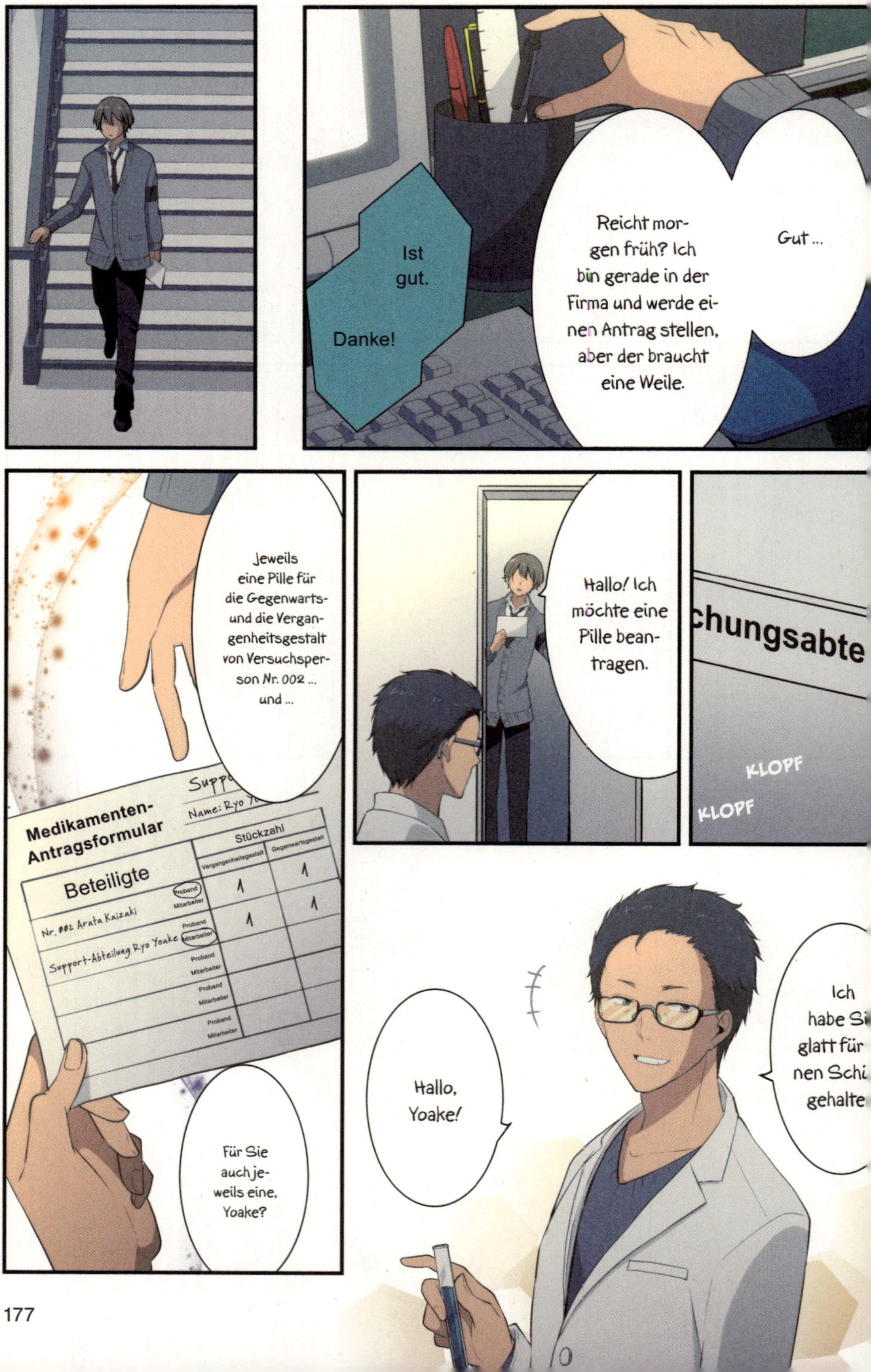
Gut ...
Reicht morgen früh? Ich bin gerade in der Firma und werde einen Antrag stellen, aber der braucht eine Weile.
Ist gut.
Danke!
KLOPF
KLOPF
Hallo! Ich möchte eine Pille beantragen.
Jeweils eine Pille für die Gegenwarts- und die Vergangenheitsgestalt von Versuchsperson Nr. 002 ... und ...
Medikamenten-Antragsformular
Beteiligte
Stückzahl
Vergangenheitsgestalt
Gegenwartsgestalt
Nr. 002 Arata Kaizaki
Support-Abteilung Ryo Yoake
Für Sie auch jeweils eine, Yoake?
Hallo, Yoake!

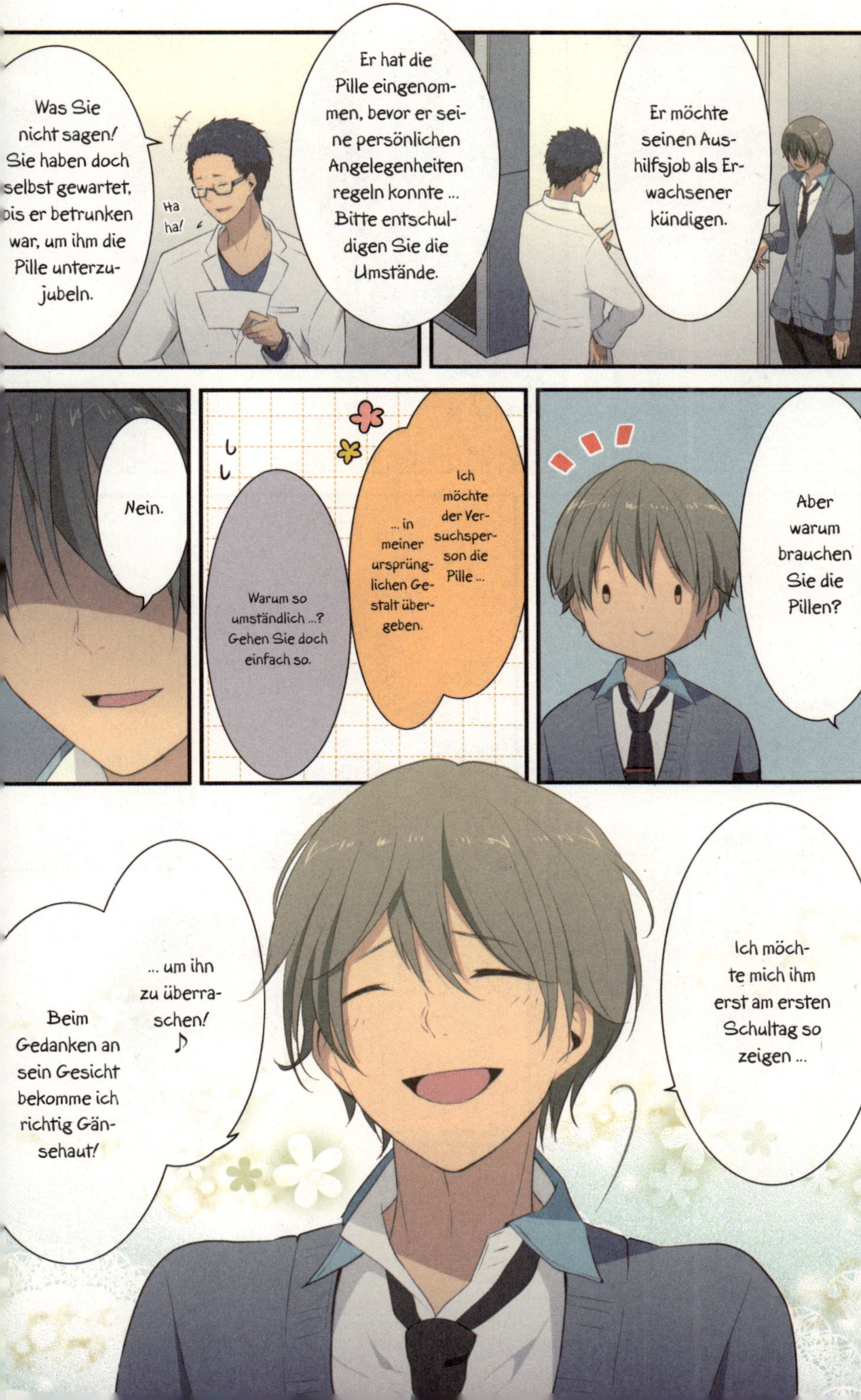
Er möchte seinen Aushilfsjob als Erwachsener kündigen.
Er hat die Pille eingenommen, bevor er seine persönlichen Angelegenheiten regeln konnte ... Bitte entschuldigen Sie die Umstände.
Ha ha!
Was Sie nicht sagen! Sie haben doch selbst gewartet, bis er betrunken war, um ihm die Pille unterzujubeln.
Aber warum brauchen Sie die Pillen?
Ich möchte der Versuchsperson die Pille ...
... in meiner ursprünglichen Gestalt übergeben.
Warum so umständlich ...? Gehen Sie doch einfach so.
Nein.
Ich möchte mich ihm erst am ersten Schultag so zeigen ...
... um ihn zu überraschen! ♪
Beim Gedanken an sein Gesicht bekomme ich richtig Gänsehaut!

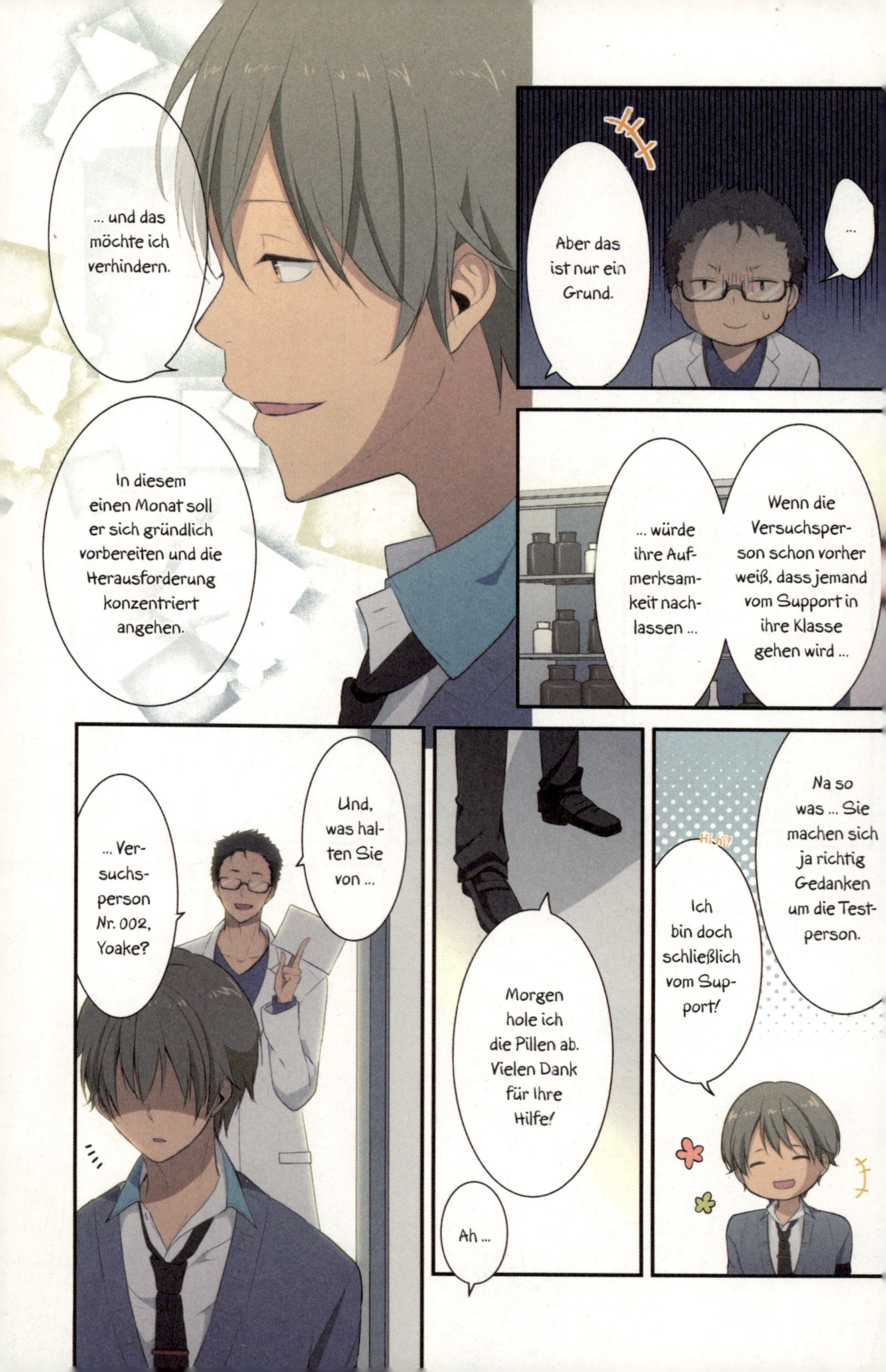
...
Aber das ist nur ein Grund.
Wenn die Versuchsperson schon vorher weiß, dass jemand vom Support in ihre Klasse gehen wird ...
... würde ihre Aufmerksamkeit nachlassen ...
... und das möchte ich verhindern.
In diesem einen Monat soll er sich gründlich vorbereiten und die Herausforderung konzentriert angehen.
Na so was ... Sie machen sich ja richtig Gedanken um die Testperson.
Hi hi!
Ich bin doch schließlich vom Support!
Morgen hole ich die Pillen ab. Vielen Dank für Ihre Hilfe!
Ah ...
Und, was halten Sie von ...
... Versuchsperson Nr. 002, Yoake?

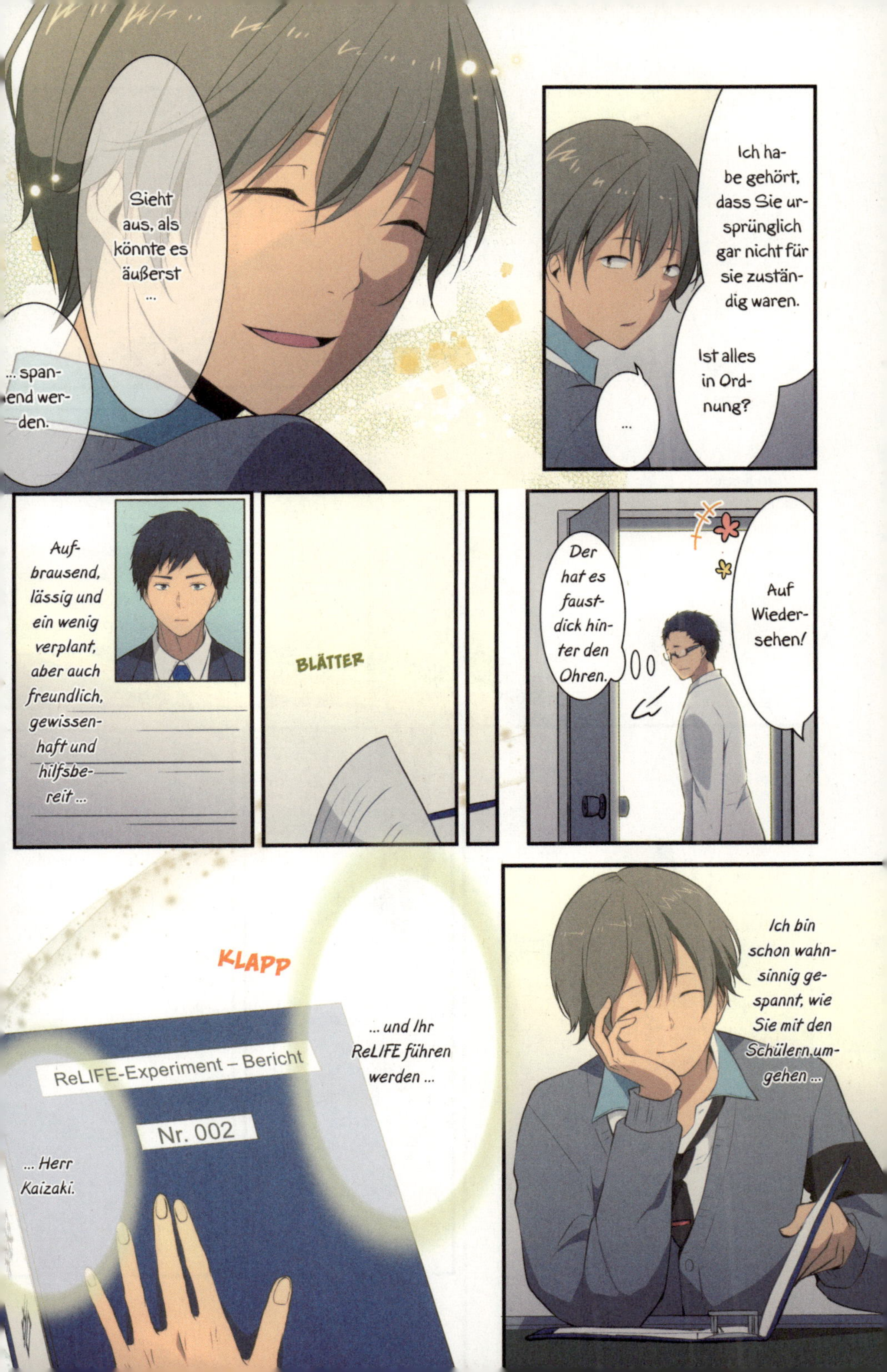
Ich habe gehört, dass Sie ursprünglich gar nicht für sie zuständig waren.
Ist alles in Ordnung?
...
Sieht aus, als könnte es äußerst ...
... spannend werden.
Auf Wiedersehen!
Der hat es faustdick hinter den Ohren.
BLÄTTER
Aufbrausend, lässig und ein wenig verplant, aber auch freundlich, gewissenhaft und hilfsbereit ...
Ich bin schon wahnsinnig gespannt, wie Sie mit den Schülern umgehen ...
KLAPP
... und Ihr ReLIFE führen werden ...
ReLIFE-Experiment – Bericht
Nr. 002
... Herr Kaizaki.

Vielen Dank, dass ihr Band 1 von ReLIFE gekauft habt!

Ich bin vollkommen überrascht und tief bewegt, dass die Story, die als Webmanga begonnen hat, jetzt auch als Taschenbuch erscheint. Vielen Dank an alle Unterstützer und Beteiligten!
Bitte bleibt auch weiterhin dabei!

THANX!

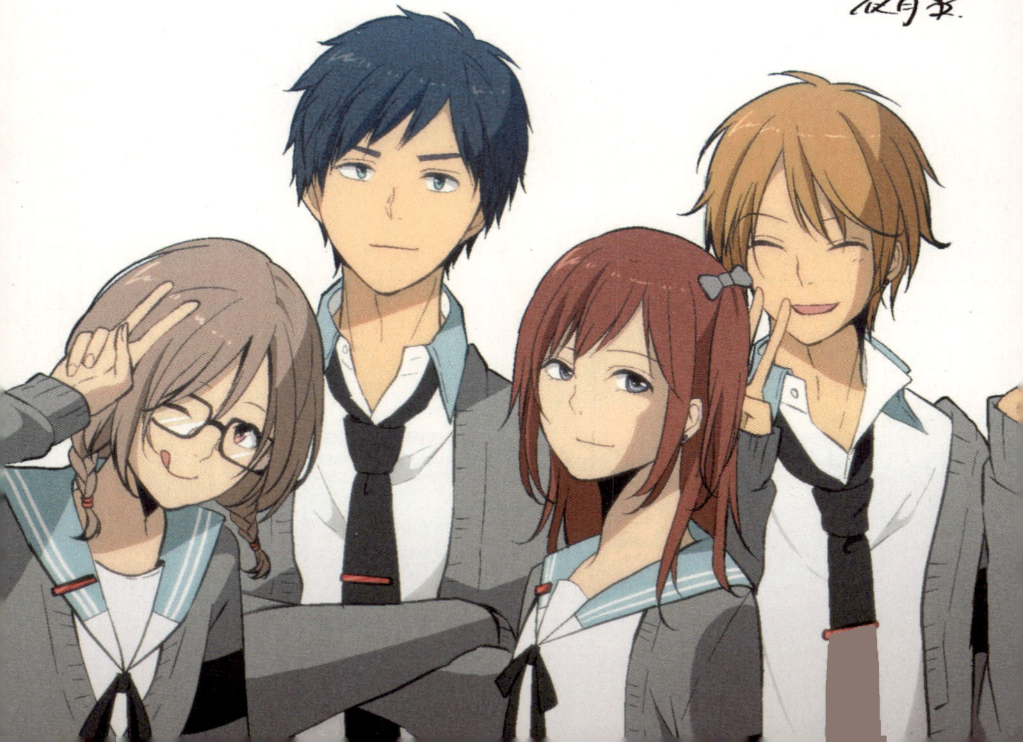

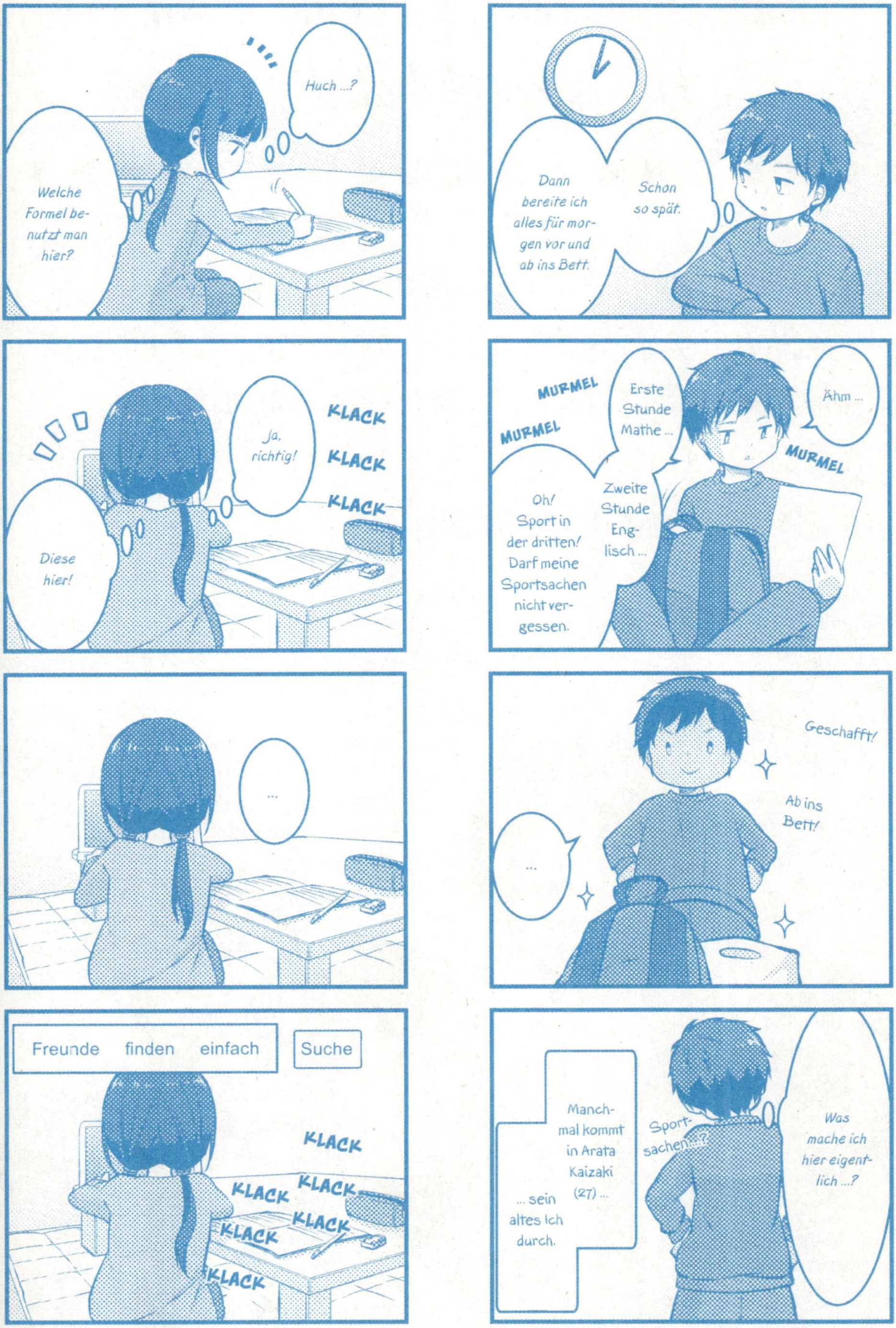

Schon so spät.
Dann bereite ich alles für morgen vor und ab ins Bett.
MURMEL
MURMEL
Erste Stunde Mathe ...
Zweite Stunde Englisch ...
Oh! Sport in der dritten! Darf meine Sportsachen nicht vergessen.
MURMEL
Ähm ...
Geschafft!
Ab ins Bett!
...
Sportsachen ...?
Was mache ich hier eigentlich ...?
Manchmal kommt in Arata Kaizaki (27) ...
... sein altes Ich durch.
Huch ...?
Welche Formel benutzt man hier?
Ja, richtig!
Diese hier!
KLACK
KLACK
KLACK
...
Freunde finden einfach
Suche
KLACK
KLACK
KLACK
KLACK
KLACK
KLACK

TOKYOPOP GmbH
Hamburg

TOKYOPOP
2. Auflage, 2022
Deutsche Ausgabe/German Edition

Aus dem Japanischen von Sakura Ilgert

ReLIFE Vol. 1

Redaktion: Simone Meinecke
Lettering: Vibrant Publishing Studio
Herstellung: Mathias Neumeyer
Druck und buchbinderische Verarbeitung:
CPI–Clausen & Bosse GmbH, Leck
Printed in Germany

MIX Papier FSC® C083411

Wir achten auf die Umwelt.
Dieses Produkt besteht aus FSC®-zertifizierten und anderen kontrollierten Materialien.

ISBN 978-3-8420-5512-4

www.tokyopop.de

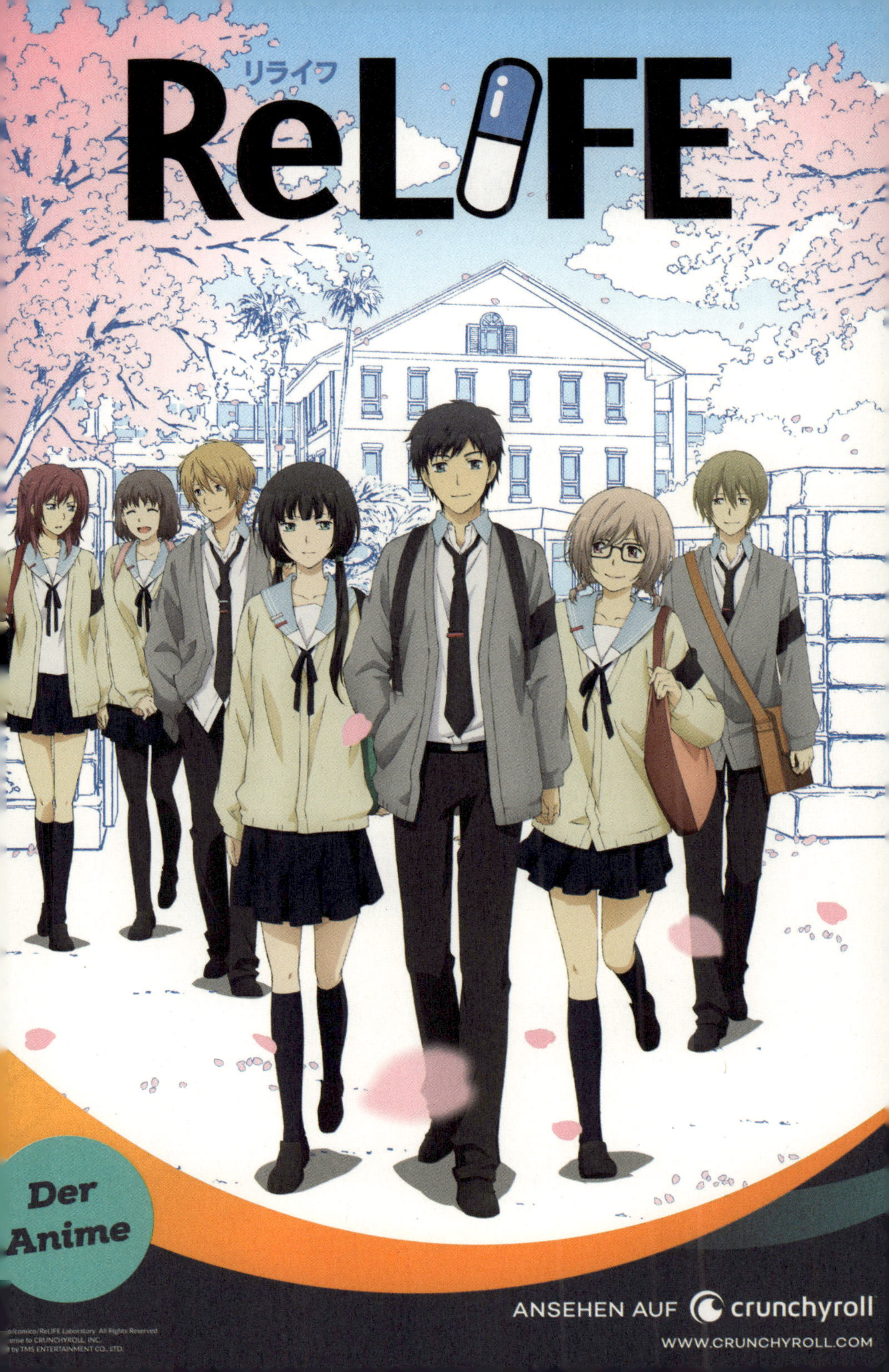

リライフ
ReLIFE
Der Anime
ANSEHEN AUF crunchyroll
WWW.CRUNCHYROLL.COM
o/comico/ReLIFE Laboratory All Rights Reserved
ense to CRUNCHYROLL, INC.
by TMS ENTERTAINMENT CO., LTD.

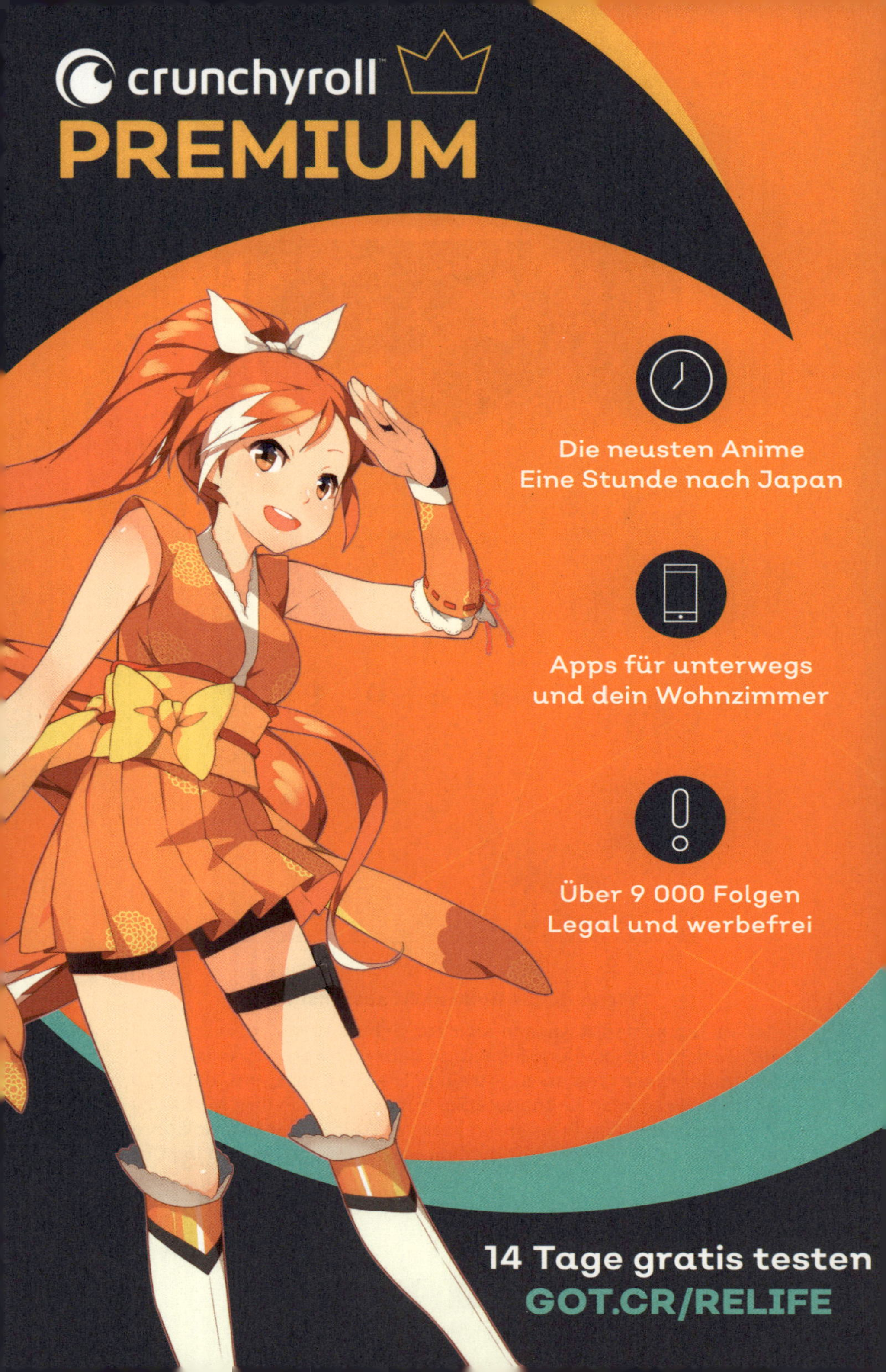

ANO HANA

Cho-Heiwa Busters / Mitsu Izumi

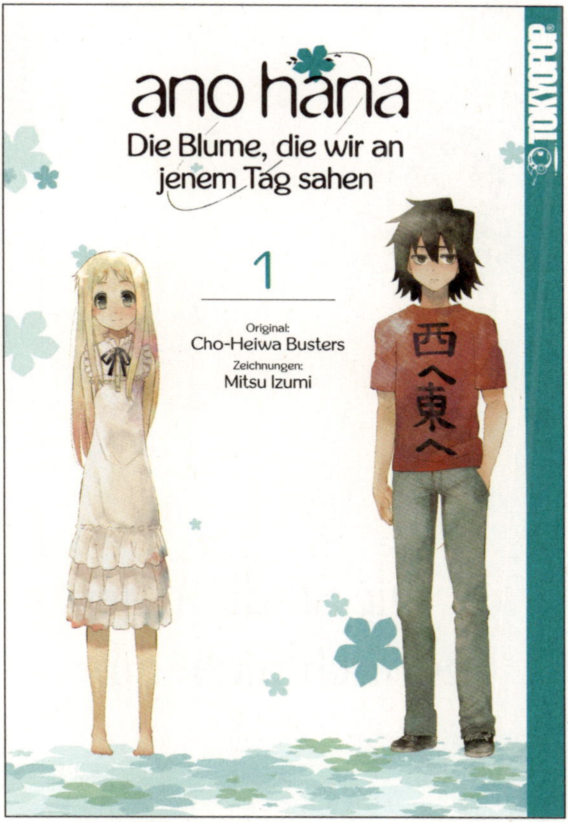

»Was bedeutet Unendlichkeit?«

Jinta lebt zurückgezogen bei seinem Vater. Die Schule und soziale Kontakte interessieren ihn nicht. Hauptsache, er kann Videospiele zocken. Doch plötzlich taucht Menma auf. Wer das ist? Seine verstorbene Kindheitsfreundin! Wie selbstverständlich bewegt sie sich in seinem Zuhause umher, spricht mit ihm, macht Späße und konfrontiert ihn mit seiner Vergangenheit ...

TOKYOPOP®

www.tokyopop.de

DREI BLÜTEZEITEN

Fumiko Fumi

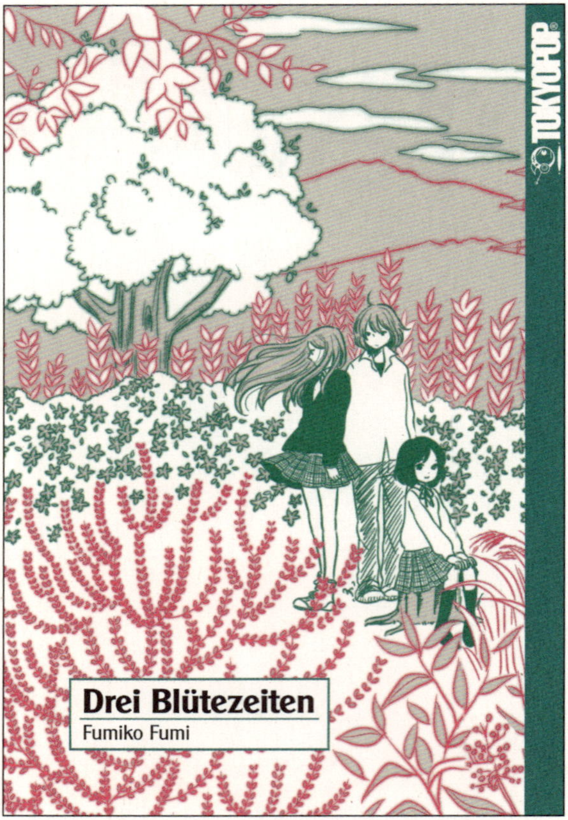

»Du, meine Liebe, vermiss mich bitte nicht zu sehr«

Sumika, Chinatsu und Akio sind beste Freunde und Cousins. Sie gehen ins letzte Jahr der Highschool und müssen sich dem Erwachsenwerden stellen: Was soll nur aus ihnen werden? Doch zwei viel wichtigere Fragen treiben die drei um: Wer liebt hier wen? Und wie kann man bloß ihre Freundschaft erhalten?

TOKYOPOP
www.tokyopop.de

NIVAWA UND SAITO

Nagabe

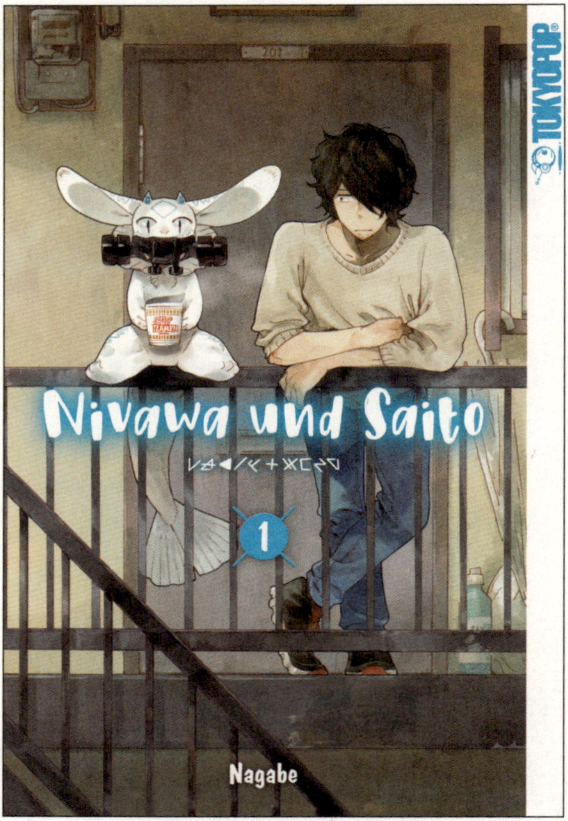

Der ganz normale Wahnsinn ...

Der arbeitslose Saito kann es nicht fassen: Ausgerechnet ihm wird ein Kind des Arfica-Volkes, einer Wasserspezies, aufgedrängt, das fortan bei ihm lebt, um alles über die menschliche Kultur zu lernen. Dabei kann er Kinder ganz und gar nicht leiden – erst recht keine, die Hummeln im Hintern haben. Nivawa ist so niedlich, wie sie neugierig ist, und stellt Saitos Alltag fortan vollkommen auf den Kopf!

STOPP!

**Dies ist die letzte Seite des Buches!
Du willst dir doch nicht den Spaß verderben
und das Ende zuerst lesen, oder?**

Um die Geschichte unverfälscht und originalgetreu mitverfolgen zu können, musst du es wie die Japaner machen und von rechts nach links lesen. Deshalb schnell das Buch umdrehen und loslegen!

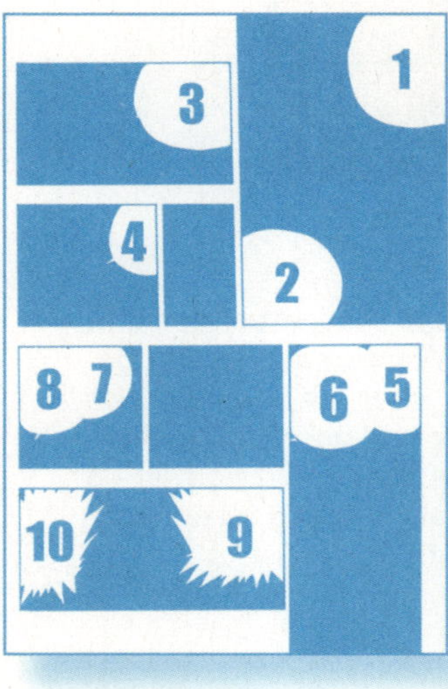

So geht´s:

Wenn dies das erste Mal sein sollte, dass du einen Manga in den Händen hältst, kann dir die Grafik helfen, dich zurechtzufinden: Fang einfach oben rechts an zu lesen und arbeite dich nach unten links vor.
Viel Spaß dabei wünscht dir TOKYOPOP®!